新编21世纪高等职业教育精品教材 · 经济贸易类

# 跨境电商选品管理

主　编　**龙朝晖**

副主编　**卫喜歌　冯　晨　韩鹏辉**

中国人民大学出版社

· 北京 ·

图书在版编目（CIP）数据

跨境电商选品管理 / 龙朝晖主编. -- 北京：中国人民大学出版社，2023.5
新编21世纪高等职业教育精品教材·经济贸易类
ISBN 978-7-300-31676-5

Ⅰ.①跨… Ⅱ.①龙… Ⅲ.①电子商务—商业经营—高等职业教育—教材 Ⅳ.①F713.365.2

中国国家版本馆CIP数据核字（2023）第076776号

新编21世纪高等职业教育精品教材·经济贸易类
跨境电商选品管理
主　编　龙朝晖
副主编　卫喜歌　冯　晨　韩鹏辉
Kuajing Dianshang Xuanpin Guanli

出版发行　中国人民大学出版社
社　　址　北京中关村大街31号　　邮政编码　100080
电　　话　010-62511242（总编室）　010-62511770（质管部）
　　　　　010-82501766（自营网店）　010-62514148（明德书店）
　　　　　010-62511173（销售部）　010-62515275（盗版举报）
网　　址　http://www.crup.com.cn
经　　销　新华书店
印　　刷　北京昌联印刷有限公司
开　　本　787 mm×1092 mm　1/16　　版　　次　2023 年 5 月第 1 版
印　　张　14　　印　　次　2026 年 2 月第 8 次印刷
字　　数　308 000　　定　　价　39.80 元

版权所有　侵权必究　印装差错　负责调换

# 前言

Preface

数字经济加速全球化进程，为中国企业开辟出更加高效、便捷的出海航线。数据显示，2023年以来中国已连续7年保持世界货物贸易第一大国地位。党的二十大报告指出："推进高水平对外开放。依托我国超大规模市场优势，以国内大循环吸引全球资源要素，增强国内国际两个市场两种资源联动效应，提升贸易投资合作质量和水平。稳步扩大规则、规制、管理、标准等制度型开放。推动货物贸易优化升级，创新服务贸易发展机制，发展数字贸易，加快建设贸易强国。"跨境电商在促进外贸转型升级、构建"双循环"新发展格局中发挥了积极作用。中国是世界制造业中心，产品线丰富，价格低廉，在对外贸易方面具有天然优势。然而，大多数跨境电商企业很容易成为营销驱动型组织，忽视精细化选品，忽视产品升级或研发，忽视复购率和自然流量占比等长线指标。当整个行业的获客成本同步上升，难以达成差异化的广告投放效率时，猝不及防的"流量退潮"便使企业产生了巨大的落差感。只有精细化的产品运营、用户"三服务"和品牌化选品策略的落地执行成为行业的主题，中国才有机会创造出更多真正的好产品。人工智能技术在跨境电商领域的应用渗透日益显著，具体包括利用人工智能语言处理技术优化产品标签、挖掘产品卖点与痛点、提高选品的精准性、提高选品效率。

选品人员的技能水平极大地影响跨境电商企业运营的成败，因此跨境电商企业对优秀选品人才的需求旺盛。

本教材以选品工作过程、岗位技能标准为依据，明确掌握跨境电商选品基础理论为知识目标，培养跨境电商选品操作技能为能力目标，塑造职业道德、工匠精神为价值目标；以典型选品工作任务为载体，设计项目化的学习任务综合体。为了便于读者学习，本教材各项目中设置了知识精讲、行业观察、拓展阅读、任务工单以及项目考核等板块，帮助读者提升技能、强化应用能力。本教材中的“行业观察”，将专业知识与育人元素融为一体。

本教材由河南经贸职业学院首批国家级职业教育电子商务专业教师教学创新团队核心成员、河南省电子商务技能大师龙朝晖教授担任主编，由卫喜歌、冯晨、韩鹏辉担任副主编。编写人员具体分工如下：龙朝晖教授负责总体设计和统稿，并编撰项目一；刘丹编写项目二，冯晨编写项目三，晋妍妍编写项目四，陈夏编写项目五，韩鹏辉编写项目六。为适应行业、企业发展，培养符合职业技能标准的选品人员，河南路通国际经贸集团有限公司卫喜歌参与探讨选品岗位能力、选品工作领域、选品工作任务、选品工作内容，为本教材提供真实案例数据，并参与案例编写。

本教材既可以作为高等职业院校、高等专科学校、民办高校、应用型本科高校的跨境电子商务专业、国际贸易专业、电子商务专业、网络营销专业等专业的教学用书，也可以供跨境电商运营、跨境电商推广等岗位的从业人员使用。

由于中国跨境电商产业正处于飞速发展时期，知识、业态、规则更新较快，本教材中若有不当之处，恳请广大读者和专家批评指正。

编者

# 目录

Contents

# 项目一 认识选品管理

## 思维导图

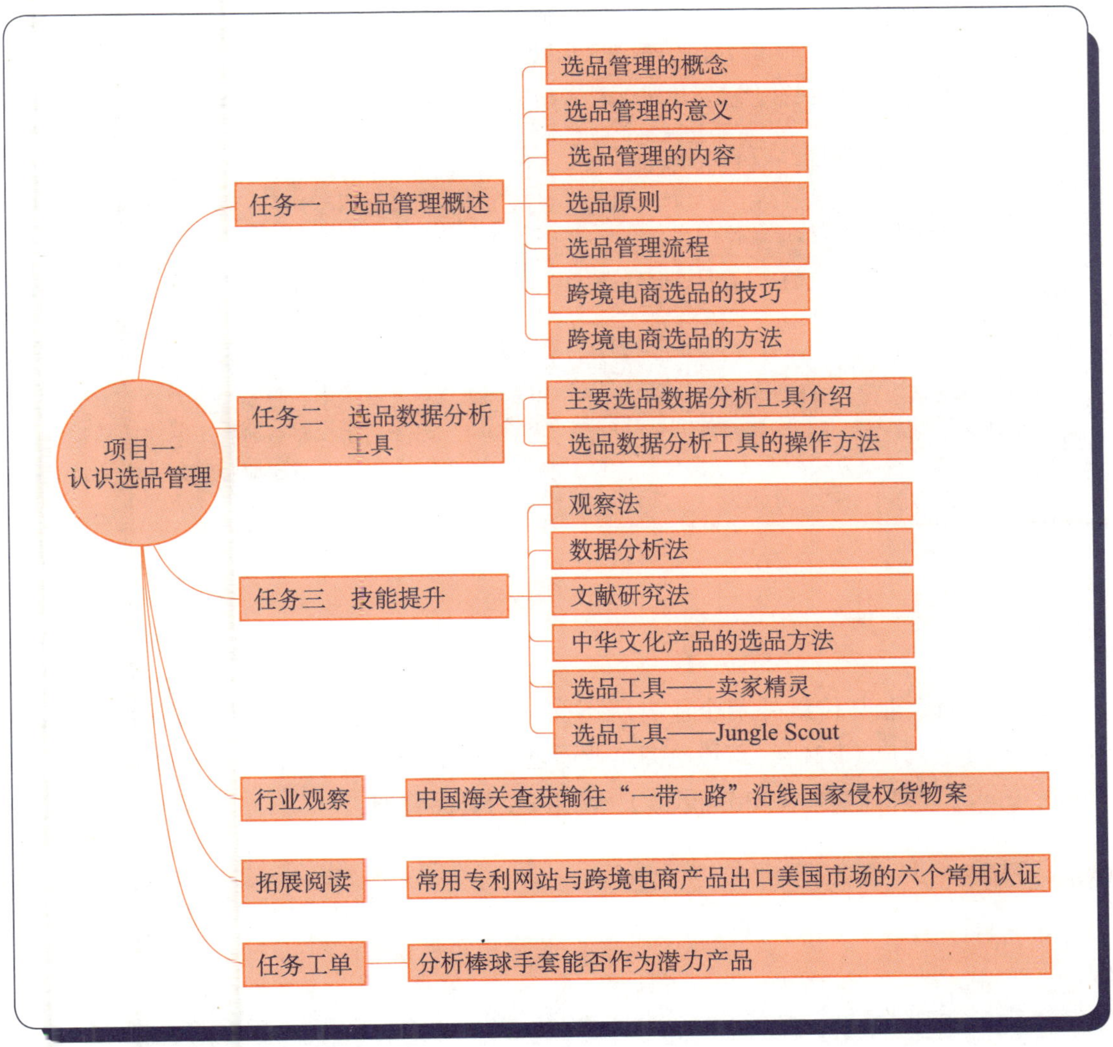

# 任务一 选品管理概述

| 项目名称 | 项目一 认识选品管理 | 任务名称 | 任务一 选品管理概述 |
|---|---|---|---|
| 学习目标 | 知识目标 | 了解跨境电商选品管理的含义和意义；<br>掌握跨境电商选品原则和管理流程；<br>掌握跨境电商选品管理的技巧和方法。 | |
| | 能力目标 | 熟练按照选品管理流程实施选品；<br>尝试运用跨境电商选品方法；<br>科学分析市场需求数据，捕捉产品商机。 | |
| | 价值目标 | 树立知识产权保护意识；<br>养成精益求精的工匠精神；<br>铸牢传播中华民族文化意识。 | |
| 任务描述 | 跨境电商选品管理就是跨境电商企业根据市场需求，分析、研究市场的购买能力，供合市场需求的产品。选品管理就是对产品线的深入分析，从而选择一个比较有潜力的产品。依据选品原则，经过选品管理流程，善用选品技巧，综合运用观察法、数据分析法和文献研究法实施选品。通过跨境电商平台向海外消费者介绍蕴含中华民族文化的产品，提升海外消费者对产品的认知。 | | |
| 任务准备 | 选择一类喜欢的产品，从选品的原则、选品的流程、选品的方法等方面着手，收集目标产品相关资料。 | | |
| 实施提醒 | 本部分教学内容重点介绍跨境电商选品管理的基础知识，这些知识是同学们学习专业课程的起点；理解相关理论知识内涵是同学们学习的重点；灵活应用理论知识，解决选品问题是同学们学习的难点。学习本部分内容时，同学们要高度重视跨境电商选品管理流程、选品方法两个实践性环节，反复练习、深入讨论，只有不断地实践，才能为掌握选品技能打下坚实的基础。 | | |

## 知识精讲

跨境电商企业与传统外贸企业有所不同，跨境电商企业面对的用户包括企业用户（B2B）和终端用户（B2C）。跨境电商企业通过不同的电商平台，如阿里巴巴国际站、亚马逊、eBay、全球速卖通（AliExpress）、Wish 进行选品管理。

**【资料阅读】** 什么是选品管理？

选品管理即对选品进行决策。选品管理包括开发产品和质量控制，企业通过改进老产品或开发新产品，使产品具有新的特征或用途，以满足消费者的需要。企业只有不断改进产品，如增加花色和功能、提高产品质量、改进外观包装，才能适应消费者不断变化的需求。例如：当下小户型家庭增多，人们需要充分利用有限空间，所以企业生产的折叠沙发、变形餐桌、多功能茶几等产品，受到消费者欢迎。

## 一、选品管理的概念

跨境电商选品管理就是跨境电商企业根据市场需求，分析、研究市场的购买能力，供给市场所需产品。这些产品或是新开发的产品，或是将老产品提供给新的市场，使其满足消费者的需要。各国消费者生活水平不同、文化不同，需求经常变化，因此企业只有不断开发产品、完善产品功能、提高产品质量、提升产品性价比，才能适应消费者不断变化的需求。大卖的产品被称为爆款，它们是企业选品管理的成功产品，如近年来火爆热销的体脂秤、监测手环、手机壳、儿童爬行垫、宠物用品。

跨境电商平台亚马逊的运营理念是“七分靠选品，三分在运营”。亚马逊运营是基于选品基础上的运营，而亚马逊平台“重产品，轻店铺”的特点，也让选品在运营中的地位显得尤为重要。良好的选品并不等于必然成功，成功还需要企业的运营战略支持。但是，如果选品不正确，无论供应链管理如何完善、产品质量如何优秀、运营水平如何高超，最终也可能导致失败。

有一些企业在特定跨境电商平台初出茅庐时，立即组织进货、上架、卖货，通常结果并不美好。正确的步骤应是先选品，再运营。只有前期做好选品工作，产品的生命周期才可能长久。

## 二、选品管理的意义

（1）选品管理可以避免跨境电商产品短暂的生命周期。很多跨境电商企业在选品时，常常采用“粗放铺货”模式，大量扩充产品 SKU，在分析 SKU 销售数据的基础上进行精细化选品。企业需要耗费大量的人力、财力、物力，测试与数据反馈时间长，导致开发出来的产品生命周期短暂。

（2）选品管理可以降低企业经营风险，实现效益最大化。针对目标产品进行选品管理，减少铺货压货、资金占压，可以降低企业的经营风险，提升产品决策时效性，提高企业效益。

## 三、选品管理的内容

选品管理就是对一条产品线的深入分析，从而选择一个比较有潜力的精品。

（1）选品管理的内容包括产品整体性能的决策、产品技术条件的决策和产品市场的决策。跨境电商企业的产品决策以产品整体性能的决策为主。跨境电商企业应注重产品质量提升，增加新品种、新花色、新式样、新系列，发掘新功能、新用途、新造型，开发安全、便捷、灵活、轻巧、艺术、环保的新产品。

产品整体性能的决策包括质量决策、品种决策、功能决策、结构决策和使用方式决策。产品技术条件的决策包括科学研究的决策、工艺设备的决策、原材料的决策和零部件的决策。产品市场的决策包括商标决策、广告决策、销售渠道决策和销售服务决策。

（2）选品管理工作在进行市场调研的基础上，完成开发报告，最终做出开发具体产品的决策。市场调研工作包括信息收集、市场容量、利润和价格调研、专利检索、供需调研等内容。信息收集包括收集经济形势、国家政策、行业发展趋势、科技发展水平、竞争者的动态等方面的信息。市场容量的大小、市场规模、用户规模、市场前景、价格区间、品牌影响力、品类占比等决定销售预期的高低。供需调研以生产、制造、供应产品能力的调研为主，避免因供货能力不足失去市场。在市场调研的信息数据的基础上进行数据整理分析，完成开发报告。开发报告的撰写则包括数据分析、市场分析、产品成本核算、销售计划、风险预测等内容，企业据此做出产品开发决策。

**【课堂讨论】**

以跨境电商假发制品行业为调研对象，概括假发制品市场现状，调查内容见表1-1。

**表1-1 跨境电商假发制品行业情况调查表**

| 维度 | 情况描述 |
| --- | --- |
| 市场容量 | |
| 用户规模 | |
| 价格区间 | |

## 四、选品原则

### （一）选择受众面广的产品

受众面广的产品往往拥有一个很大的用户群体，用户群体较大，产品的需求量就大。例如：每个人睡觉都需要枕头（见图1-1），所以枕头绝对是一个受众面广的产品。

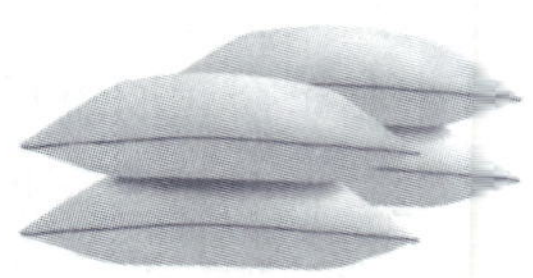

图1-1 eBay上畅销的枕头

### （二）选择刚需产品

消费者对产品功能的需求大于对款式、外观、颜色、尺码等外在因素的追求。刚需产品意味着同一产品可以满足所有潜在消费者的需求，如疫情时期人们对口罩、酒精的需求。相对应的，不同的消费者因为偏好和实际需要对一款产品有不同的选择。例如：服装存在多个颜色和尺码，因此卖家必须储备多个SKU才能满足市场的需求，造成产生较大数量的库存积压。

### （三）选择适合跨境电商运输的产品

通常而言，重量轻、体积小的产品竞争激烈、利润率相对偏低，但是资金周转率的高低以及产品的运费也会直接影响运营的最终利润。大件和比较重的产品的生产成本和发货成本较高，有可能会出现运费超过货值的现象。因为运费过高，企业可能亏损。如果跨境电商企业采取海运发货，则可以节省运费成本，但是运输时效慢，仓库可能早已断货。因此，跨境电商企业在选品时，一定要综合考虑产品尺寸、重量和运输成本等因素。

亚马逊规定：判定产品类型时，依据产品包装的尺寸和重量，参考基础档案上的内箱尺寸和毛重，1 磅以下的标准件产品和特殊超标产品适用实际重量，其余产品取实际重量与体积重量较大者。

例如：产品实际重量 50.1 磅，体积重量 52.1 磅，则 FBA 计费依据为 52.1+1=54 磅。

体积重量 = 产品体积（长 × 宽 × 高）/139（英制）

≈产品体积（长 × 宽 × 高）/5 000（公制）

亚马逊 FBA 按照两个标准收费：尺寸和重量。FBA 基于产品实际重量与体积重量收费，取较大者，加上包装重量后，取整计算。亚马逊会根据产品包装尺寸的大小、重量，将目标产品分为标准尺寸以及大件尺寸。不同尺寸、重量的产品，FBA 的费用不同，因此在允许的范围内，产品的尺寸、重量越小越好。计算 FBA 的费用通常使用 FBA 计算器：Revenue Calculator（amazon.com）。

### （四）选择非危险品、非含磁含电、非易变形易碎、非易变质产品

危险品是指易燃易爆物品、危险化学品、放射性物品等能够危及人身安全和财产安全的物品。国际物流运输中需格外注意危险品。因为危险品审查工作严格以及运输要求高，所以导致运输成本高。

含磁含电产品涉及运输安全问题，因此导致产品运输成本高。

易变形易碎产品不便于运输，可能出现产品在运输途中损坏，导致无法进行售卖的情况。

易变质产品，因其容易腐烂、变质、挥发、贬值，所以存储和运输条件严苛，稍有不慎会产生经济损失。

### （五）选择差异化产品

有一些产品相似性较高，容易造成侵权，给企业带来损失。此外，同类产品之间容易比价，因此企业要寻找差异性较大的产品。例如：开发背光键盘或灯光自定义的键盘，使其有别于市场上的普通键盘。

### （六）避免侵权

跨境电商企业销售侵权的产品，不仅会给企业带来资金损失，而且导致从业者产生投机心理。所以，对于企业来说，在产品开发阶段，一定要注意避免选择侵权产品。

一般而言，侵权包含以下类型：

**1. 商标侵权**

未得到产品品牌官方的正规授权，擅自使用对方已注册商标的产品信息，或者发布产品时将别人的商标写在自己的产品标题、产品描述和关键词等详情信息中，这些都属于商标侵权行为。

**2. 专利侵权**

专利权保护的是具有新颖性、创造性、实用性的技术。专利包括 3 种类型：外观设计专利、实用新型专利、发明专利。专利侵权相对来说比较难以识别，因为要判定一个产品是否有专利，要查找其专利权人、专利标识，这对于卖家来说并不是一件易事。因此，为了避免专利侵权，卖家在选品和发布产品过程中，一定要尽量通过多个渠道了解产品的相关信息。通过相关专利网站进行查询是甄别专利侵权与否的有效途径之一。

（1）外观设计专利：对产品的整体或者局部的形状、图案或者其结合以及色彩与形状、图案的结合所作出的富有美感并适用于工业上应用的新设计。大部分跨境电商平台规定：产品只要有 60% 以上的相似度，卖家一旦收到侵权投诉就会被处罚。

（2）实用新型专利：对产品的形状、构造或者其结合所提出的适于实用的新的技术方案。有时会被人们称为“小发明”或“小专利”，产品设计比较具有实用性。

（3）发明专利：对产品、方法或者其改进所提出的新的技术方案。某个产品拥有发明专利权，未经允许不得为生产经营目的擅自生产销售，也就是不得生产仿品。

**3. 版权侵权**

版权保护的重点是作品的独创性。无论是否进行版权登记，作者都享有版权。进行版权登记，可以证明谁是原作者。

亚马逊的版权侵权包括一些经典形象的版权侵权（大多是机器人检测）和盗用他人的图片（多为图片所有人投诉）。某些版权侵权案例涉及动漫中的人物形象，如 Hello Kitty（见图 1–2）、X 战警、蜘蛛侠（见图 1–3）、《夏目友人帐》中的“猫咪老师”（见图 1–4）。

图1–2　Hello Kitty

图1–3　蜘蛛侠

图1–4　《夏目友人帐》中的“猫咪老师”

图片侵权一般发生在第三方卖家之间，他们看到别人店铺中的产品图片好看就直接使用，此时拍摄原图的卖家可以用原图作证据直接投诉。

还有一种情况是卖家不知道图片的原始出处，只能宣称“我的图片来自网络或者供应商”，这样也会造成图片侵权。因此，卖家应自己拍摄产品图片或有偿使用图片库中的素材。

## 五、选品管理流程

### （一）市场细分和用户画像

市场细分是指企业按照某种标准将市场上的用户划分成若干个用户群，每一个用户群构成一个子市场，不同子市场之间存在明显的需求差别。企业细分出一个子市场并把它作为目标市场，设计正确的产品、定价、渠道、促销机制，从而满足子市场内用户的需要和欲望。用户画像是通过分析海量数据，根据用户的属性、行为和观点，将他们区分为不同的类型。用户画像所构成的用户角色能代表产品的主要受众和目标群体。

跨境电商企业应收集海外市场信息，了解目标市场用户对于材质、价位、图案、形状的喜好，以及文化习惯、经济水平。跨境电商卖家应根据市场信息，分析平台数据，例如：针对平台热销产品、增速快的产品、卖家少的产品，可以从关键词、用户评价等方面收集用户的建议，最终形成用户画像。

### （二）了解最新、最全的信息

跨境电商企业应通过行业网站、咨询网站、网络媒体、企业官方网站、行业展会、进出口博览会、产品发布会等途径，获取最新产品信息，同时关注所在行业著名企业的产品信息，开发这些产品的周边配件，进入细分市场。例如：查询位居亚马逊平台市场份额前列的汽摩配件类目，发现车辆款式众多，还包含许多老牌子、老型号的汽车；通过各国汽车协会，可以获得从20世纪五六十年代至今的各种汽车数量、型号、模型等信息，还可以查找每一个零件的尺寸、特质等信息。

### （三）创新

获得数据之后，跨境电商企业应从产品材质、颜色、样式方面着手，进行产品开发或产品升级，开发市场空白产品，或进行优化改良。近年来，运动户外产品是亚马逊平台上成熟的品类产品，瑜伽服、运动外套、跑鞋类产品的热度逐渐高涨。例如：BauBax的旅行裤为旅行而设计，采用专有面料制成，该面料由竹子和美利奴羊毛混合而成，使得裤子舒适、无束缚感；裤子共有5个口袋，既实用又舒适、时尚，其中内置3个隐藏式拉链口袋，可以安全地携带贵重物品；该产品也可以作为瑜伽裤和运动裤。

图1-5 Knork Eco竹制环保餐具

从近年来的跨境电商平台数据来看，家居厨房产品在全平台产品销量中占第三位。例如：Knork Eco是一种竹制环保餐具（见图1-5），可以手动或在洗碗机中清洁，并且可以无限次地重复使用，它是多功能 + 可持续的替代品。设计师对餐具的尖齿进行了优化和改进，使人们能够更方便地取放。

## 六、跨境电商选品的技巧

跨境电商选品时，可以通过浏览国内外网站的热销产品、搜索社交媒体的热词、向跨境电商平台优秀卖家学习等方法了解热销产品的相关信息。一款理想的跨境电商产品应该具备市场需求大、核心竞争优势突出、利润空间大、法律风险小、易损坏程度低、物流易通等条件。

跨境电商选品的基本技巧包括：

（1）产品组合搭配。跨境电商应该将引流款、基本款和利润款产品相结合。引流款是指给店铺带来流量的产品，将产品利润设置得低一点或没有利润，节假日期间会给店铺带来巨大的流量。利润款即利润高的盈利产品，这类产品流量不高，但是利润极大。基本款是指性价比高的产品，保持市场平均的利润率，在店铺产品中的占比较大。

（2）符合自身定位。企业应根据自身定位选择适合自己的产品，企业应考虑产品是否存在备货难的问题、价格区间是否与店铺定位相符。

（3）具备潜力款的特点。具备销量好、利润空间大、竞争性不大、差异化、风险小、无侵权、无法律问题等特点的产品就是具备潜力的爆款产品。

跨境电商选品应关注各国的文化、与文化相关的节日，因为世界各地的人们有为节日而采购的习俗。例如：欧美市场消费者在不同的节日所购买的礼物有所不同。情人节以饰品、珠宝、巧克力、手表、花束、化妆品、电子产品等为礼物；母亲节以珠宝、贺卡、花束、箱包、电子产品等为礼物；万圣节以毛绒玩具、南瓜灯、角色扮演服饰等为礼物；感恩节以花束、卡片、毛绒玩具等为礼物；圣诞节以鞋帽、服饰、滑雪设备、电子产品、毛绒玩具、巧克力等为礼物。此外，欧美市场消费者具有几大消费“情结”，如玫瑰情结、骑马情结、动物情结，它们是跨境电商选品的参考类目。

跨境电商选品应在细分领域设计差异化的产品。针对市场的不同需求，以下 3 个网站运用差异化策略，在各自领域获得了成功：亚米网通过市场分析，建立了专门卖方便面等一系列产品的网站；memebox.com 是主打化妆品的网站，通过爆款吸引用户，创造独立产品线，通过大数据研究开发新产品；Leesa 是一家专门做床垫的企业，通过简化购买过程、优化消费者购买体验、减免运费、请名人代言产品，有效提高了曝光率，达到了宣传效果。

## 七、跨境电商选品的方法

### （一）平台产品热卖选品法

打开亚马逊平台上任意一个产品页面，在产品描述下方的产品信息中找到产品热卖排行，从产品热卖排行前 100 的产品中，结合市场数据、企业资金和资源等因素，做出选品决策。图 1-6 为亚马逊平台上牵引设备热卖排行。

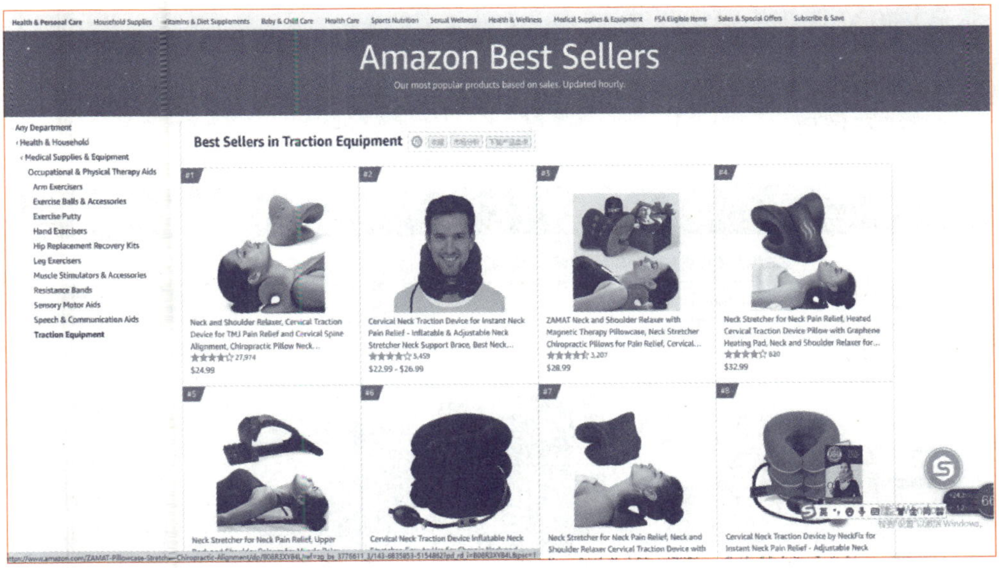


图1-6 亚马逊平台上牵引设备热卖排行

## （二）类目纵深挖掘法

企业应专注特定类目。例如：全球速卖通平台专注消费电子类目，深度挖掘摄影机相关产品，研究无人机产品品牌、功能、型号等（见图1-7），组合关联产品进行销售。

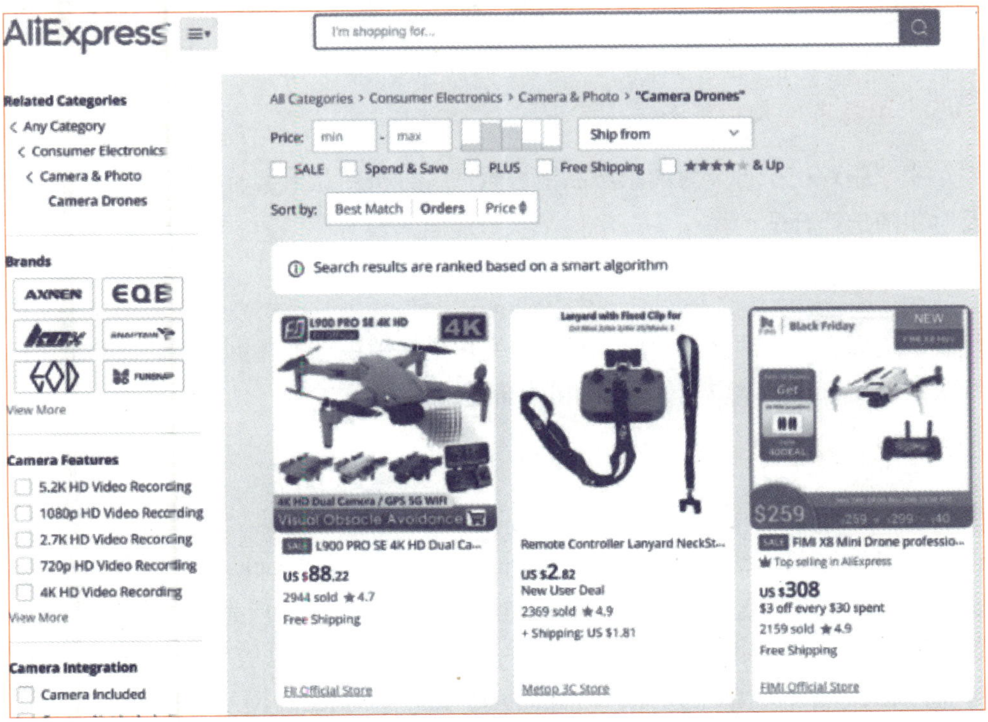


图1-7 消费电子类目—无人机

### （三）1688 跨境专供选品法

进入 1688 跨境专供页面（见图 1-8），在所列出的跨境热卖的类目中，选择符合企业定位的产品进行销售。

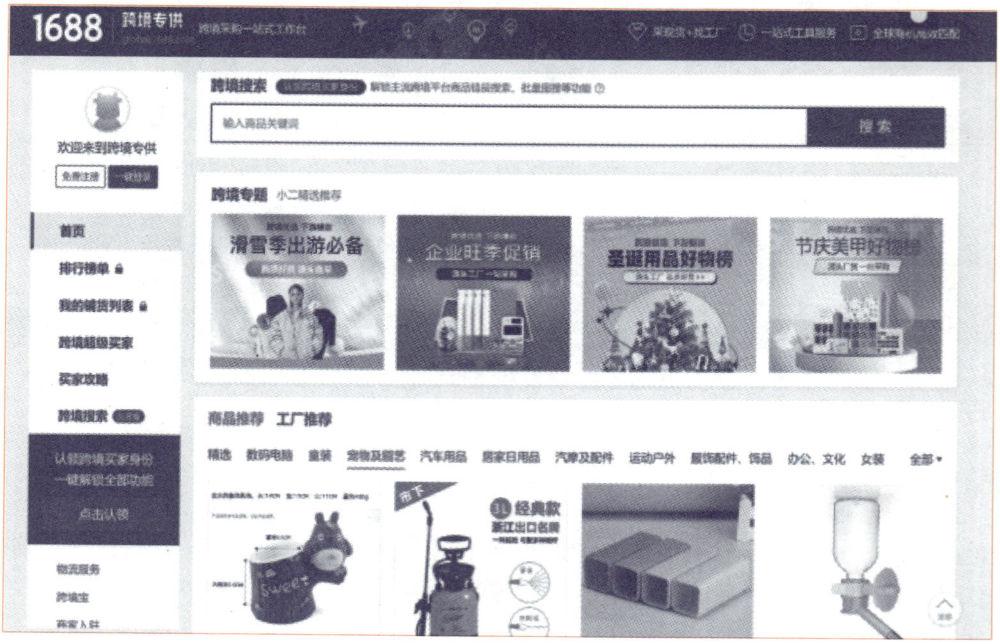


图1-8 1688跨境专供页面

### （四）跟随市场大卖家法

中小卖家跟踪记录行业大卖家产品销售数据，分析新品上架时机，调研市场和行业数据，及时跟随选择合适产品。

### （五）供应商推荐新品法

优质供应商有研发团队，因此，对市场变化更加敏锐、把握更加准确。企业要与供应商保持联系，及时获取供应商的产品和市场信息。

### （六）社交媒体话题选品法

企业可以关注海外主流社交媒体的热门话题，捕捉商机。海外主流社交媒体有 TikTok、Facebook、Twitter、YouTube、Instagram 和众筹网站 Kickstarter 等。

企业选品时要尽量选择更新换代慢、季节性特点不明显的产品，努力避开红海类目，尽量选择竞争热度小、相对冷门、功能单一的产品，功能单一的产品便于进行质量把控。企业可通过 Kickstarter、Indiegogo、Patagadget、Etsy、Pinterest 网站寻找产品思路和灵感。

建议中小卖家选择中低流量的类目市场。例如：选择月需求量在 2 万单以上、10 万单以下，没有品牌垄断、卖家垄断等情况的产品。新卖家先从一个小类目开始，增加热卖产品功能，改进其包装，此外，也可以通过产品组合提高销售额。

## 【课堂讨论】

以跨境电商宠物用品行业为调研对象，挖掘宠物用品热卖产品的特点，调查内容见表1-2。

表1-2 跨境电商宠物用品行业情况调查表

| 维度 | 情况描述 |
| --- | --- |
| 产品名称 | |
| 价格区间 | |
| 月销量 | |

# 任务二 选品数据分析工具

| 项目名称 | 项目一　认识选品管理 | 任务名称 | 任务二　选品数据分析工具 |
| --- | --- | --- | --- |
| 学习目标 | 知识目标 | 了解选品数据分析工具种类；<br>了解运用选品工具在亚马逊平台选择产品的步骤；<br>了解运用选品工具在 eBay 平台选择产品的步骤。 | |
| | 能力目标 | 具备运用选品工具——卖家精灵选品的技能；<br>具备运用选品工具——Jungle Scout 选品的技能；<br>具备分析选品数据的能力。 | |
| | 价值目标 | 养成精益求精的工匠精神；<br>养成细致严谨的职业精神。 | |
| 任务描述 | 跨境电商企业选择销售的产品时，针对不同的跨境电商平台，通常运用一些数据分析工具进行分析，如 Jungle Scout、海鹰数据。各分析工具均设置不同的筛选条件，如类目、销售额、销售排名、用户评价，从而为选品决策提供数据，助力企业选择符合业务要求的理想产品。 | | |
| 任务准备 | 分别在亚马逊、eBay、全球速卖通平台上选择产品，收集产品关键词、产品描述、产品销量、产品评价等相关信息。 | | |
| 实施提醒 | 运用数据分析工具时，同学们首先需要了解不同跨境电商平台适用的数据分析工具，其次需要了解每种数据分析工具的优缺点，最后要熟悉数据分析工具的操作步骤。 | | |

## 知识精讲

跨境电商企业选择销售的产品时，通常会运用数据分析工具。面对不同的跨境电商平台，许多数据分析软件具有选品的功能，例如：Jungle Scout 拥有超过 10 亿产品的综合数据库，还具备自定义设置筛选条件的功能，可以按类目、预估销售额、销售排名、评价和收入等条件进行精确筛选，企业可以多维度选品，找到符合业务要求的理想产品。

选品时考虑的因素较多，选品工具能够提供的量化数据主要为产品销售数据。企业可以运用选品工具深入挖掘市场上的热销品，分析竞品的关键词、品牌、销售量增长率、消费者国家或地区分布；根据跨境电商平台的产品数据库分析市场容量大小、竞争激烈程度、行业峰值波动性，从而判断潜力市场。

【资料阅读】Jungle Scout是什么?

作为一家研发亚马逊选品软件的科技公司，Jungle Scout主要服务于全球亚马逊跨境电商企业和个人卖家，它提出的解决方案覆盖卖家选品、竞品跟踪、市场趋势分析、关键词搜索及反查、listing优化（产品详情页优化）、站外引流、邮件营销、店铺利润分析、PPC广告优化（点击付费广告优化）、供应商搜索及管理等方面。Jungle Scout有一套为估算亚马逊平台产品销量而设计的算法，预测准确度较高。

## 一、主要选品数据分析工具介绍

Jungle Scout、卖家精灵、数魔大数据、船长BI、蚁户、易芽、4KMILES大数据选品工具适用于亚马逊平台；FindNiche无货源选品工具适用于全球速卖通平台；E-Sniper爆款产品挖掘工具适用于Shopify平台；Ecomhunt爆款产品挖掘工具适用于独立站；大麦数据蓝海市场选品工具适用于拉美、东南亚、中东等地区的平台；Pexgle爆款产品挖掘工具适用于Facebook。

各平台的选品工具随着平台业务的发展，其内部结构、服务内容不断发生变化。新的选品工具不断涌现，选品不精准的工具将被市场淘汰。

## 二、选品数据分析工具的操作方法

### （一）运用选品工具在亚马逊平台选择潜力产品

最近亚马逊厨房餐厅类目的数据显示，空气炸锅在亚马逊平台上卖得很好，据此某企业准备挖掘空气炸锅的周边产品。该企业需要对美国亚马逊市场的空气炸锅周边产品进行分析，挖掘潜力爆款产品。

以卖家精灵为选品数据分析工具进行选品分析：

**1. 打开软件**

打开卖家精灵（见图1-9），选择选品精灵，选择产品，站点选美国站。

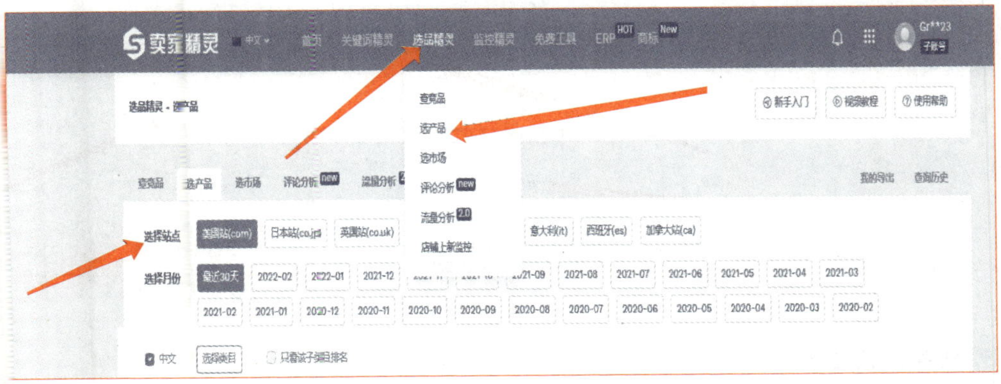

图1-9　卖家精灵

**2. 选择类目**

选择厨房和餐厅类目，输入空气炸锅关键词“Air Fryer”。

**3. 多维度选品**

从月销量、价格、配送方式、卖家所属地、上架日期 5 个维度进行选品（见表 1-3）。

表 1-3 选品维度及依据

| 维度 | 标准 | 选择依据 |
| --- | --- | --- |
| 月销量 | ≥ 300 | 为了选出市场需求量大的产品，所以选择月销量最低 300 的产品 |
| 价格 | ≥ 11 | 价格太低的产品无法保证企业有足够利润及降价空间 |
| 配送方式 | FBA | 此方式比其他方式易获得更多流量、更易成交 |
| 卖家所属地 | 中国 | 容易找到货源 |
| 上架日期 | 近一年 | 相对容易找到新款产品 |

**4. 确定选品方向**

输入空气炸锅关键词“Air Fryer”，确定选品方向（见图 1-10）。

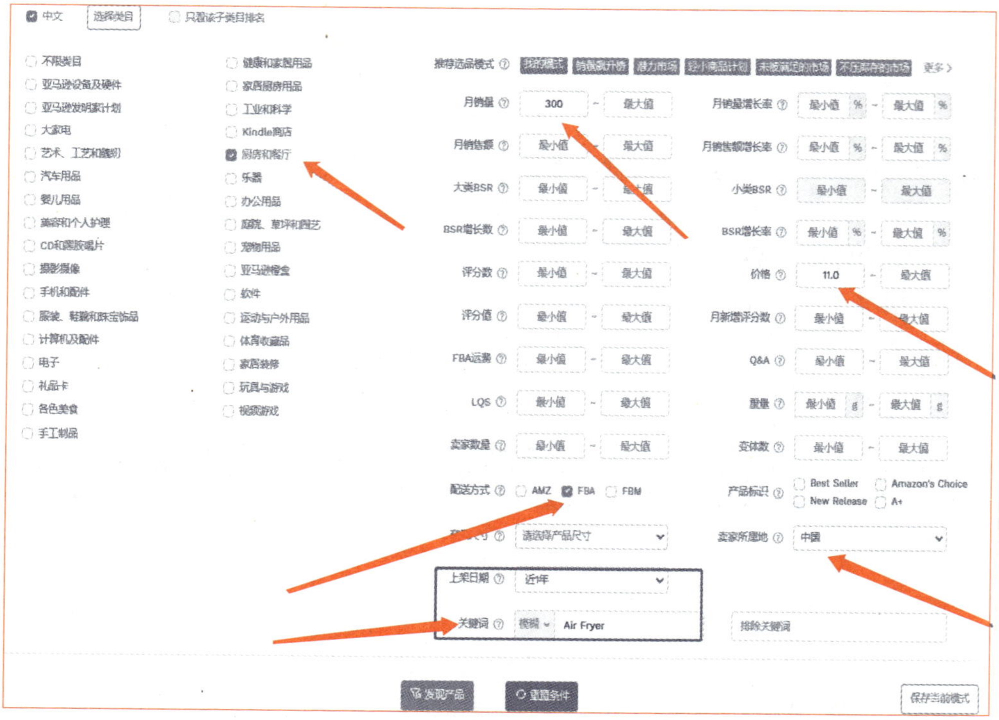


图1-10 确定选品方向

**5. 查看筛选结果**

点击“发现产品”，可以看到筛选后的结果（见图 1-11）。

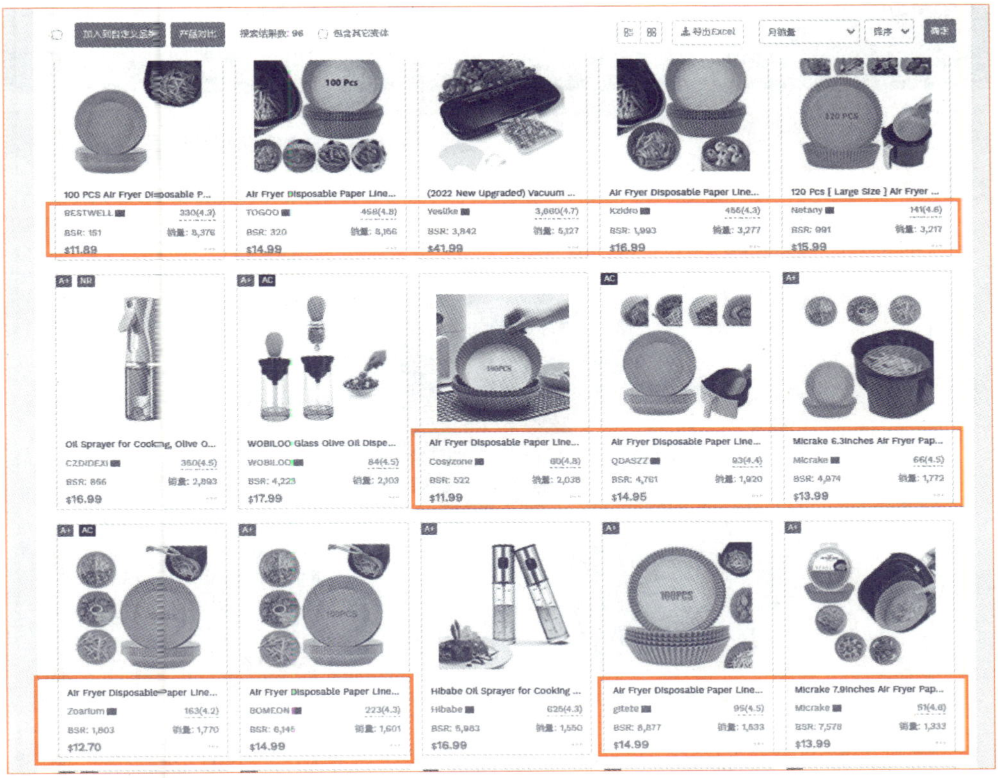

图1-11　筛选结果

**6. 确定热销产品**

分析筛选结果中产品的销量、价格、评分数量，确定近一年热销产品为空气炸锅烘焙纸。参照选品开发标准（见表 1-4），具体分析空气炸锅烘焙纸。卖家精灵显示，空气炸锅烘焙纸售价为 11 美元左右，近一年内上架，产品评论数大约 100 条，销量却有 2 000~3 000 份，在 1683 跨境专供寻找货源后，通过计算利润，发现空气炸锅烘焙纸是一款今年市场需求量大又有利润的新产品。

表 1-4　选品开发标准

| 产品名 | 评价标准 | | | | | | |
|---|---|---|---|---|---|---|---|
| | 侵权 | 利润 | 体积 | 重量 | 季节性 | 物流时效 | 销量 |
| 范例 | 否 | 有 | 合理 | 合理 | 无 | 及时 | 好 |

**7. 分析此产品市场**

（1）点击任意搜索结果，跳转至亚马逊平台，然后选择此产品类目（见图 1-12），“Home& Kitchen” — “Kitchen & Dining” — “Bakeware” — “Baking Tools & Accessories” — ‘Parchment”。

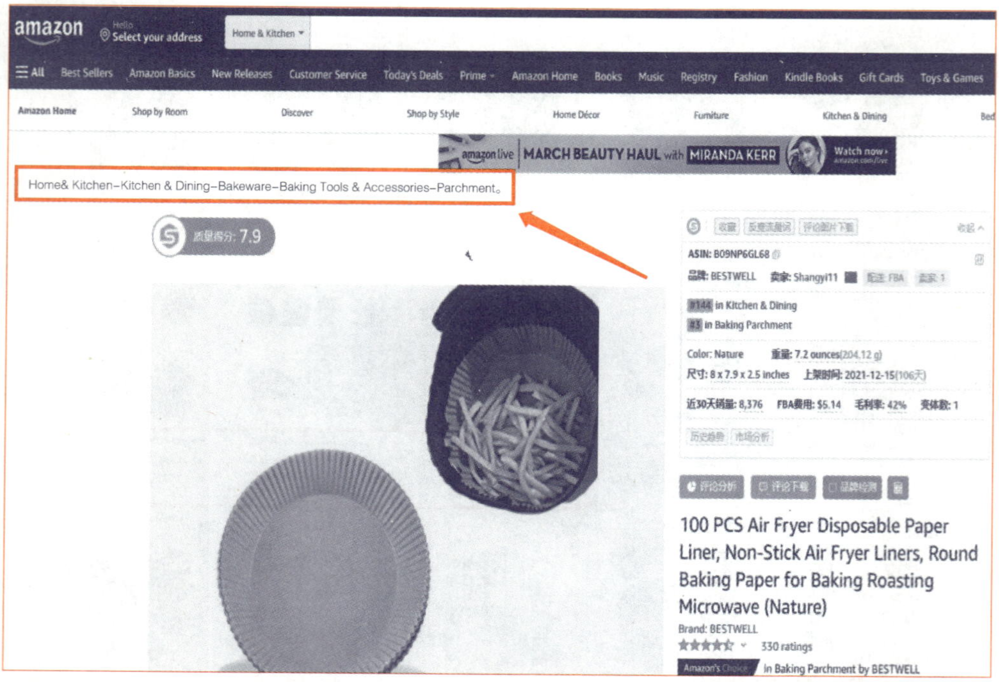


图1-12 选择产品类目

（2）利用卖家精灵查询空气炸锅烘焙纸的市场情况。点击“选品精灵”—“选市场”(见图 1-13)。

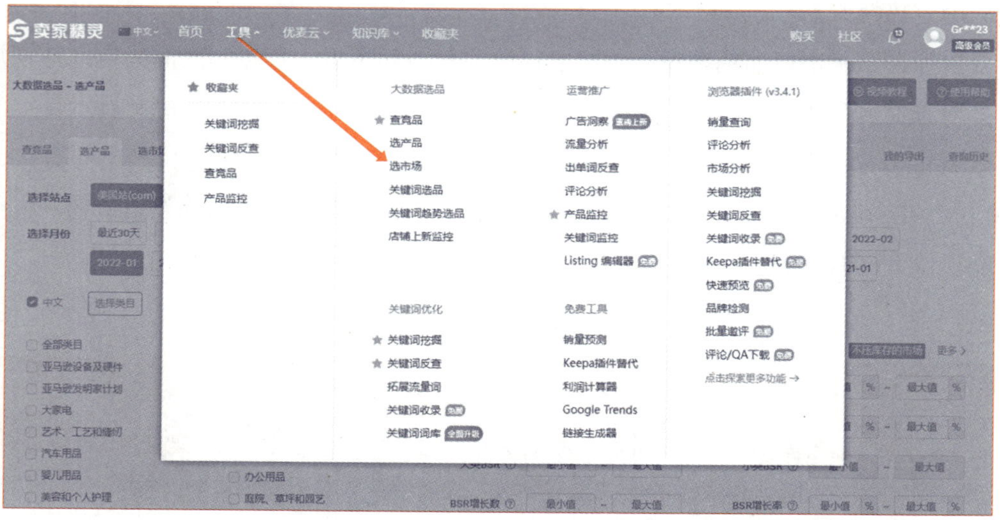


图1-13 选择市场

（3）利用类目查询（见图 1-14），选择“Home & Kitchen”—“Kitchen & Dining”—“Bakeware”—“Baking Tools & Accessories”—“Parchment”。

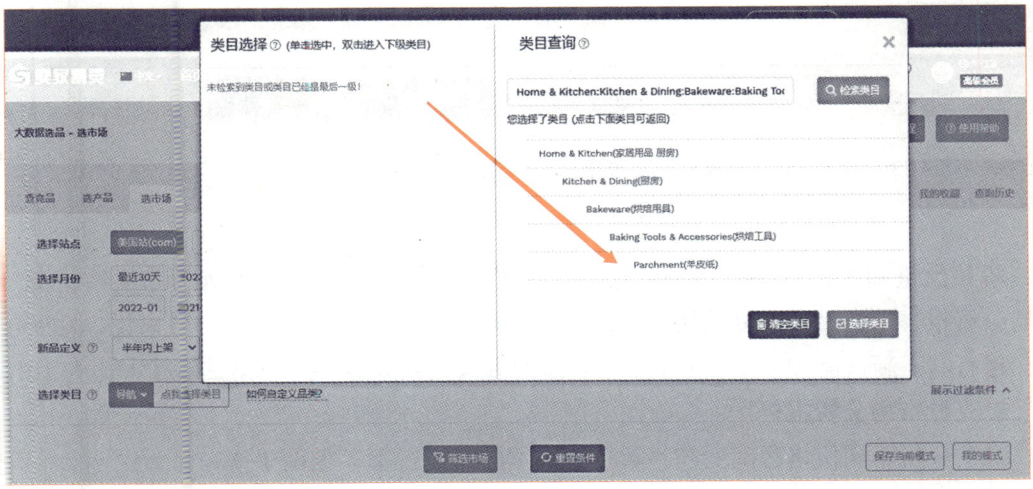

图1-14　类目查询

（4）点击“大数据选品—选市场”，查看卖家精灵统计的空气炸锅烘焙纸细分市场（羊皮纸）的情况（见图 1-15）。

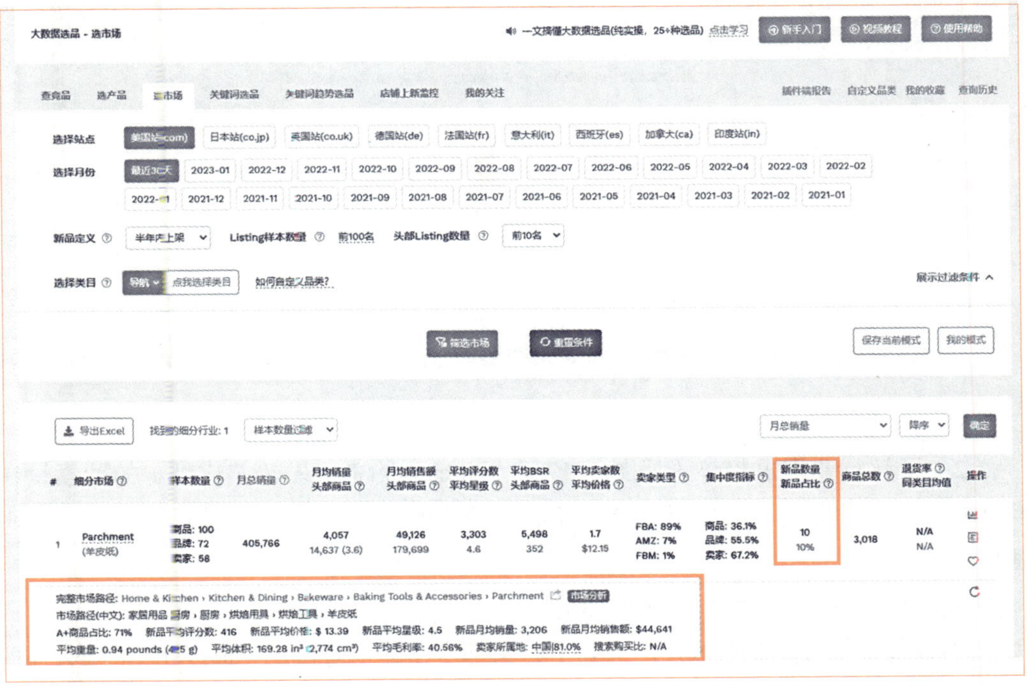

图1-15　空气炸锅烘焙纸细分市场的情况

（5）了解空气炸锅烘焙纸细分市场（羊皮纸）的概览数据（见表 1-5）。

表 1-5 空气炸锅烘焙纸细分市场（羊皮纸）的概览数据

| A+ 产品占比 | 新品平均评分数 | 新品平均价格 | 新品平均星级 | 新品月均销量 | 新品月均销售额 | 平均重量 | 平均体积 | 平均毛利率 | 卖家所属地 |
|---|---|---|---|---|---|---|---|---|---|
| 62% | 4 330 | $12.04 | 4.5 | 2 978 | $27 522 | 0.72 pounds（325 g） | 123.79 in³（2 028 cm³） | 48.35% | 中国 72.3% |

新品数量和占比反映了该细分市场下新品的活跃度，可反映市场新品供给情况。在市场分析报告中，结合新品的销量情况，可了解新品的市场接受度。一般来说，活跃度越高，越有利于新产品和新手卖家 / 中小卖家的进入，数据显示这一类目新品占比为 10%。

**8. 查看市场分析报告**

（1）分析不同价格区间的产品数目、占据的市场份额（见图 1-16）：

1）某一价格区间的产品数量越多、市场份额越大，表明消费者对该价格区间接受程度越高。

2）某一价格区间的产品数量越少、市场份额越大，表明该价格区间竞争性小；反之，某个价格区间的产品数量越多，竞争性越大。

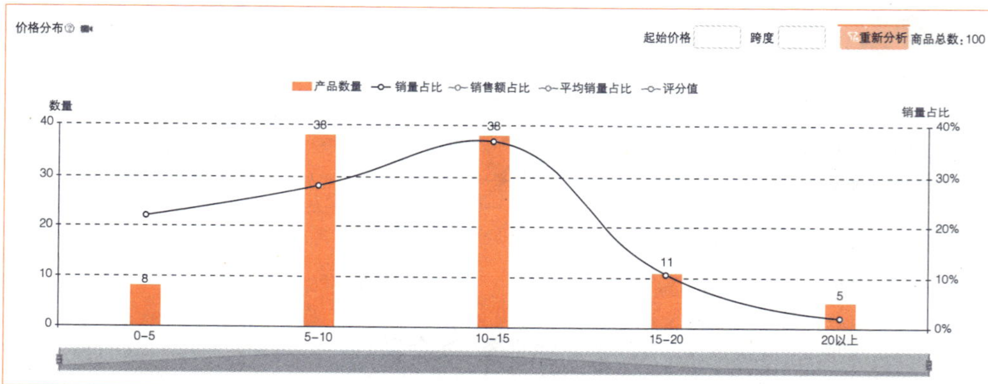


图1-16 价格分布

（2）了解行业需求趋势（见图 1-17）。“Parchment Paper”（羊皮纸）的搜索量在近几年稳步上升，没有明显的峰谷现象，不存在季节性；该词月搜索量超过 4 万，表明市场很大。

（3）分析产品集中度（见图 1-18）。

1）查看空气炸锅烘焙纸产品类目下，头部产品的销量占比（曲线），了解头部产品的市场占有率情况，如集中度过高，须谨慎选择。该产品在亚马逊平台的类目榜单中的销量呈现平滑的下降曲线，没有出现前几名链接垄断销量、后面链接几乎无销量的情况。榜单中第 100 名月销 700 单、日销约 20 单，表明该品市场容量很大，只要进入前 100 名，可日销 20 单。如果对榜单销量曲线有异议，可以多使用几个工具进行对比，如 Sorftime、Helium10。

2）观察销量最高的产品明细及产品的特征，侧面了解消费者的购买偏好。查看样本产品和头部产品的明细情况。

3）观察该产品类目下新品上架的情况，如新品上架数量多，说明消费者需求变化快、产品迭代快，这对于新手卖家来说进入机会更大，其中蓝色部分是新品销量，新品一般指3/6个月内上架的产品。图1-18中可见，3个月内有许多新品进入，总体而言，卖家上架新品有助于进入市场。

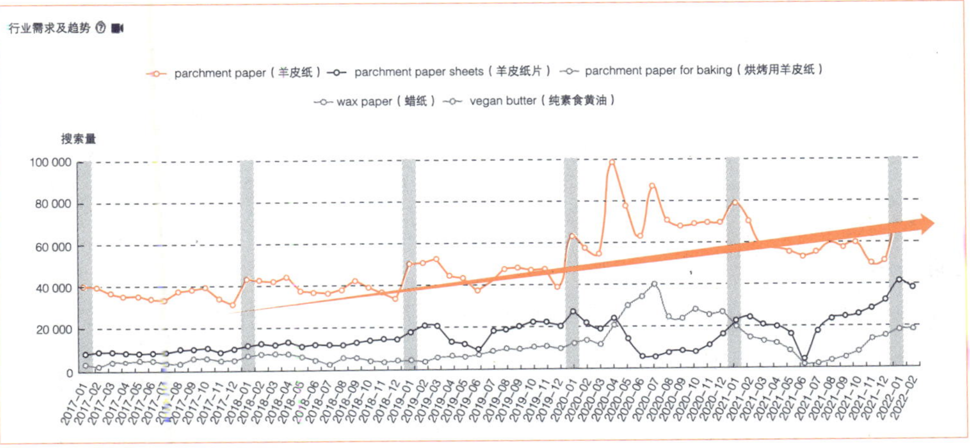


图1-17 行业需求趋势

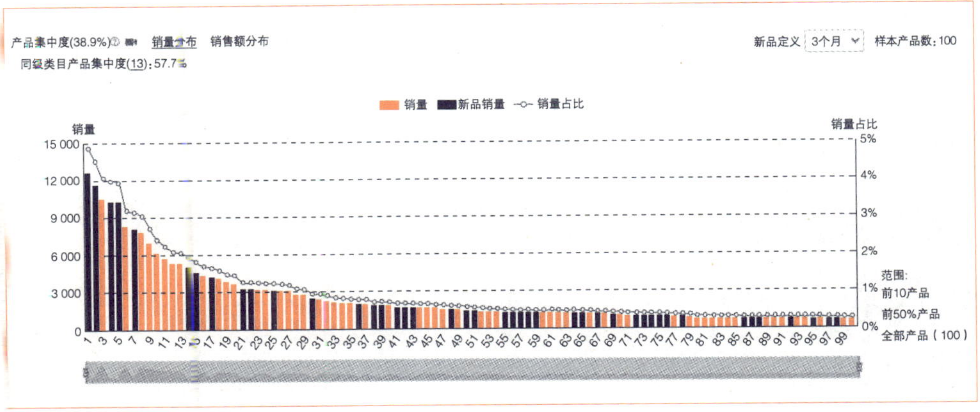


图1-18 产品集中度

（4）从上架时间分布（见图1-19）判断链接所处阶段。根据空气炸锅烘焙纸老链接占比和市场份额情况、新链接占比情况，发现销售该产品的电商越来越多，卖家现在进入还有机会。

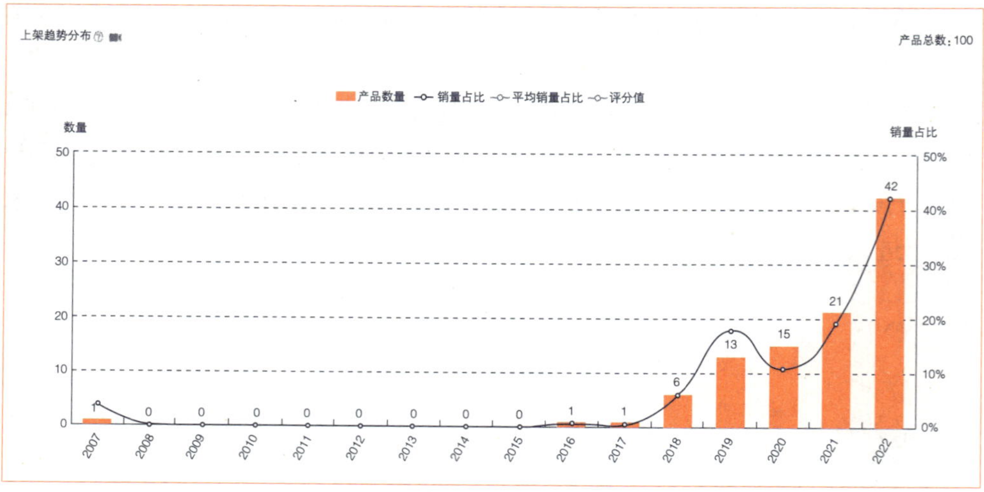


图1-19　上架时间分布

**9. 综合分析**

针对空气炸锅烘焙纸产品的优点、缺点进行分析，从而得出结论。

优点：市场容量大，利润可观。

缺点：卖家数量持续增多，产品技术含量过低，卖家需随时调整价格。

结论：不建议进入该产品市场。

选品技能的提升需要经过长期的实践，多研究、多分析、多比较、多实践。

**【课堂讨论】**

以空气炸锅为分析对象，挖掘产品特点，讨论其成为潜力产品的可能性。空气炸锅产品分析见表 1-6。

表 1-6　空气炸锅产品分析表

| 维度 | 情况描述 | 情况分析 |
| --- | --- | --- |
| 产品利润 | | |
| 产品评分 | | |
| 月销量 | | |

## （二）运用选品工具在 eBay 平台选择潜力产品

利用海鹰数据软件对英国站点短裤的周边产品进行分析。

**1. 进行产品搜索**

打开海鹰数据软件，选择英国站点，输入关键词“shorts”，点击“搜索”（见图 1–20），查看搜索结果（见图 1–21）。

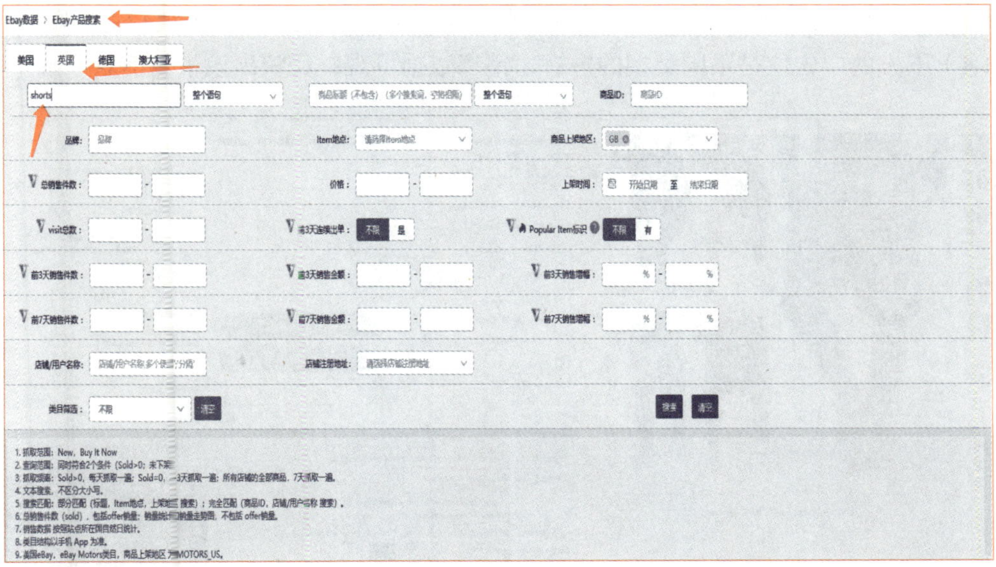


图1-20　产品搜索

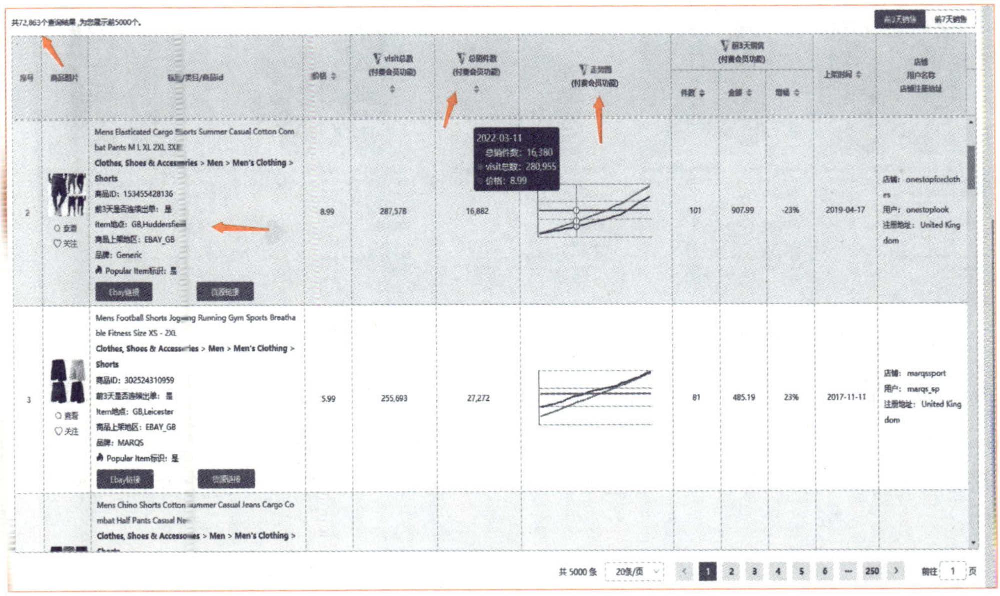


图1-21　搜索结果

**2. 查看含有关键词“shorts”的搜索结果**

英国站点短裤的卖家所属地位于英国，具有一定的地理优势。从走势图分析，该产品的销售量极大，整体价格趋于平稳，访问量和销售量持续走高。

**3. 打开 eBay 链接进一步查看**

由图 1-22 可知英国站点短裤的具体销售情况：

（1）每天查看人数达到 200 人，浏览量高，销售量好。

（2）通过筛选尺码和颜色得知，尺寸越大，价格越高，保证获取利润。

（3）3 天免费送达凸显海外仓快速到货的优势，一定程度上激发了消费者的购买欲。

（4）下方的广告位是不同类型的短裤，销售数据可观，反映出该市场前景广阔。

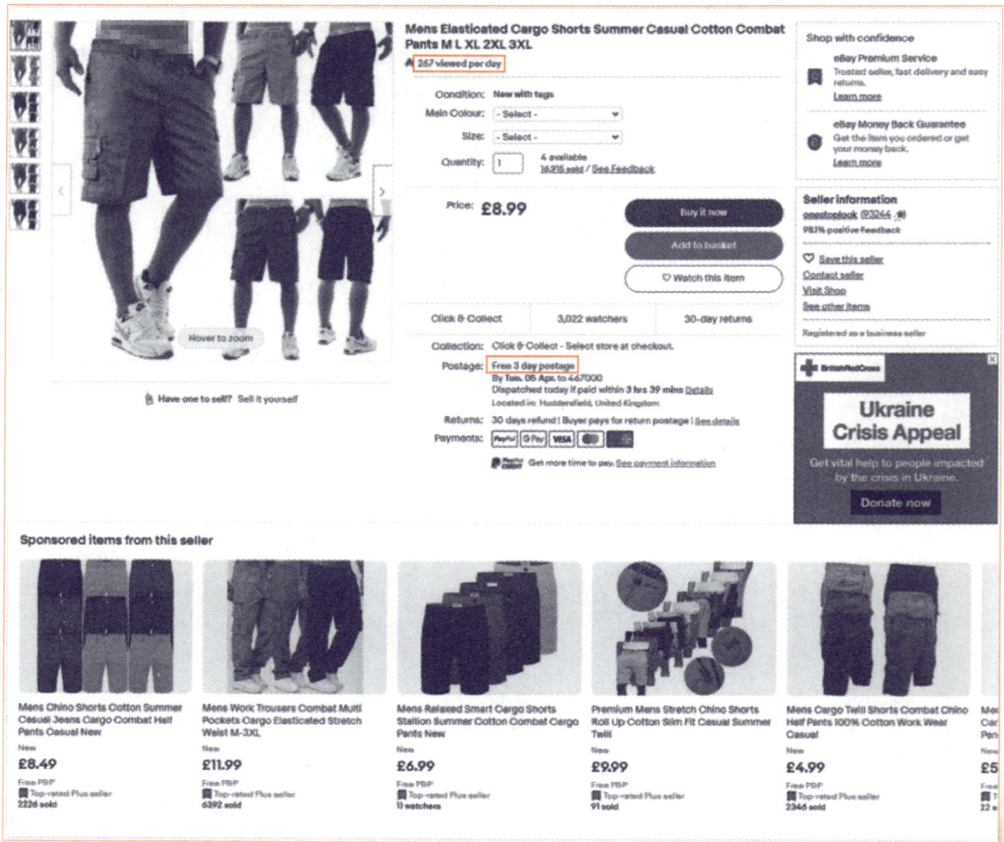


图1-22 listing

**4. 综合分析**

优点：随着夏季的到来，短裤的需求量将持续走高，短裤厂商适合选择此产品。

缺点：短裤具有一定的季节性色彩；市场上各种产品的品种和价格参差不齐。

# 任务三　技能提升

| 项目名称 | 项目一　认识选品管理 | 任务名称 | 任务三　技能提升 |
|---|---|---|---|
| 学习目标 | 知识目标 | 掌握观察法；<br>掌握数据分析法；<br>掌握文献研究法；<br>掌握卖家精灵选品方法；<br>掌握 Jungle Scout 选品方法。 | |
| | 能力目标 | 具备运用观察法和数据分析法选品的能力；<br>具备分析选品工具数据的能力；<br>具备制定综合分析方案的能力。 | |
| | 价值目标 | 掌握选品的数据分析法；<br>提高独立思考能力；<br>掌握辩证思维方法。 | |
| 任务描述 | 跨境电商选品对企业经营至关重要，跨境电商企业只有在广泛调研的基础上，运用多种数据分析工具，客观决策，才能实现产品销售利润的最大化。因此，运用选品工具是跨境电商企业必然的选择。选择哪一种分析工具、不同的分析工具是否有区别是企业应思考的问题。企业应制定综合分析方案，实施选品工作。 | | |
| 任务准备 | 请同学们结合任务二中的卖家精灵工具特点及操作步骤、Jungle Scout 工具特点及操作步骤，制定企业综合分析方案。 | | |
| 实施提醒 | 观察法、数据分析法、文献研究法各有局限性；卖家精灵和 Jungle Scout 两种数据分析工具各有特点，同学们必须根据实际需求和实施条件进行综合性选择。每种选品工具都有多种选品方法，同学们可结合企业的选品策略，制定企业综合分析方案，开发符合企业定位的产品。 | | |

## 知识精讲

为更好完成“产品开发认知”和“产品开发岗位认知”的实践任务，提升跨境电商产品开发技能，需运用观察法、数据分析法、文献研究法等进行选品。

## 一、观察法

### （一）观察法的概念

观察法是指根据一定的研究目的、研究提纲，借助一定的设备工具获取社会生活中人们行为的各种资料的方法。市场观察法是指企业调查人员在一个市场环境中（包括超市、服务中心等）观察调查对象的行为和举止。它常用于消费环境观察、产品使用观察、用户需求观察、用户购买习惯观察、竞争对手观察。

### （二）观察法的分类

观察分为人工观察法和非人工观察法，市场调研中常常采用观察法获取信息。例如：企业调查人员可以通过观察调查对象的行为来测定品牌偏好和促销的效果。随着人工智能技术的发展，人们通过仪器来观察调查对象行为，通过数据分析调查对象行为。

### （三）观察法的运用

跨境电商产品开发观察时，企业调查人员一般通过阅读媒体信息、浏览跨境电商平台产品信息（见图 1-23、图 1-24）、现场座谈或直接观察产业链相关对象获取资料，企业调查人员往往要借助各种现代化的仪器和手段，如手机的照相功能、录音功能、录像功能、截图功能等来辅助观察。

开发产品前，跨境电商企业应了解消费环境、不同国家用户的消费习惯和消费偏好，以提高产品的适应性。例如：欧美国家消费者热衷于在自家花园进行户外烧烤，因此户外烤炉在欧美国家很畅销。

“fiesta”是一些西班牙语国家的重要节日，节日期间，不仅有传统庆祝活动，每周末的歌舞厅庆祝活动也包括在内。因此，如连衣裙、夸张的首饰、艳丽的高跟鞋、狂欢节装饰等都是这些国家市场的热销产品。我国服装、饰品产业链齐全，企业可以根据市场需求进行创新升级，开发产品。

西方人喜欢个性美，假发成了参加晚会或约会的必备饰物。假发是节日的重要装扮用品，西方人有通过戴假发装扮自己来庆祝节日的爱好。因此，假发市场是重要的目标市场。河南省许昌市是我国假发生产集聚区，产业链齐全。

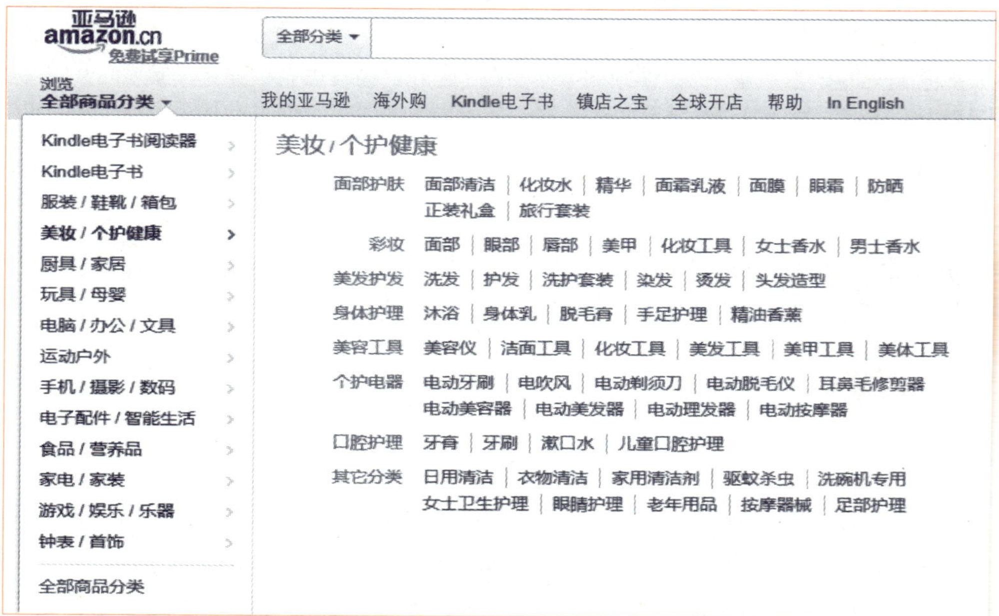


图1-23 亚马逊平台

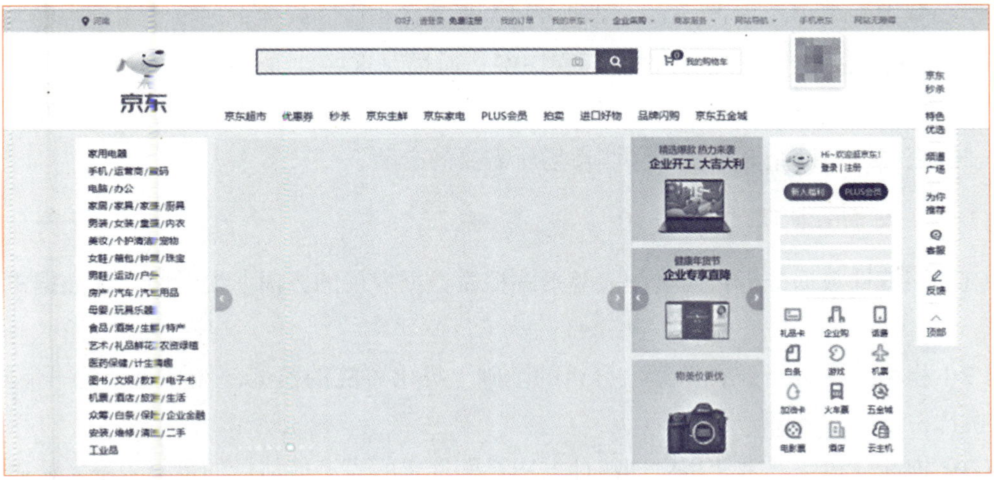


图1-24　京东平台

### （四）观察法的优点

（1）真实性。观察法所获取的信息是调查对象消费行为心理活动的真实反映，通过观察可以直接获取一些无法言表的资料，因此数据客观可信。

（2）及时性。观察法所得到的信息是正在发生的、当下的生动数据，因此数据及时可靠。

### （五）观察法的要求

观察过程中，企业调查人员按计划实行观察，列出观察内容、起止时间、观察地点和观察对象等，进行详细记录，最后整理、分析、概括观察结果，得出客观结论。观察时要遵守法律和道德原则，注意调查对象的隐私权。

## 二、数据分析法

### （一）数据分析法的概念和目的

数据分析法是指用一定的统计分析方法对收集来的大量数据进行分析，包括识别信息需求、收集数据、分析数据、评价并改进数据分析的有效性。

数据分析法的目的是将一大批看来杂乱无章的数据，通过加工、整理和分析，使其转化为信息，从而找出内在规律。数据分析是有组织、有目的地收集、分析数据，使之成为信息的过程。在产品开发的过程中，从市场调研到生产上市都需要适当运用数据分析法，以提升有效性，同时注意数据收集应真实充分。

### （二）数据分析的具体方法

（1）列表法。列表法是将数据按一定规律以列表的形式展现出来，是常用的记录和处理数据的方法。表格的设计要求对应关系清楚、简单明了，有利于发现数据之间的关系。

（2）作图法。作图法可以醒目地展现数据的变化关系。图表的生成方式主要有两种：手动制表和用程序制表，其中用程序制表是通过相应的软件自动生成图表，如 SPSS、Excel、MATLAB，将调查的数据输入程序中，通过对这些软件进行操作，结果可以表格或图形的方式表现出来。表格或图形可以直接反映数据结果，这样大大节省了开发产品的时间，能更好地帮助企业分析和预测市场所需要的产品。

### （三）数据分析法的步骤

（1）探索性数据分析：通过图表等形式探索数据发展的方向，揭示隐含在数据中的规律性。

（2）模型选定分析：在探索性分析的基础上提出可能的模型，然后通过进一步分析，从中挑选一定的模型。

（3）推断分析：通常使用数理统计方法对所选定的模型或估计的可靠程度、精确程度作出推断。

## 三、文献研究法

### （一）文献研究法的概念

文献研究法是指收集、鉴别、整理文献，并通过对文献的研究形成对事实的科学认识的方法。这是一种古老而又富有生命力的科学研究方法。

### （二）文献研究法的一般过程

文献研究法的一般过程包括 5 个基本环节，分别是：提出课题或假设、研究设计、收集文献、整理文献和进行文献综述。

提出课题或假设是指依据现有的理论、事实和需要，对有关文献进行分析整理或重新归类研究的构思。

研究设计首先要建立研究目标，研究目标是指通过可操作的定义方式，将课题或假设设计成具体的、可以操作的、可以重复进行的文献研究活动，它能解决专门的问题并具有一定的意义。

收集文献是指运用软件或在相关网站上搜索文献，获取相关信息。

整理文献是指对所收集的文献进行综合分析，阅读、整理、归纳。

进行文献综述是指对综合整理的文献进行系统、全面的论述与评价，针对课题的研究现状、发展前景等进行综合分析、归纳、评论，提出见解和研究思路。

跨境电商产品开发过程中需要研究目标市场相关产品的法律法规，需要调查人员进行有针对性的文献研究。例如：玩具制造商针对欧盟市场开发玩具产品，需要满足欧洲玩具安全标准（EN71）、欧盟 CE 认证、欧洲标准化委员会 CEN 认证、欧洲 RoHS 认证等条件。

**【资料阅读】中国产业带介绍**

产品开发可以从国内产业带调研开始，下面列举国内部分产业带。

浙江省：杭州钢结构件、硬纸板产业带；温州塑料制品、太阳镜、低压电器、编织产品产业带；嘉兴皮制品、经编制品产业带；宁波家居产品、电器产业带；金华电动工具产业带。

广东省：中山机器设备、电器、包装、电灯、服装产业带；东莞电子产品产业带；广州牛仔服、汽配产业带；汕头内衣、玩具产业带；惠州鞋子产业带。

山东省：青岛纺织品、设备产业带；烟台成衣、红酒产业带；威海纺织品产业带；日照渔具产业带。

## 四、中华文化产品的选品方法

通过跨境电商平台向外国人介绍蕴含中华文化的产品，并且他们购买后对中华文化产品的评价良好，是广大经营中华文化产品的跨境电商企业的目标。如何选择合适的中华文化产品才能吸引海外消费者？

### （一）采用观察法选品

对敦煌网、亚马逊和全球速卖通 3 个网站进行分析，以“Chinese culture”为关键词进行查询，可以发现 10 余个类目的产品，分别有服装、家居家装、办公图书、珠宝首饰、运动休闲和美容美发等，确定“Chinese clothing”“ Chinese home”和“Chinese jewelry” 3 个关键词，通过观察，了解中华文化相关产品的口碑趋势：好评明显多于差评，这说明在跨境电商平台上销售的中华文化产品的总体口碑是好的，中华文化产品是可以选择的。海外消费者对中华服饰、中华家居、中华珠宝的好评量依次递减。因珠宝价格昂贵、易碎且通过网络销售的珠宝通常让消费者对产品质量有疑惑，使海外消费者对中华珠宝不够信任；而中华服饰有小批量、多款式、更新快的特点，中华家居有种类多、产量大、价格低的特点，因此，海外消费者对中华服饰和家居的评价相对更好。基于评价结果，选择中华服饰作为销售类目。就服饰的属性来看，消费者最看重的是产品设计，其次是产品质感、尺码、颜色和价格，最后是材质。海外消费者购买中华传统服饰最看重的就是其独特的设计，而质感、尺码、颜色等属性都是服饰普遍拥有的，所以评价相对设计风格来说会低一点。跨境电商企业是通过“一带一路”传播中华传统文化并获得盈利，因此企业更看重服装的设计，其次是材质，再次是尺码、颜色和整体质感，最终企业选择一款女士短袖旗袍作为上架产品。

### （二）采用数据分析法选品

通过收集敦煌网、亚马逊和全球速卖通 3 个网站的中华文化产品数据进行销量分析，以销量、成交时间、成交价格、好评数量和收藏量作为影响因素，3 款产品按照总销量依次递减排序为：中华家居、中华服饰、中华珠宝。中华文化服饰产品主要包括功夫装、唐装、中山服、传统汉服、旗袍、民族风服装、刺绣礼服；中华文化家居产品主要包括饰品摆件（招财猫、金蟾、招财树、龙、塔、中国结）、陶瓷花瓶、中式折扇、十字绣、中国风墙贴、中国书法绘画作品；中华珠宝产品主要包括吊坠、珍珠、中国风戒指、手链、玉石。家居类产品的范围广且多，多数属于小件产品，价格相对便宜，所以中华家居产品的销量比服饰类和珠宝类多。2020 年中华家居产品销量呈上升态势；而中华珠宝产品和中华服饰产品销量平稳，起伏不大，最终企业选择中华家居的一款中国风墙贴作为上架产品。

## 五、选品工具——卖家精灵

跨境电商卖家运用“卖家精灵”选品工具，可对以下情况进行分析：

### （一）行业需求趋势

行业需求趋势主要分析的是核心关键词近 3 年的月搜索量走势。亚马逊平台上绝大多数产品成交都是通过搜索关键词完成的，类目流量、排行榜流量、关联流量也占据一定份额。

跨境电商卖家使用卖家精灵，从关键词搜索量的大小可以判断该产品市场的大小；随着时间的变化趋势，可以判断该产品是否有季节性，它处于产品生命周期的哪个阶段。

例如：宠物狗床的搜索量在近 5 年比较稳定，没有明显的峰谷现象，不存在季节性；该词月搜索量超过 150 万，搜索量巨大，市场很大（见图 1–25）。

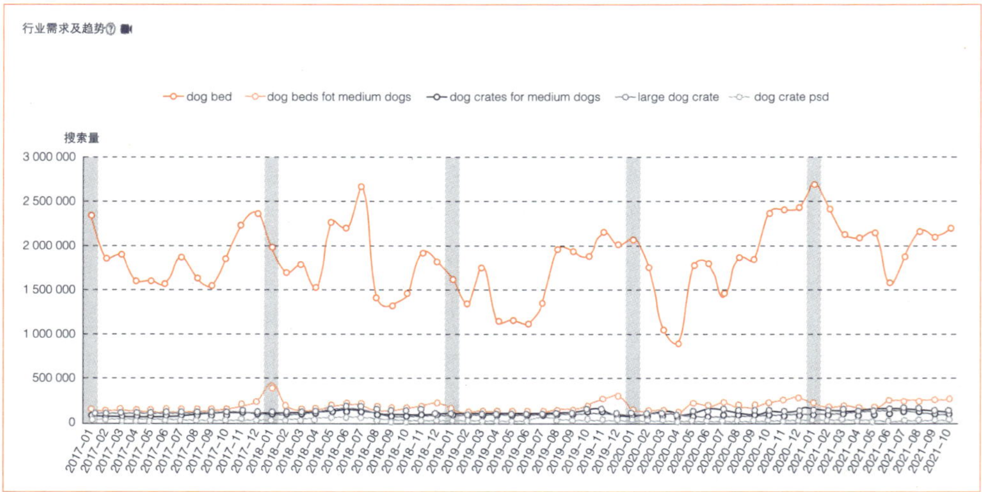


图1–25　宠物狗床的搜索量

### （二）亚马逊竞品卖家类型分布及自营竞争程度

图 1–26 为亚马逊竞品卖家类型分布及自营竞争程度。

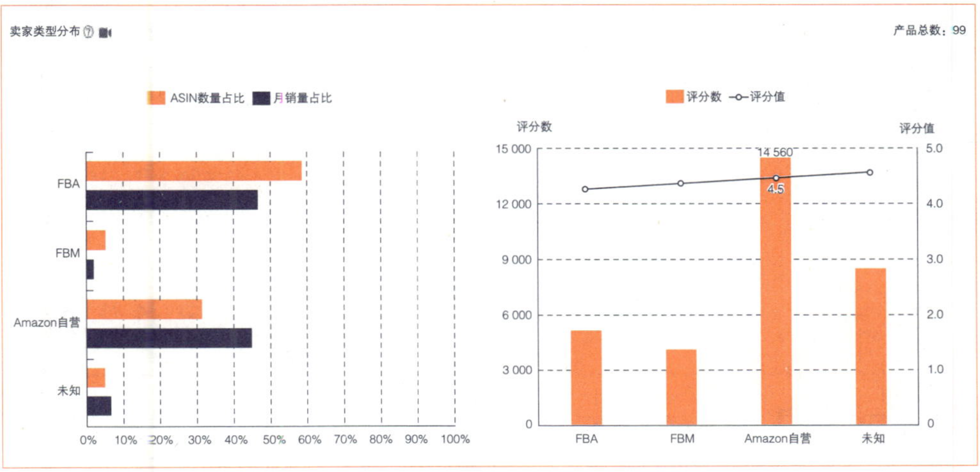


图1-26　亚马逊竞品卖家类型分布及自营竞争程度

左侧趋势图中纵向坐标代表卖家类型，横向坐标代表该类型的产品数量或销量占比；数值代表该卖家类型 ASIN（亚马逊标准识别量）数量 / 总样本数，该卖家类型 ASIN 总销量 / 总样本的销量；该指标可以指引寻找合适的发货方式，以及亚马逊自营的竞争程度。

左侧趋势图是样本范围内，按卖家类型分布的 ASIN 数量占比和月销量占比。FBA 的 ASIN 数量占比 58.59%，FBA 月销量占比 46.80%；FBM 卖家 ASIN 数量占比 5.05%，FBM 月销量占比 1.85%；亚马逊自营 ASIN 数量占比 33.31%，月销售占比 44.91%。

右侧趋势图是样本范围内，按卖家类型分布的评分数和评分值。我们可以看到亚马逊自营的占比很大，总共有 14 560 个评论，评分 4.5，这说明亚马逊自营优势很大，第三方卖家不好进入。

## （三）卖家所属地分布

卖家所属地分布是指样本范围内，卖家所属国家或地区的占比情况。通过分析卖家所属国家或地区占比，判断市场的竞争程度。

中国卖家在亚马逊平台的某些类目竞争比较激烈，同时可以说明该类目的利润比较大。在选品阶段，可以事先查出该类目下的中国卖家数量。

美国亚马逊平台市场上，卖宠物狗床的中国卖家（不含港澳台地区）占比 64.4%，美国卖家占比28.9%，中国香港卖家占比2.2%，其他占比4.5%，可见中国卖家占比较大（见图 1-27）。

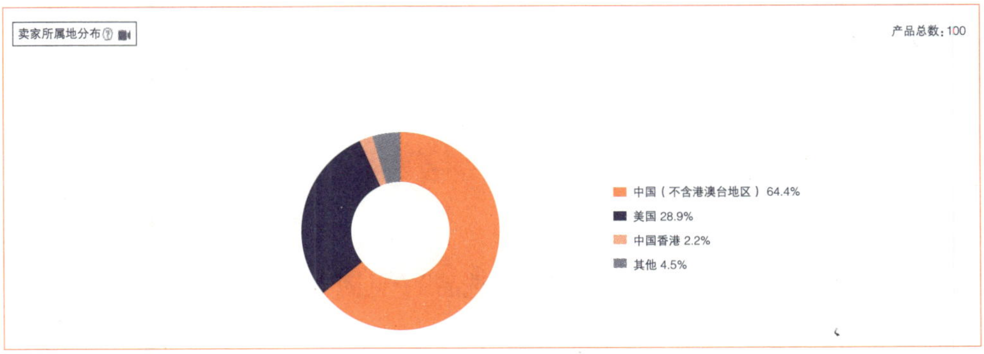


图1-27　卖家所属地分布

### （四）评分值分布

卖家评分值分布在 4.0 以上的占据 91%，证明该宠物狗床产品的整体评价较好（见图 1–28）。

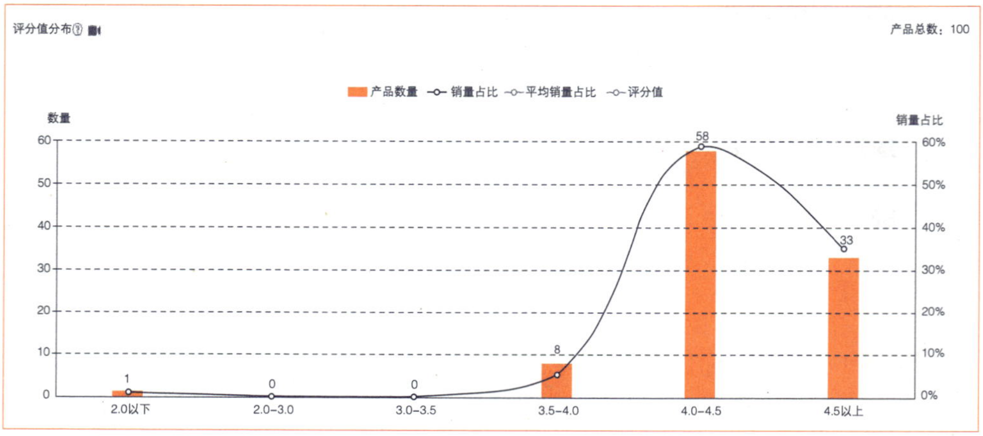


图1–28　卖家评分值分布

### （五）新品榜情况

如果在新品榜前几名的产品销量比较好，表明新品进入市场可能性较大，可以进入此类目市场。

### （六）竞品评论分析

宠物狗床的整体评价集中在“狗狗喜欢”“尺寸完美”“易清洗”，大多数评论都是很好的评价，证明此产品的售后较少。

### （七）选品总结

优点：市场容量大，利润可观。

缺点：体积过大，产品过旧。

综合分析：市场需求量大，只要卖家和厂家进行有效沟通，做出差异化产品，就能让产品在市场上站住排名并有较好的销量。

## 六、选品工具——Jungle Scout

### （一）打开网页

登录 Jungle Scout 网页版，点击“多维度选品”（见图 1–29）。

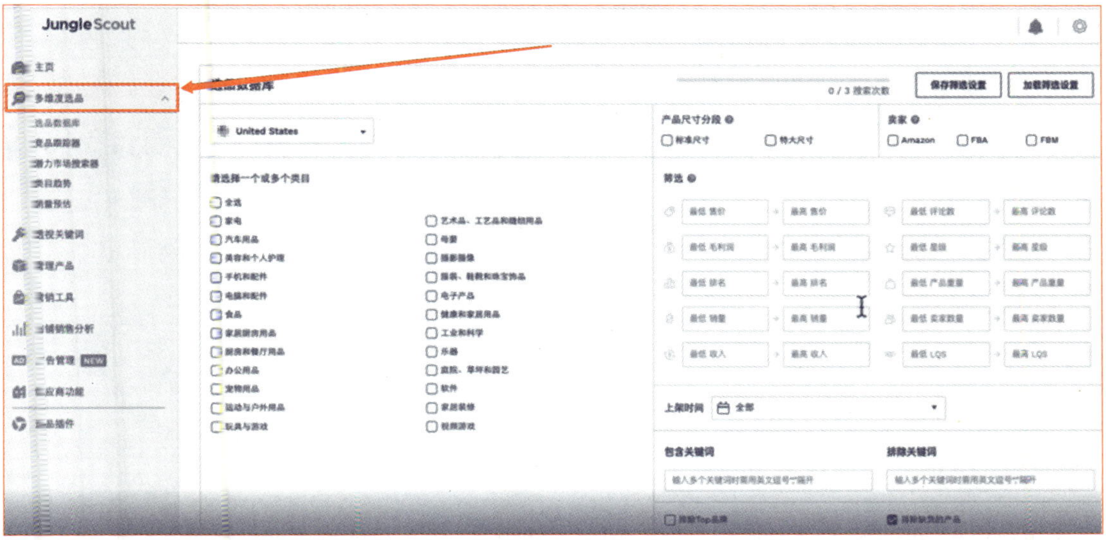

图1-29　Jungle Scout 网页

## （二）选品数据库

选择“选品数据库”（见图 1-30）。

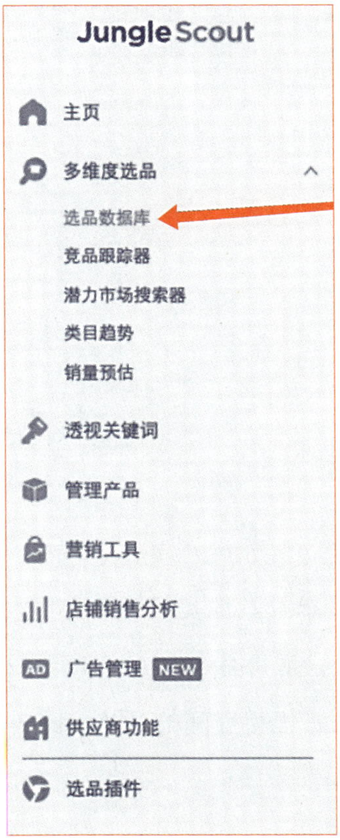


图1-30　选择选品数据库

## （三）选择站点

选择要销售产品的站点（见图 1-31）。

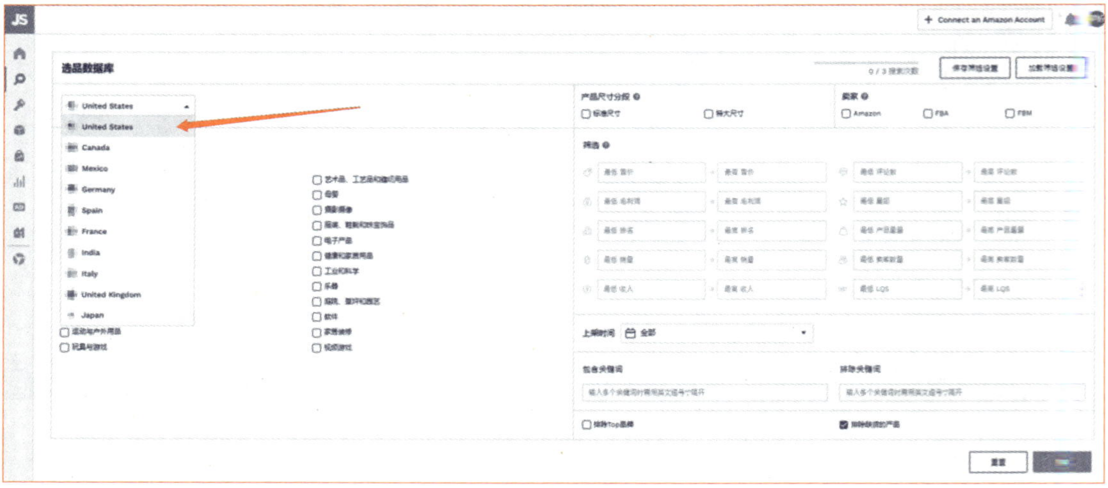


图1-31　选择要销售产品的站点

可以使用 Jungle Scout 自带的筛选配置（见图 1-32）。

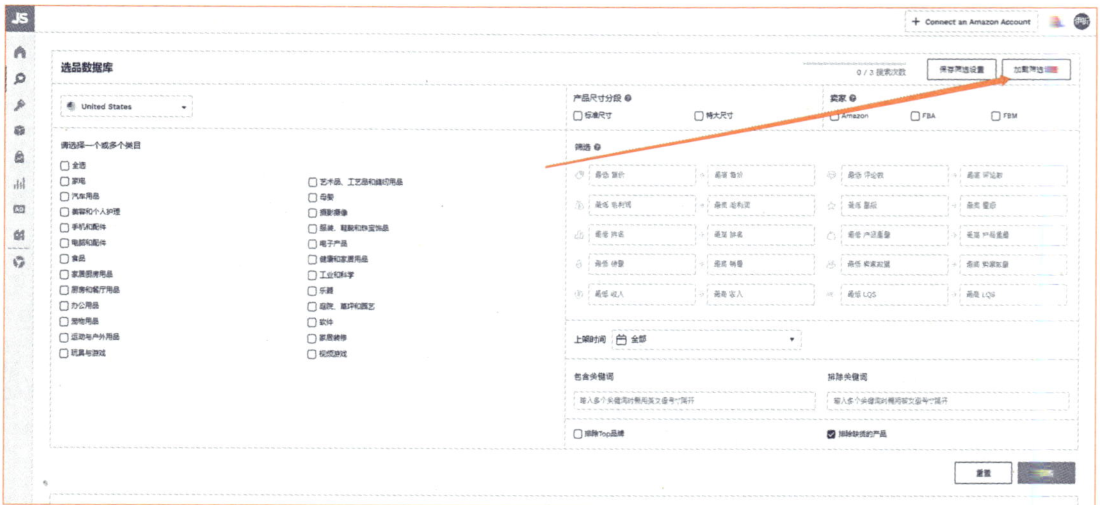


图1-32　筛选配置

跨境电商卖家可以选择高需求且其他卖家营销得不太好的产品。从图 1-33 中可以看到，增加了两个筛选条件（销量最低每月 250，LQS 分数小于 6），满足这两个筛选条件的就是想要找的需求大、listing 还有优化空间的产品。图 1-34 中可以看到初步筛选出来的产品数量比较大，需要进一步筛选。

图1-33　选择高需求产品

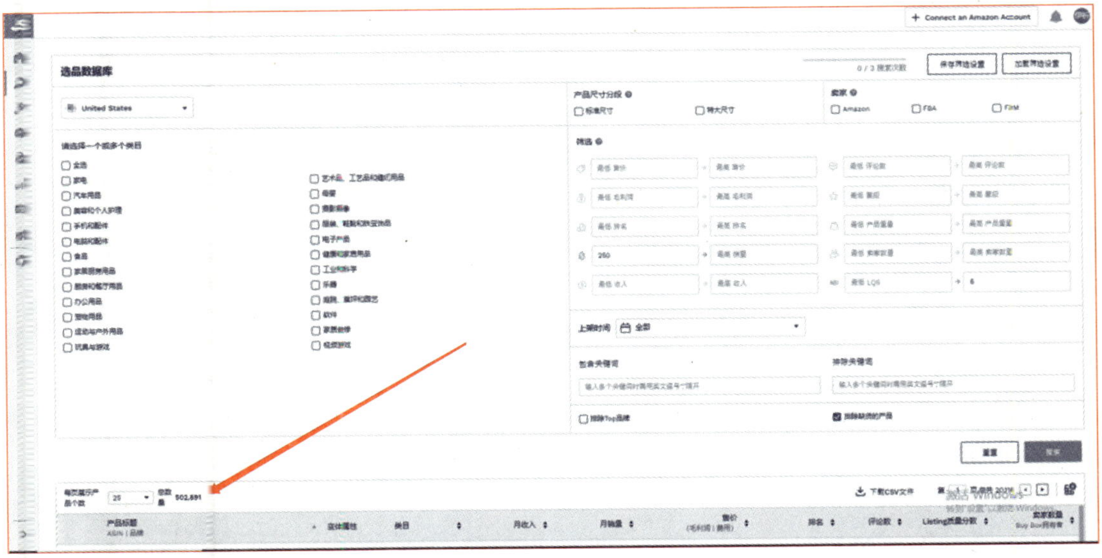


图1-34　增加筛选条件

## （四）增加筛选条件

进一步增加筛选条件，选择自己感兴趣的类目，选择售价能接受、近期刊登销售数据的产品（见图 1–35），按照排序浏览产品（见图 1–36）。

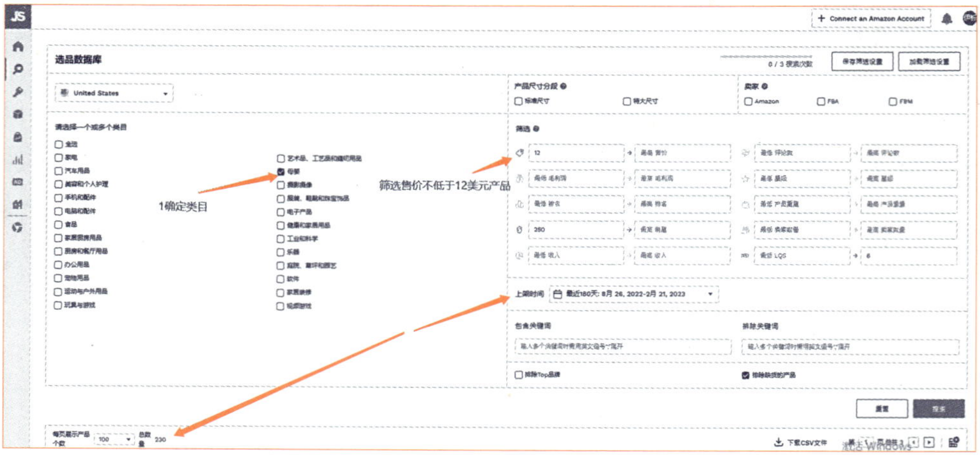


图1-35　进一步增加筛选条件

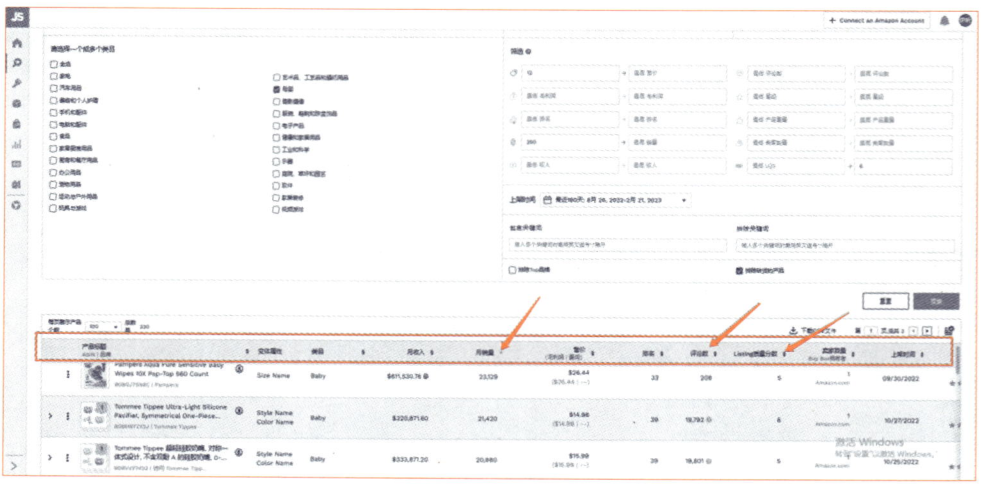

图1-36　按照排序浏览产品

## （五）listing情况

在亚马逊平台查看产品及 listing 情况（见图 1-37、图 1-38）。

图1-37　listing数据

图1-38　listing 详情

## （六）细分市场情况

在亚马逊平台搜索产品关键词，用 Jungle Scout 软件查看该关键词下对应的细分市场情况（见图 1-39），找到一款价格合适、上架不久的新款硅胶学饮杯（见图 1-40）。

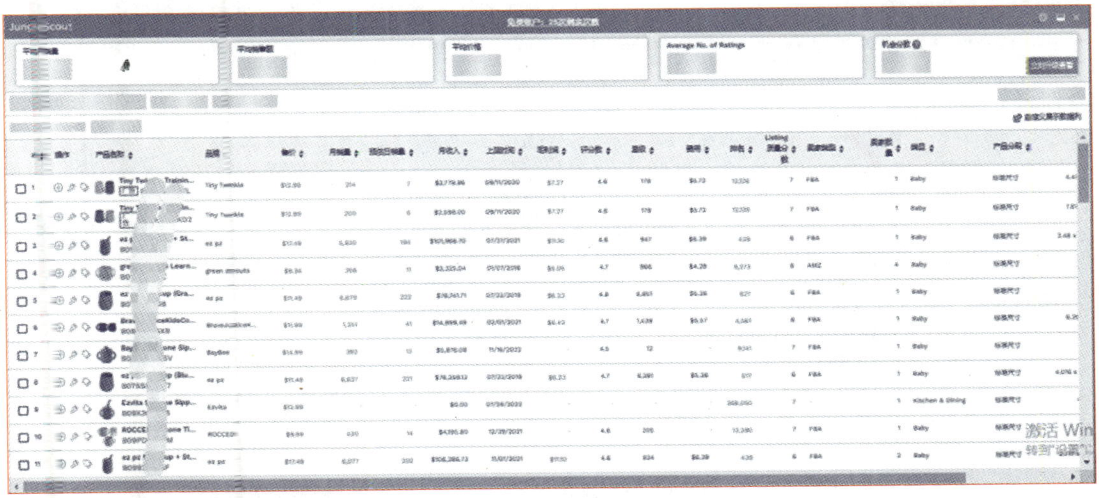

图1-39　新款细分市场情况

## （七）寻找同款产品

去 1688 跨境专供平台找货源（见图 1-41），可以找到硅胶学饮杯的同款或类似款。

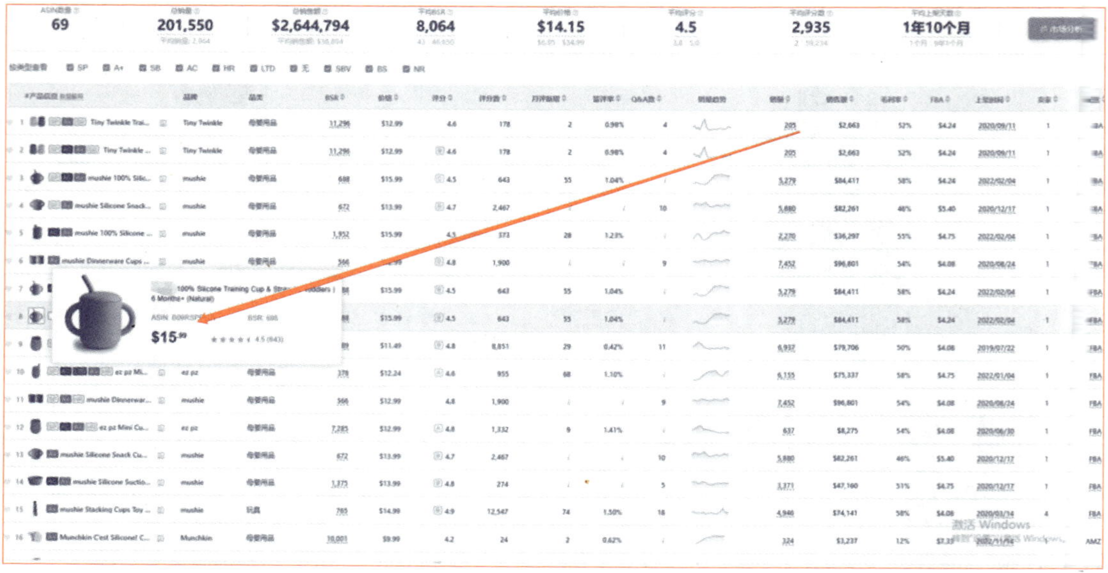


图1-40　新款硅胶学饮杯数据

图1-41　1688跨境专供平台

## （八）开发产品

根据平台畅销款、材质功能、采购价，计算利润后，确定开发图 1-42 中的硅胶学饮杯。

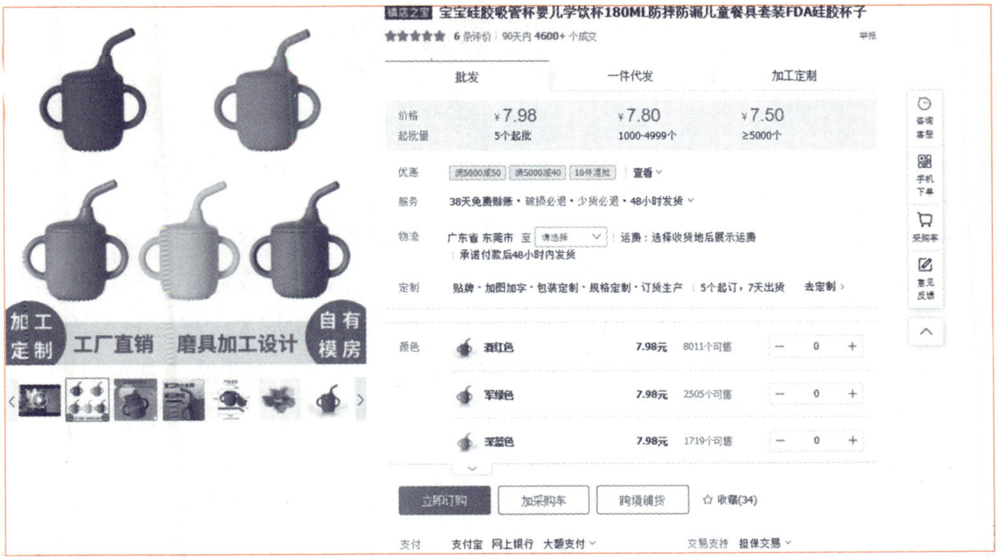


图1-42 类似款硅胶学饮杯

每种选品工具都有多种选品方法，跨境电商卖家可以结合自己的选品策略，制定综合选品方案，综合运用各种选品工具，开发符合企业定位的产品。

## 行业观察

### 中国海关查获输往“一带一路”沿线国家侵权货物案

丝绸之路是一条贸易之路，更是一条友谊之路。党的二十大报告提出：“加快建设贸易强国”。建设贸易强国要注重自主创新和高质量发展，开创开放合作和共享共赢的国际贸易新局面。随着我国与“一带一路”沿线国家贸易规模不断扩大，输往相关国家的出口货物也日益增多。在海关总署的统一部署下，全国海关连续五年开展“龙腾行动”，持续加强对出口至“一带一路”沿线国家货物的知识产权保护力度，知识产权保护水平不断提高，有效履行了中国知识产权保护的国际义务，维护了中国制造的国际声誉。

重庆海关加强对通过跨境电商渠道输往“一带一路”国家货物的查验力度，一次性查获的侵权太阳镜、运动鞋、服饰、挎包等货物 8 万余件，涉及“Apple”“RayBan”等 35 个品牌，申报货值合计人民币 69 万余元。

沈阳海关在跨境电商货运包机渠道查获侵权货物 6 批次，扣留侵权服装、鞋帽、家电器等各类货物共计 7 834 件，涉及“Apple”“Panasonic”等多个品牌。

南昌海关在铁路运输渠道加大知识产权布控及查验力度，在一批货物中，查获侵犯“Nescafé”“KitKat”等商标权的陶瓷杯 29 437 个。

济南海关在一批跨境电商出口空运货物中查获气球、黏画、插排等儿童玩具类侵权产品共 4 100 余个，其中黏画和部分插排侵犯了斯平玛斯特有限公司的“汪汪队”相关知识产权。

广州海关所属佛山海关在对佛山某公司以市场采购方式申报出口至澳门的女装进行查验时，查获侵犯苹果公司（美国）“Apple logo（图形）”商标专用权的耳机 5 492 副和电子手表 300 块，侵犯小米科技有限责任公司“MI”商标专用权的耳机 1 000 副。

深圳海关所属深圳湾海关查获马鞍山某公司以跨境电商 B2B 方式申报出口至香港的标有“TECNO”标识的侵权手机盒 10 560 个。

## 拓展阅读

# 常用专利网站与跨境电商产品出口美国市场的六个常用认证

## 一、常用专利网站介绍

### （一）免费网站

1. 中国及多国专利审查信息查询：http: //cpquery.cnipa.gov.cn/
2. 知嘟嘟：https: //www.iprdb.com/
3. 世界知识产权组织网上专利检索：https: //patentscope2.wipo.int/search/en/search.jsf
4. 美国专利及商标局：https: //www.uspto.gov/patents
5. 谷歌专利：https: //patents.google.com/
6. 欧洲专利局：https: //www.epo.org/index.html
7. 日本专利局：https: //www.jpo.go.jp/
8. 澳大利亚知识产权局：https: //www.ipaustralia.gov.au/
9. 加拿大知识产权局：https: //www.ic.gc.ca/opic-cipo/cpd/eng/search/basic.html?wt_src=cipo-search-main
10. 英国知识产权局：https: //www.gov.uk/government/organisations/intellectual-property-office

### （二）付费网站

1. incoPat：https: //www.incopat.com/
2. Patentics：https: //www.patentics.com/
3. SooPAT：http: //www.soopat.com/
4. Fiverr：https: //www.fiverr.com/
5. RainPat：https: //www.rainpat.com/Home/Index
6. 佰腾网：https: //www.baiten.cn/
7. 智慧芽：https: //www.zhihuiya.com/
8. 大为：http: //www.innojoy.com/search/home.html
9. 八戒知识产权：https: //chongqing.ipr.zbj.com/

## 二、跨境电商产品出口美国市场的六个常用认证

### （一）UL 认证

UL 认证（见图 1–43）在美国属于非强制性认证，主要是产品安全性能方面的检测和认证，其认证范围不包含产品的 EMC（电磁兼容）特性。UL 认证的认证周期是 2 个月。如果消费者购买带有 UL 标志的产品后因产品质量问题而产生不良后果，消费者可以投诉销售商，而销售商会得到保险公司的赔偿。因为认证机构每年至少验厂一次，会产生维护费用，所以北美比欧洲要求严格。

图1–43 UL认证

适用产品：灯具、家用电器、通信工具、电动工具、电线电缆等。

### （二）FCC 认证

FCC 全称为美国联邦通信委员会（见图 1–44）。FCC 通过控制无线电广播、电视、电信、卫星和电缆来协调国内和国际的通信。FCC 确保美国所属地区与生命财产有关的无线电和电线通信产品的安全性。许多无线电应用产品、通信产品和数字产品要进入美国市场，都要求获得 FCC 认证。

图1–44 FCC认证

适用产品：电子产品（电脑及电脑配件）、家用电器、电动工具、灯具、玩具、安防产品等。

### （三）DOT 认证

DOT 认证制度即联邦机动车辆安全标准（FMVSS）（见图 1–45）。DOT 认证是强制性认证，即所有在美国销售的机动车及配件产品都必须通过 DOT 认证，拥有 DOT 标志。

适用产品：机动车和零配件产品。

图1–45 DOT认证

### （四）CE 认证

CE 标志是一种安全认证标志（见图 1–46），它被视为制造商打开并进入欧洲市场的护照。产品要进入欧洲市场必须进行 CE 认证并在产品上加贴 CE 标志。

适用产品：进入欧洲市场的所有产品。

图1–46 CE认证

### （五）FDA 认证

FDA（美国食品药品监督管理局）的职责是确保美国本国生产或进口的食品、化妆品、药物、生物制剂、医疗设备和放射产品的安全（见图 1–47）。

适用产品：药物、食品、医疗器械等。

图1–47 FDA认证

### （六）BQB 认证

所有进口到美国的蓝牙产品，都需要得到 BQB 认证（见图 1-48）。具有蓝牙功能的产品，无论产品外观上是否标有蓝牙标志都需要通过 BQB 认证。

图1-48 BQB认证

适用产品：具有蓝牙功能的产品。

以上产品若通过亚马逊平台的 FBA 进行销售都需要获得相关认证，因此平台卖家一定要注意。

主要跨境电商选品工具介绍

## 任务工单

<table>
<tr><td>任务名称</td><td colspan="5">分析棒球手套能否作为潜力产品</td></tr>
<tr><td>任务目的</td><td colspan="5">在亚马逊平台欧洲站点分析棒球手套作为潜力产品的可能性，掌握选品分析内容，提高选品分析技能，提升团队协作能力。</td></tr>
<tr><td>任务内容</td><td colspan="5">分析棒球手套人群需求：分析购买者和使用者的特点；<br>分析棒球手套的竞品特点：分析平均评价评分、销量前 100 名自营卖家占比、行业知名品牌、销量前 100 名卖家的销量；<br>讨论棒球手套优质供应商应具备的条件；<br>分析棒球手套定价；<br>以上内容以 PPT 演讲形式呈现。</td></tr>
<tr><td>任务提示</td><td colspan="5">从产品管理、供应商管理、数字化等多维度进行挖掘与分析。</td></tr>
<tr><td rowspan="2">第（ ）组</td><td>姓名</td><td></td><td></td><td></td><td></td></tr>
<tr><td>学号</td><td></td><td></td><td></td><td></td></tr>
<tr><td rowspan="17">任务</td><td colspan="5">分析棒球手套购买者和使用者的特点</td></tr>
<tr><td>购买者</td><td colspan="4"></td></tr>
<tr><td>使用者</td><td colspan="4"></td></tr>
<tr><td colspan="5">分析棒球手套竞品的特点</td></tr>
<tr><td>平均评价评分</td><td colspan="4"></td></tr>
<tr><td>销量前 100 名自营卖家占比</td><td colspan="4"></td></tr>
<tr><td>行业知名品牌</td><td colspan="4"></td></tr>
<tr><td>销量前 100 名卖家的销量范围</td><td colspan="4"></td></tr>
<tr><td colspan="5">讨论棒球手套优质供应商应具备的条件</td></tr>
<tr><td>条件 1</td><td colspan="4"></td></tr>
<tr><td>条件 2</td><td colspan="4"></td></tr>
<tr><td colspan="5">分析棒球手套定价</td></tr>
<tr><td>最高价</td><td colspan="4"></td></tr>
<tr><td>最低价</td><td colspan="4"></td></tr>
<tr><td>中间价</td><td colspan="4"></td></tr>
</table>

# 项目考核

## 一、单选题

1. Jungle Scout、卖家精灵、数魔大数据、船长 BI、蚁户、易芽、4KMILES 大数据选品工具适用于（　　）平台。

A. 亚马逊　　B. 全球速卖通　　C. Wish　　D. 京东

2. 亚马逊的版权侵权一般涉及一些经典形象的版权侵权和（　　）。

A. 盗用他人的图片　　B. 截图　　C. 模仿　　D. 加水印

3. 数据分析方法包括列表法和（　　）。

A. 统计法　　B. 作图法　　C. 归纳法　　D. 演绎法

4.（　　）是指给店铺带来流量的产品，将利润设置得低一点，节日期间给店铺带来巨大的流量。

A. 利润款　　B. 引流款　　C. 新品　　D. 基础款

5.（　　）是指收集、鉴别、整理文献，并通过对文献的研究形成对事实的科学认识的方法。

A. 文献研究法　　B. 观察法　　C. 数据分析法　　D. 专家讨论法

## 二、多选题

1. 产品开发的内容包括（　　）。

A. 产品整体性能开发　　B. 产品技术条件开发

C. 产品市场开发　　D. 产品物流开发

2. 产品开发原则包括（　　）。

A. 选择受众面大的产品　　B. 选择刚需产品

C. 选择适合跨境电商运输的产品　　D. 选择差异性产品

3. 侵权一般包含（　　）类型。

A. 商标侵权　　B. 专利侵权

C. 版权侵权　　D. 图片侵权

4. 选品的技巧包括（　　）。

A. 符合自身定位　　B. 产品组合搭配

C. 具备潜力款特点　　D. 照搬竞争对手品牌产品

5. 产品开发流程包括（　　）。

A. 市场细分和用户画像　　B. 了解最新最全信息

C. 创新　　D. 模仿

## 三、判断题

1. 刚需的产品意味着同一产品可以满足所有潜在消费者的需求。（　　）
2. 产品开发前，了解消费环境，提高产品的适应性。（　　）
3. 资金周转率的快慢以及产品的运费不会影响运营的最终利润。（　　）
4. 亚马逊 FBA 费用按照两个标准收费：尺寸、重量。（　　）
5. 根据亚马逊 FBA 费用标准，在允许的范围内，产品的尺寸、重量越小越好。（　　）
6. 一款理想的跨境电商产品应该具备市场需求大、产品有核心竞争优势、利润空间大、品牌黏度低、法律风险小、易损坏程度低、物流畅通等元素。（　　）
7. 观察法所获取的信息是调查对象消费行为心理活动的真实反映，直接获得一些无法言表的资料，因此数据客观可信。（　　）
8. 引流款是性价比适当的产品，保持市场适中的利润率，在店铺产品中占比较大。（　　）
9. 观察时要遵守法律和道德原则，注意调查对象的隐私权问题。（　　）
10. 开发跨境电商产品的过程中需要研究目标市场相关产品的法律法规。（　　）

## 四、实训题

一家户外产品销售企业为深耕海外户外产品市场，进行了前期的市场调研，调研结果显示：西方国家消费者喜爱以家庭为单位进行周末野营，预计对帐篷的需求会从 3 月份持续上升。

请为该企业进行跨境电商产品选品，要求进行选品决策，写出选品原因。

## 考核评价

评价说明：本项目完成后，由任课教师主导，采用学习过程评价与学习结果评价相结合的方式，综合运用自我评价、小组评价及教师评价，由教师确定3种评价方式在总成绩中的占比，加权计算学生在本项目的考核评价分。

<table>
<tr><th colspan="4">考核评价表</th></tr>
<tr><td>班级</td><td></td><td>学生姓名</td><td></td></tr>
<tr><td>评价方式</td><td>评价内容</td><td>分值</td><td>成绩</td></tr>
<tr><td rowspan="7">自我评价</td><td>知识和技能的掌握程度</td><td>20</td><td></td></tr>
<tr><td>任务准备完成情况</td><td>10</td><td></td></tr>
<tr><td>资料阅读完成情况</td><td>10</td><td></td></tr>
<tr><td>课堂讨论完成情况</td><td>20</td><td></td></tr>
<tr><td>拓展阅读完成情况</td><td>20</td><td></td></tr>
<tr><td>项目考核完成情况</td><td>20</td><td></td></tr>
<tr><td>合计</td><td>100</td><td></td></tr>
<tr><td rowspan="5">小组评价</td><td>本小组本项目完成质量</td><td>30</td><td></td></tr>
<tr><td>个人本项目完成质量</td><td>30</td><td></td></tr>
<tr><td>个人参与小组活动的态度</td><td>20</td><td></td></tr>
<tr><td>个人的合作精神和沟通能力</td><td>20</td><td></td></tr>
<tr><td>合计</td><td>100</td><td></td></tr>
<tr><td rowspan="5">教师评价</td><td>个人所在小组的项目完成质量</td><td>30</td><td></td></tr>
<tr><td>个人本项目完成质量</td><td>30</td><td></td></tr>
<tr><td>个人在所在小组的参与度</td><td>20</td><td></td></tr>
<tr><td>个人对本项目的贡献度</td><td>20</td><td></td></tr>
<tr><td>合计</td><td>100</td><td></td></tr>
<tr><td colspan="4">总评 = 自我评价 ×（ ）% + 小组评价 ×（ ）% + 教师评价 ×（ ）% =</td></tr>
</table>

# 项目二 产品数据采集

## 思维导图

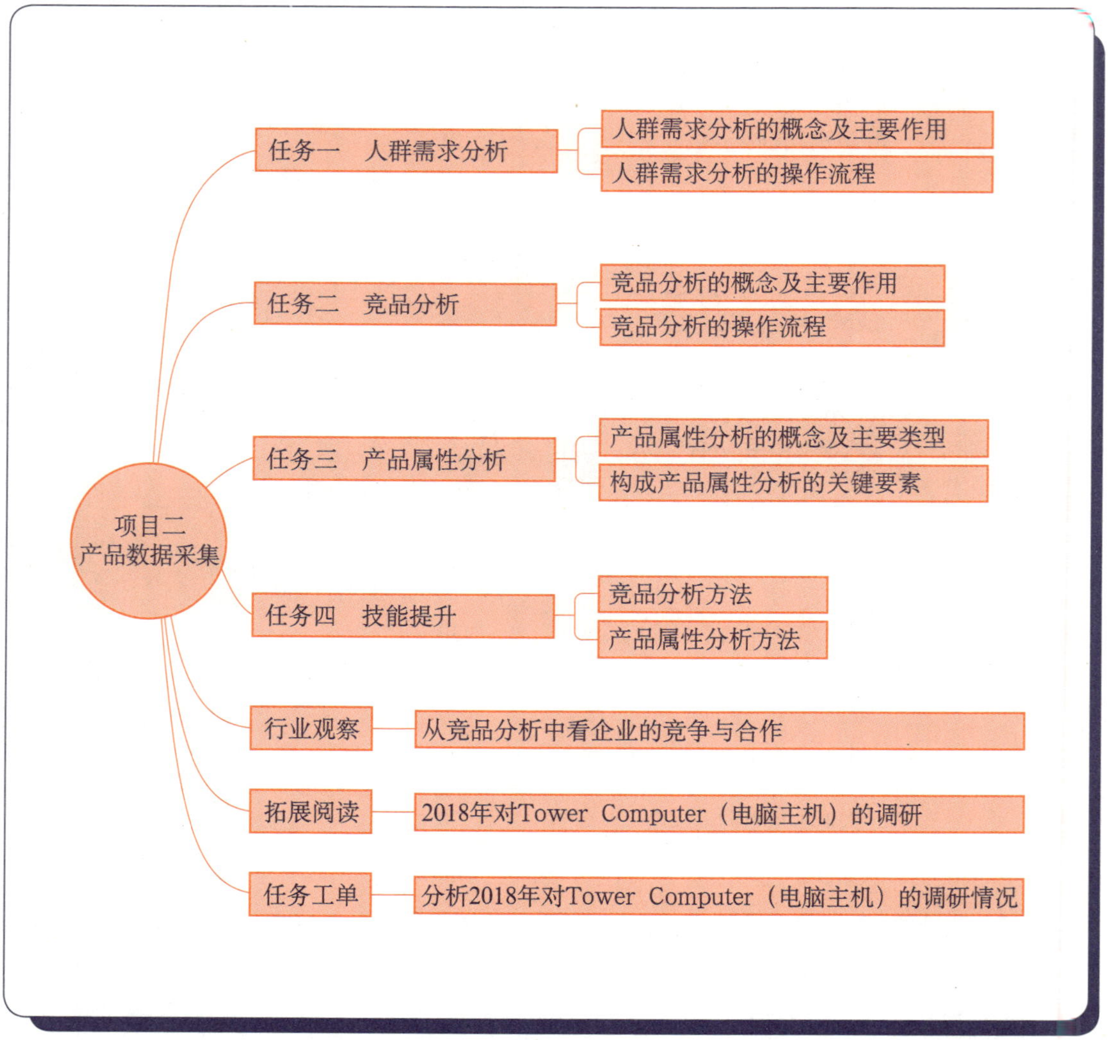

# 任务一　人群需求分析

<table>
<tr><td>项目名称</td><td colspan="2">项目二　产品数据采集</td><td>任务名称</td><td>任务一　人群需求分析</td></tr>
<tr><td rowspan="3">学习目标</td><td>知识目标</td><td colspan="3">了解人群需求分析的概念及内容；<br>理解人群需求分析的作用；<br>了解人群需求分析的操作流程。</td></tr>
<tr><td>能力目标</td><td colspan="3">具备初步进行人群需求分析的能力；<br>具备初步确定目标市场的能力。</td></tr>
<tr><td>价值目标</td><td colspan="3">从人群需求分析入手，树立社会主义核心价值观；<br>具备战略思维能力。</td></tr>
<tr><td>任务描述</td><td colspan="4">工作中我们会发现，消费者的需求往往是多方面的、不确定的，因此，需要我们进行分析。在此基础上，企业可以更有针对性地进行营销设计。我们可以从哪些方面对消费者进行分析？如何通过对消费者进行分析揭示消费者未被满足的需要和欲望？对此，跨境电商企业可以采取哪些有针对性的行动？</td></tr>
<tr><td>任务准备</td><td colspan="4">找到一家熟悉的企业或喜欢的品牌，从产品的主要受众着手，收集人群需求分析的相关资料。</td></tr>
<tr><td>实施提醒</td><td colspan="4">人群需求分析紧承选品，是跨境电商业务操作的第二步。怎样扎实掌握相关理论知识是同学们学习的重点，如何在实践中灵活应用理论知识是同学们学习的难点。学习本部分内容时，同学们要高度重视人群需求分析的操作流程这一实践性环节，仔细观摩、深入讨论，只有不断地学习、实践、总结，才能为后续学习和实践打下坚实的基础。</td></tr>
</table>

## 知识精讲

### 一、人群需求分析的概念及主要作用

#### （一）人群需求分析的概念

人群需求分析是对市场供需变化的各种因素及其动态、趋势的分析。分析过程是：第一，收集有关资料和数据；第二，选用适当的调查方法进行分析研究，了解市场变化的规律，了解消费者对产品品种、规格、质量、性能、价格的意见和要求，了解市场对某种产品的需求量和销售趋势，为企业合理安排生产、应对市场竞争、正确调节市场、平衡产销等决策活动提供重要依据。

### （二）人群需求分析的主要作用

通过人群需求分析，可以更好地帮助企业认识市场产品供应和需求的比例关系，采取正确的经营战略，满足市场需要，提高经营活动的经济效益；帮助企业解决重大的经营决策问题，也可以帮助企业的销售经理对一些较小的问题做出决定。例如：企业是否应该立即对定价进行适当的调整，以适应消费者在节日期间的消费；或企业是否应该增加营销推广所发放的奖品，以加强促销力度。

企业的营销决策只有建立在扎实的人群需求分析的基础上，在对影响需求的外部因素和影响企业购、产、销的内部因素充分了解和掌握以后，才能减少失误，提高决策的科学性和正确性，从而将经营风险降到最低。企业在实施营销战略计划的过程中，可以根据人群需求分析取得的最新资料，检验和判断企业的营销战略计划是否需要修改及如何修改才能应对新出现的问题，从而保证营销战略计划的顺利实施。

## 二、人群需求分析的操作流程

### （一）市场细分

人群需求分析的核心部分是对市场进行细分。市场细分的概念是美国营销学家温德尔·史密斯于20世纪50年代中期提出来的。

**【资料阅读】** 什么是市场细分？

市场细分是指营销者通过市场调研，依据消费者的需要和欲望、购买行为和购买习惯等方面的差异，将某一产品的市场整体划分为若干消费者群的市场分类过程。一个消费者群就是一个细分市场，每一个细分市场都是由具有类似需求倾向的消费者构成的群体。

市场细分的基础（细分依据）主要有：

· 地理细分：国家、地区、城市、农村、气候、地形。

· 人口细分：年龄、性别、职业、收入、教育、家庭人口、家庭类型、家庭生命周期、国籍、民族、宗教。

· 心理细分：兴趣、爱好、观点、态度、个性等。

· 行为细分：时机、追求利益、使用者地位、产品使用率、忠诚程度、处于购买准备阶段。

总之，市场是商品交换关系的总和，其本身就可以细分，细分的主要依据分别是消费者存在异质需求和企业自身在不同方面具备的优势。

**【课堂讨论】**

以跨境电商假发制品行业为调研对象，简短地概括假发制品市场细分情况（见表2-1）。

表 2-1　假发制品市场细分情况

| 细分依据 | 细分情况 |
| --- | --- |
| 地理细分 | |
| 人口细分 | |
| 心理细分 | |
| 行为细分 | |

可以说，市场细分就是企业根据消费者特征、场景、需求、行为等因素确定维度，将市场整体从消费者角度细分成若干小市场，市场细分是产品定位和需求调研的基础。市场细分有利于企业选择目标市场和制定市场营销策略，有利于企业挖掘市场机会、开拓新市场，有利于企业集中人力、物力投入目标市场，有利于企业提高经济效益。那么，在工作中如何进行市场细分呢？

**1. 进行市场细分的工作步骤**

（1）选定产品市场范围。跨境电商企业应明确自己在某行业中的产品市场范围，并以此作为制定开拓市场战略的依据。

（2）列举潜在消费者的需求。跨境电商企业可从地理、人口、心理等方面列出影响产品市场需求和消费者购买行为的各项变数。

（3）分析潜在消费者的不同需求。跨境电商企业应对不同的潜在消费者进行抽样调查，并对所列出的需求进行评价，总结消费者的共同需求。

（4）调查、分析、评估各细分市场，最终确定可进入的细分市场。

**2. 可进入的细分市场的特征**

（1）可衡量性：细分市场的标准、维度、关键要素必须是可衡量的，不能模糊或主观判断。

（2）可进入性：选择的细分市场一定是企业可以进入的市场。

（3）可盈利性：选择的细分市场规模大，能够使企业进入后盈利或有很大潜力。

（4）差异性：选择的细分市场和其他细分市场有一定的差别，也就是市场能对不同的营销方式或不同产品作出不同反应。

（5）稳定性：细分市场在未来一段时间保持稳定。

目前，跨境电商企业更多的是利用互联网帮助企业进行市场细分。网络上存在特定市场细分的网站，例如：针对母婴产品消费者、老年消费者、乡镇消费者的细分市场。也有许多跨境电商平台建立了数据仓库，将消费者的名字、市场前景及其他很多信息输入其中，跨境电商营销人员在数据仓库中进行数据挖掘以发现新的细分市场，之后他们将特定的产品提供给潜在消费者。

## （二）确定目标市场

确定多个细分市场后，就需要在这些细分市场中选出企业要进入的目标市场了。选择目标市场，明确企业应为哪一类消费者服务，满足他们的哪一种或几种特定需求，是企业在跨境电商经营活动中的一项重要策略。

为什么要进行目标市场的选择呢？因为不是所有的子市场都对本企业有足够的吸引力，任何企业都没有足够的人力资源和资金满足整个市场的全部需求，只有扬长避短，找到有利于发挥本企业现有的人力、财力、物力优势的目标市场，才不至于在庞大的市场上迷失前进方向。

选择目标市场时，有个重要因素就是每个细分市场的市场吸引力。市场吸引力的高低是由市场规模、市场增长率、竞争情况、发展潜力、营利性等因素决定的。同时，企业还必须综合考虑内部各项能力后，才能确定目标市场。

选择目标市场时，企业可以运用下列 3 种策略：

**1. 无差别市场策略**

无差别市场策略是指企业将整个市场作为自己的目标市场，只考虑市场需求的共性，而不考虑其差异，运用一种产品、一种定价、一种营销方式，吸引尽可能多的消费者。

美国可口可乐公司从问世以来，一直采用无差别市场策略，生产一种口味、一种配方、一种包装的产品，满足全球消费者的需要，称作“世界性的清凉饮料”。由于百事可乐等品牌的竞争，1985 年 4 月，可口可乐公司宣布要改变配方，不料在美国市场掀起轩然大波，许多人打电话到可口可乐公司，对改变可口可乐的配方表示不满和反对，可口可乐公司不得不继续大批量生产传统配方的可口可乐。可见，采用无差别市场策略，产品在内在质量和外在形象上必须有独特风格，才能得到多数消费者的认可，从而保持相对的稳定性。

这种策略的优点是产品单一，容易保证质量，能大批量生产，降低生产和销售成本。但是，如果同类企业也采用这种策略时，必然要产生激烈竞争。

**2. 差别性市场策略**

差别性市场策略是指将整个市场细分为若干细分市场，针对每个不同的细分市场设计不同的产品，制定不同的营销策略，以满足不同的消费需求。

有的服装企业，按生活方式将女性消费者群体分成 3 种类型：时髦型、中性型、朴素型。时髦型女性喜欢把自己打扮得华贵艳丽、引人注目；中性型女性喜欢打扮得超凡脱俗、卓尔不群；朴素型女性购买服装讲求经济实惠、价格适中。该服装企业根据不同女性的不同偏好，有针对性地设计不同风格的服装，使产品对各类消费者都具有吸引力。

针对每个细分市场的特点，企业会制定不同的市场营销策略。这种策略的优点是能满足不同消费者的不同要求，有利于扩大销售、占领市场、提高企业声誉；其缺点是由于产品差异化、营销方式差异化，增加了企业管理难度，提高了生产和销售成本。目前只有力量雄厚的大型企业采用这种策略。

**3. 集中性市场策略**

集中性市场策略是指在细分市场上，选择少数几个细分市场作为目标市场，实行专业化生产和销售，在个别少数市场发挥优势，提高市场占有率。采用这种策略的企业对目标某企业起初是一个生产雨衣、尿布、游泳帽、卫生带等多种橡胶制品的小厂，由于订单不多，面临破产。总经理在一个偶然的机会从一份人口普查表中发现，该国每年约出生250万个婴儿，如果每个婴儿用两条尿布，一年需要500万条，于是，他决定放弃尿布以外的产品，实行尿布专业化生产。一炮打响后，企业又不断研制新材料、开发新品种，不仅垄断了国内尿布市场，还远销世界70多个国家和地区，成为闻名于世的“尿布大王”。

采用集中性市场策略，能集中优势力量，这有利于产品适销对路，降低产品成本，提高企业和产品的知名度。但是，集中性市场策略有较大的经营风险，因为它的目标市场范围小、品种单一。如果目标市场的消费者需求和爱好发生变化，企业就可能因应变不及时而陷入困境。同时，当强有力的竞争者打入目标市场时，企业就要受到严重影响。因此，许多中小企业为了分散风险，仍选择一定数量的其他细分市场作为自己的目标市场。

### （三）市场定位

市场定位是20世纪70年代由美国学者阿尔·里斯和杰克·特劳特提出的一个重要的营销学概念。市场定位是企业根据目标市场上同类产品竞争状况，针对消费者对该类产品某些特征或属性的重视程度，为本企业产品塑造强有力的、与众不同的鲜明个性，并将其形象生动地传递给消费者，求得消费者认同。市场定位的实质是使本企业与其他企业严格区分开来，使消费者明显感觉、认识这种差别，从而在消费者心目中占有特殊的位置。

传统观念认为，市场定位就是在每一个细分市场上生产不同的产品，实行产品差异化。事实上，尽管市场定位与产品差异化关系密切，但是，二者有着本质的区别。市场定位是通过为自己的产品创立鲜明的个性，从而塑造独特的市场形象来实现的。一个产品是多个因素的综合反映，包括性能、构造、成分、包装、形状、质量等，市场定位就是要强化或放大某些产品因素，从而形成与众不同的独特形象。产品差异化乃是实现市场定位的手段，并不是市场定位的全部内容。市场定位不仅强调产品差异化，而且要通过产品差异化建立独特的市场形象，赢得消费者的认同。如果该细分市场有强大的竞争对手，则需要先对竞争对手的产品进行定位，而后根据市场和自身情况，寻求差异化。

**【资料阅读】** 共建“一带一路”国家消费者喜爱的中国产品

我国面向共建“一带一路”国家出口一些优势产品，如出口东南亚的优势产品集中在电机、机械器具、塑料、钢铁、矿物燃料、家具、汽车、有机化学品、针织品等品类；出口中东的优势产品集中在电机、机械器具、钢铁、汽车、家具零部件、服装等品类；出口非洲的优势产品集中在钢铁铝材、机械器具、粮食、电动车、手机、工艺品、婴儿尿布、塑料制品、装饰品、灯饰等品类；出品拉美的优势产品集中在电机、机械器具、汽车及其零部件、钢铁、化学品等品类。

受共建“一带一路”国家消费者欢迎的中国产品有汽车及其零部件；电子产品，如智能手机、电脑及其零部件等；新能源产品，如太阳能电池板、风力发电设备、新能源汽车等；体育用品；小家电，如电壁炉、即热式电热水器等。

# 任务二 竞品分析

| 项目名称 | 项目二　产品数据采集 | 任务名称 | 任务二　竞品分析 |
|---|---|---|---|
| 学习目标 | 知识目标 | 了解跨境电商竞品分析的定义和作用；<br>掌握跨境电商竞品分析的操作流程。 | |
| | 能力目标 | 能正确识别跨境电商竞品类型；<br>能正确使用竞品分析方法进行竞品分析。 | |
| | 价值目标 | 从竞品分析入手，树立社会主义核心价值观；<br>具备战略思维能力。 | |
| 任务描述 | 随着跨境电商平台的日益增多，在平台中参与竞争的店铺也随之增多。激烈的竞争迫使跨境电商企业必须更加注重完善自身的市场营销策略。在对竞争对手的产品进行分析的基础上，企业可以更有针对性地进行各项营销设计，因此对竞争对手的产品进行分析就显得刻不容缓。那么，我们可以从哪些方面对竞品进行分析？如何通过对竞品进行分析揭示市场竞争状况？跨境电商企业可以采取哪些有针对性的行动？ | | |
| 任务准备 | 在主流跨境电商平台上，选择几个店铺，对比同类产品的相关信息，总结竞品分析的要点。 | | |
| 实施提醒 | 中国有句古语："知彼知己，百战不殆。"作为跨境电商企业，应该清楚研究和分析竞争对手的产品对于制定和调整自身营销策略的重要意义；作为跨境电商新手，从哪些角度分析竞品是同学们学习的重点，运用哪些方法分析竞品是同学们学习的难点。学习本部分内容时，同学们要高度重视竞品分析的操作流程这一实践性环节，仔细观摩、深入讨论，只有不断地学习、实践、总结，才能为后续学习和实践打下坚实的基础。 | | |

## 知识精讲

### 一、竞品分析的概念及主要作用

随着跨境电商平台的日益增多，在平台中参与竞争的店铺也随之增多。竞争对手的增多使得跨境电商企业需要完善自己的市场营销策略。其中，新产品的开发是营销策略中不可忽视的一项重要内容，那么如何开发新产品呢？在新产品的开发过程中如何对竞争对手的产品进行分析呢？

#### （一）竞品分析的概念

跨境电商竞品分析就是跨境电商企业根据开发新产品的需求，分析、研究竞争对手的产品，包括竞争对手产品的定价、定位、促销方式等，从而形成竞品分析报告，供企业管理者或营销策划人员使用。

### （二）竞品分析的作用

**1. 为企业制定产品战略规划、产品组合布局提供相对客观的参考依据**

企业提供给目标市场的产品通常不止一种，而是由许多产品组成的产品组合，通过对产品组合的宽度、长度、深度和密度等方面进行调整，确定企业的营销决策。企业新增加一个产品项目，就会在产品的深度和长度上加以调整和变化，称之为扩大产品组合。反之，通过竞品分析发现，本企业的产品在竞争能力、产品生命周期上都处于不利地位，企业可以做出产品退出市场的决策，从而达到缩减产品组合的目的。

**2. 及时了解竞品的市场动态，判断竞争对手的战略意图和调整方向**

“知彼知己，百战不殆。”在跨境电商激烈的竞争中，企业应随时掌握竞争对手的市场动态和竞品变化，判断竞争对手的战略意图和调整方向，从而为本企业调整竞争策略提供依据。

**3. 提高自身产品的差异化程度**

在激烈的市场竞争中，同质性强的产品竞争能力弱，所以企业应及时、不断地对竞品进行分析，做到“人无我有，人有我优”的状态。只有保持产品独特的竞争优势，才能让产品在跨境电商平台中立于不败之地。

**4. 降低企业开发新产品的风险**

企业为了长远的战略规划，会不断开发新产品以满足不同消费者的需求。但是，开发新产品是一项充满风险和机遇的工作，为了提高开发新产品的成功率，必须做好前期的市场调查和方案构思工作。在前期的市场调查工作中，对竞品的调查显得尤为重要。通过分析竞争对手的产品，研制与竞品有差异并且符合消费者需求的产品。

## 二、竞品分析的操作流程

竞品分析是一项系统而又复杂的工作，它有着科学的流程和分析方法。

### （一）确定竞品分析的目的

竞品分析首先要解决调查什么产品的问题，以确定竞品分析的基本方向、建立竞品分析的主题、确定竞品分析的目的。跨境电商竞品分析的目的一般有以下几种：

（1）为企业开发新产品、改良新产品做市场调研。

（2）为企业产品定位做数据支撑。

（3）掌握竞争对手的市场动态，预判其战略走向。

（4）为产品的价格调整做市场调研。

（5）降低企业经营风险。

通过以上竞品分析的目的得知，确定好竞品分析的目的就可以确定竞品分析的基本方向和内容，防止盲目做竞品分析，浪费企业人力、物力和财力。如果企业竞品分析的目的是获取数据，可以在竞品的销售额、促销活动、价格变化、竞争排名等方面进行分析；如果企业竞品分析的目的是为企业战略决策调整提供数据支撑，就需要对产品转化率、客单量、销售量、listing、产品受众等进行全方位的分析。

### （二）选择竞品

跨境电商平台中产品数目繁多，但是，不是所有的同类目产品都能成为本企业的竞品。竞品的分类、如何选择竞品成为竞品分析的第二个关键步骤。

**1. 竞品的分类**

（1）直接竞品：产品相同且满足同一目标消费者群体的需求。

（2）间接竞品：目标消费者群体一致，但是核心功能不完全一样。

（3）潜在竞品：和产品有一定关联，是相关领域的产品。

#### 【课堂讨论】

以跨境电商假发制品行业中的龙头企业瑞贝卡假发制品股份有限公司为调研对象，简短地概括该企业面对的主要竞品情况（见表2-2）。

表2-2 企业面对的主要竞品情况

| 竞品的分类 | 竞品情况 |
| --- | --- |
| 直接竞品 | |
| 间接竞品 | |
| 潜在竞品 | |

**2. 选择竞品的方法**

确定竞品的分类后，需要确定如何选择竞品。如果没有选择正确的竞品进行分析，那么分析结果对本企业是毫无意义的。

（1）通过竞品近段时间的平均排名进行选择。在跨境电商平台，通过竞品上下架的时间节点分析推算，确定排在本企业产品前后10个位置的竞品，去掉重复的，留下有差异的产品进行分析。例如：本企业产品上架第一天销量有上千个，但是，竞品快下架时的销量为几百个，说明该竞品的竞争能力低于本公司竞品，那么此时的竞品就不能作为本公司的竞品进行分析。这种方法适合本企业产品是跨境电商平台中具有中等竞争能力的产品。

（2）通过竞品近段时间的最高排名进行选择。对每天在同一产品类型中排名最高的竞品进行分析，分析其销量、价格、消费者群体、服务和营销等方面内容。以亚马逊为例，可以用3种方式找到竞品，分别为热销类目、产品关键词、关联推荐。通过跨境电商平台公开的信息找到相关的竞品进行分析，这种方式适合本公司产品是跨境电商平台中具有较高竞争能力的产品。

（3）通过竞品近段时间的最低排名进行选择。选择排名最高或靠前的产品的目的是找到它们的优势和卖点，但是，同类产品中最低排名的竞品也是分析的对象。从产品价格、服务、质量、促销、产品定位等方面进行分析，可以分析该竞品为什么会处在排名较低的位置，对比本公司的产品有没有类似的问题出现，从而发现问题、改进问题、解决问题。

通过以上关于选择竞品的方法的讨论，不难看出竞品的选择是多元的，不要一味只选择大店和排名较好店铺的产品进行分析。如果本企业是一个刚刚起步的小企业，并且产品还处于新产品阶段，选择大店和排名最好的产品进行分析比较是没有可比性的。

## （三）利用数据进行竞品分析

选择竞品后，接下来运用具体分析方法对竞品进行分析。竞品分析需要数据和资料做支撑。在竞品分析中，主要有以下方法获取数据：

（1）建立持续的、稳定的竞品资料收集小组，形成连续的数据，便于企业做出正确决策。调查竞品的 listing 和消费者评价，用以检验竞品的功能、质量和值得改进的地方。通过跨境电商平台的数据，分析竞品的关键词优化、listing 信息等资源。

（2）通过抓取软件和插件等网络技术，抓取竞品的相关数据和信息，包括产品信息、消费者评价、listing 等，整理对本企业有帮助的信息并加以利用。抓取完消费者评价后，就可以分析相应的词频、每月留评数量、消费者评价趋势等。虽然抓取软件和插件能快速抓取主要信息，但是也有一定的局限性，有些软件需要有一定的编程基础，这对运营新手来说有一定难度。无论是插件还是软件，抓取出来的数据都比较整洁，部分缺失的数据可以根据实际情况补充。有些插件只抓取购物车的价格，如果这时产品正好没有购物车的价格或缺货，价格就无法抓取。

一般情况下，插件会导出一些主要的信息，如售价、销量、星级、上架时间；次要的信息，如产品标题、尺寸、重量。抓取售价的目的是整体竞品的价格区间或单个竞品的价格区间，可以反映产品线分布或运营策略，如高、中、低档的产品线或同款不同价格产品的区别；抓取销量的目的是整体竞品的销量预估及每日单量，可以预估单品销量或关键词上首页需要的单量，了解哪些品牌销量高或哪款产品畅销；抓取星级的目的是分析整个行业的消费者反馈等级或单个竞品的反馈；抓取上架时间的目的是以年为单位，了解整个行业的产品上架历史趋势及数量，以月为单位，查看是否有产品上新高峰；抓取产品标题的目的是用词频找出关键词、属性词、长尾词等，分析整个市场的产品类型差异；抓取尺寸、重量的目的是尺寸、重量等信息可以帮助企业大致了解产品信息，为后期开发新产品、改良新产品提供数据。

（3）在跨境电商平台中，一些大卖家或品牌商一般有官方网站和社交网络账号，可以通过进入竞争对手的官方网站或社交网站的官方账号，及时掌握竞争对手的动态、促销方式、消费者评价、财务报告、新产品上市等重要信息。

（4）通过试用对方产品、消费者咨询、技术问答等方法获取竞品相关信息。在跨境电商平台中，可以利用消费者身份试用对方产品，发现其优缺点，从而与本企业产品做出对比。通过消费者咨询和技术问答可以调查竞争对手服务态度、产品具体型号和尺寸等关键信息。

**【课堂讨论】**

以跨境电商假发制品行业为调研对象，利用现有教学条件进行实操，阐述在竞品分析中，你获取了哪些数据（见表 2-3）。

表 2-3　竞品分析表

| 获取方法 | 竞品情况 |
|---|---|
| 软件、插件 | |
| 竞争对手的官方网站或社交网站的官方账号 | |
| 消费者咨询 | |

### （四）撰写竞品分析报告

对竞品进行相关分析后，提取重要的数据，撰写竞品分析报告，这是竞品分析的最后一步也是最重要的一步。因为前期的数据和信息过于杂乱无章，没有系统性和逻辑性，所以对跨境电商企业管理层的参考价值较低，需要企业相关人员通过撰写报告的方式提交竞品分析的数据和结果，为企业做出正确的决策和战略转变打下基础。

**1. 竞品分析报告的内容**

竞品分析报告是竞品分析结果的呈现方式，主要包括以下部分（见表 2-4）：

表 2-4　竞品分析报告组成部分

| 项目 | 内容 |
|---|---|
| 基本信息 | 报告题目、报告日期、报告人 |
| 背景 | 为什么要做竞品分析 |
| 竞品对象 | 如何选取竞品<br>为什么选取该竞品 |
| 竞品分析 | 具体的竞品分析方法和模型 |
| 分析结果和总结 | 高度精简分析结果 |
| 建议 | 为本企业的决策和战略调整提出建议 |

**2. 撰写竞品分析报告的注意事项**

（1）内容客观真实。竞品分析报告必须真实准确，以实事求是的科学态度，准确地反映调查结果。这就要求竞品分析所使用的信息资料必须符合客观实际，不能有任何虚假的内容。

（2）文字简明扼要。竞品分析报告要求做到语言通俗易懂、言简意赅。同时，可以借助图表来增强报告的说服力和可读性。

（3）抓住关键，突出重点。竞品分析报告必须围绕分析目的展开，提高报告的针对性，在撰写竞品分析报告时，对信息资料进行严格的分类和筛选，剔除一些无关的资料。

（4）资料和观点相统一。竞品分析结果和建议都是依靠大量的竞品分析数据得出的，所以在撰写竞品分析报告时，切忌观点和资料相分离。

# 任务三 产品属性分析

<table>
<tr><td>项目名称</td><td colspan="2">项目二　产品数据采集</td><td>任务名称</td><td>任务三　产品属性分析</td></tr>
<tr><td rowspan="3">学习目标</td><td>知识目标</td><td colspan="3">了解产品属性分析的概念及类型；<br>掌握产品属性分析的关键因素。</td></tr>
<tr><td>能力目标</td><td colspan="3">具备初步分析产品属性的能力；<br>具备灵活运用产品属性分析方法的能力。</td></tr>
<tr><td>价值目标</td><td colspan="3">从产品属性分析入手，养成战略思维的能力。</td></tr>
<tr><td>任务描述</td><td colspan="4">今天的市场正在以令人难以置信的步伐变化着，全球一体化和技术进步创造了许多新的机遇。跨境电商市场上的成功者是那些能适应现行环境要求的企业。消费者导向作为营销活动的重要策略已经被无数企业验证可行。如何创建一种以产品属性作为切入点的方法，将消费者需求具体化，从而能够多角度地对消费者需求进行分析？解决这一问题成为广大跨境电商企业非常迫切的诉求。</td></tr>
<tr><td>任务准备</td><td colspan="4">在网上查找一些分析产品属性的案例，分析这些案例中运用了哪些方法，又是从哪些角度进行产品属性分析的。</td></tr>
<tr><td>实施提醒</td><td colspan="4">在实际工作中，企业要准确把握消费者的需求是很困难的。一方面，许多时候消费者自己也不十分清楚自身的需要和需求；另一方面，企业也可能对消费者的需求做出错误的判断。同学们要高度重视产品属性分析的关键因素这一实践性环节，仔细观摩、深入讨论，只有不断地学习、实践、总结，才能为后续学习和实践打下坚实的基础。</td></tr>
</table>

## 知识精讲

## 一、产品属性的概念及主要类型

在实际工作中，企业要准确把握消费者的需求是很困难的。一方面，许多时候消费者自己也不十分清楚自身的需要和需求；另一方面，企业也可能对消费者的需求做出错误的判断。

因此，很多企业采用了一种以产品属性作为切入点的方法，将消费者的需求具体化，从而能够多角度对消费者的需求进行分析。

### （一）产品属性的概念

产品属性是指产品所具有的使消费者通过购买而满足某些需要的特性。通过分析可以发现，不同的产品具有满足不同的需要能力。一般情况下，消费者将一个特定产品的属性看作诸多属性的组合。以羽绒服为例，消费者心目中的羽绒服属性就是由穿着舒适度、保暖性、外观设计、价格及其他特色等属性组合而成的。

## （二）产品属性的主要类型

产品属性的分类方法有很多，本书中将产品属性分为内在、外在、表现和抽象4类。

**1. 内在属性**

产品的内在属性是指产品的物理组成。产品的物理组成包括原材料、制造工艺和形态等内容。例如：一个茶杯的内在属性由茶杯的材质、容量、颜色、是否保温、有没有盖子、带不带吸管等内容构成。

**2. 外在属性**

产品的外在属性是指在不使用产品的情况下进行评估的属性。需要特别注意的是，产品的外在属性不是产品的物理组成部分。外在属性主要包括产品的品牌、包装、服务和价格等内容。例如：一双运动鞋的外在属性由鞋子的品牌、包装、价格、企业销售服务、售后服务等内容构成。

**3. 表现属性**

产品的表现属性是指产品发挥作用的方式。产品的表现属性只有通过使用才能进行评估。对产品的表现属性进行评估的方式有主观和客观两种方式。例如：调查一种汽车的百公里油耗时，我们可以通过加油记录来进行评估（客观方式），也可以通过对司机进行抽样调查来进行评估（主观方式）。

**4. 抽象属性**

产品的抽象属性是指将产品的多种属性所包含的信息集合在某一种属性当中。抽象属性包括加权多种属性、用户意向属性和使用情境属性等。例如：主题乐园对孩子们具有的吸引力属性就是一种抽象属性，该吸引力属性包括好玩的游乐项目、花车巡游、变装体验、工作人员亲切的笑容、免费领取有趣的玩具等内容。

### 【课堂讨论】

以全自动按摩椅为调研对象，对该产品进行产品属性分析（见表2-5）。

表2-5　产品属性分析

| 产品属性 | 情况描述 |
| --- | --- |
| 内在属性 | |
| 外在属性 | |
| 表现属性 | |
| 抽象属性 | |

## （三）产品属性的分类

在实际工作中我们发现，消费者的购买选择与实现个人价值的动机密切相关。也就是说，消费者购买产品的出发点都是为了实现一定的个人价值。因此，我们可以以消费者对产品属性所持的态度作为分类依据对产品属性进行分类。

**1. 消费者站在客观角度进行产品属性的第一层次判断**

（1）基本属性。基本属性是消费者认为所有品牌的同类产品都应具备的属性。例如：鞋子，不管是甲企业生产的鞋子还是乙企业生产的鞋子，其基本属性都是可以满足保护脚部的需要。所以，产品的基本属性不会影响消费者的选择。

（2）差别属性。差别属性是消费者认为表明某一产品与同类产品不同之处的属性。例如：对于衣服，当衣服的遮体和保暖等基本属性相同时，衣服的款式、颜色或质地就成了差别属性。不同的款式、颜色或质地体现了某一件衣服与其他衣服的不同之处。所以，产品的差别属性是影响消费者进行选择的重要因素。

（3）特色属性。特色属性是消费者认为表明某一产品与同类产品最大、最根本不同之处的属性。例如：两个大小、颜色、材质都相同的木头板凳，第一个木头板凳是榫卯结构拼接起来的，第二个木头板凳是用钉子钉起来的，那么对于第一个木头板凳而言，“榫卯结构拼接”就是它的特色属性。

**2. 消费者站在主观角度进行产品属性的第二层次判断**

我们发现，仅仅将产品属性分为基本属性、差别属性、特色属性是不够的，这样的分类还没有与消费者的感受和态度充分联系起来。因此，在第一次分类的基础上我们需要再从消费者正面、负面、无感觉的 3 种主观态度出发，对产品属性进行第二层次分类（见表 2-6）。

表 2-6 产品属性第二层次分类

| | | |
|---|---|---|
| 基本属性 | 正面（不可缺少属性） | 产品基本属性的表现等于或略优于竞争品牌同类产品。 |
| | 负面（容忍属性） | 产品基本属性的表现不输于或稍逊于竞争品牌同类产品，而且消费者认为产品所提供的利益大到可以容忍产品的劣势，同时认为竞争品牌同类产品也存在相同的问题。 |
| | 无感觉（无所谓属性） | 消费者通常会认为是可有可无的基本属性。 |
| 差别属性 | 正面（满意属性） | 产品差别属性的表现优于竞争品牌同类产品时。 |
| | 负面（不满意属性） | 产品差别属性的表现逊于竞争品牌同类产品时产生，是造成消费者不满或是更换品牌的主要原因。 |
| | 无感觉（无意义属性） | 是消费者无感觉状态下的差别属性。 |
| 特色属性 | 正面（兴奋属性） | 产品特色属性的表现优于竞争品牌同类产品时产生。 |
| | 负面（激怒属性） | 是消费者持负面态度时的特色属性，可能使消费者立刻做出转换品牌的决定。 |

（资料来源：郑璐：产品属性分析方法及其应用［D］. 成都：西南交通大学，2005）

## 二、构成产品属性分析的关键要素

为了使产品属性分析法能够得到更好的应用，我们需要对构成产品属性分析的关键要素做进一步探究。

### （一）消费者导向

以消费者为导向，就是要深入了解影响目标消费者购买决策的各个层面，通过提供定制程度更高、更能拉近消费者的购买体验，从而在竞争中脱颖而出。进行深入的产品属性分析无疑是实现以消费者为导向的营销思路的必由之路。

### （二）消费者满意度

跨境电商企业每一时期的销售都是来自两种消费者：新消费者和老消费者。某项研究发现，吸引一个新消费者的成本是维护一个满意老消费者的 5 倍，如果消费者的再次购买率提高 5%，利润就会增加 25%。所以，对于企业来说，与寻求新消费者相比，保住老消费者更为重要，而保住老消费者的关键在于消费者满意度。要想提升消费者满意度，必须进行深入的产品属性分析。

### （三）消费者分类

企业在营销活动中不是笼统地考虑消费者群的整体状况，而是根据公司的经营特点和产品特性，有选择地挖掘、培养和维持对公司最有价值的消费者，并与之建立长期关系。因此，跨境电商企业的产品属性分析要在消费者分类的基础上进行。在细分过程中只有结合消费者的行为特征和心理特征，才会使企业的营销策略具有较强的针对性和准确性。

# 任务四 技能提升

| 项目名称 | 项目二　产品数据采集 | 任务名称 | 任务四　技能提升 |
| --- | --- | --- | --- |
| 学习目标 | 知识目标 | 掌握竞品分析的具体方法；<br>掌握产品属性分析的具体方法。 | |
| | 能力目标 | 具备灵活运用竞品分析方法的能力；<br>具备灵活运用产品属性分析方法的能力。 | |
| | 价值目标 | 具备诚实守信、脚踏实地、精益求精的优良品质。 | |
| 任务描述 | 在跨境电商领域，市场竞争促使每一位卖家都要把更多的注意力投入对竞争对手的产品和对自己消费者的了解、分析中来。在激烈的行业竞争中需要掌握哪些竞品分析和产品属性分析技巧？解决这一问题成为广大跨境电商企业非常迫切的诉求。 | | |
| 任务准备 | 在网上查找一些竞品分析和产品属性分析的案例，总结案例中做得好的地方以及不足的地方。 | | |
| 实施提醒 | 在实际工作中，归纳总结是非常重要的，它可以帮助同学们更好地理解和把握所学知识，进一步创新。同学们可以对比分析成功的跨境电商竞品分析和产品属性分析相关案例中存在的共性，仔细观摩、深入讨论，只有不断地分析、对比、总结，才能为后续学习和实践打下坚实的基础。 | | |

## 知识精讲

## 一、竞品分析方法

竞品分析方法是竞品分析的核心，直接决定分析结果的准确性和可靠性。一般情况下，竞品分析主要有两种方法，分别为 SWOT 分析法和比较分析法。

### （一）SWOT分析法

**1. SWOT 分析法的概念**

SWOT 分析法是竞品分析中常用的方法，是指通过分析企业的优势、劣势、机会和威胁，把握全局，分析自己在资源方面的优势与劣势，把握环境提供的机会，防范可能存在的威胁或风险，对调查对象所处的情境进行全面、系统、准确的研究，从而根据研究结果制定相应的发展战略、计划以及对策。其中优势和劣势是企业内部因素，机会和威胁是企业外部因素。

（1）企业内部优势：企业超越竞争对手的能力或企业所持有的具有企业竞争力的资

势，包括技术技能优势、有形资产优势、无形资产优势、人力资源优势、组织体系优势、竞争能力优势6个方面。

（2）企业内部劣势：企业缺少或做得不好的方面，包括缺乏具有竞争力的技术技能、有形资产、无形资产、人力资源和组织资产或关键领域里的竞争力正在丧失。

（3）企业外部机会：影响企业战略的重大因素。潜在的发展机会可能是以下几种：

1）消费者群体扩大或产品细分。2）技术技能向新产品、新业务转移，为更大消费者群体服务。3）市场进入壁垒降低。4）市场需求增长强劲。

（4）企业外部威胁：对企业的盈利能力和市场地位构成威胁的因素。威胁包括以下几种：

1）出现即将进入市场的、强大的新竞争对手。2）替代品替代能力提升。3）主要产品市场占有率下降。4）消费者特征和社会消费方式的不利变动。5）市场需求减少。

**2. SWOT 矩阵**

企业将调查得出的各种因素根据轻重缓急或影响程度进行排序后形成SWOT矩阵（见图2-1）。在此过程中，将那些对企业发展有直接的、重要的、大量的、迫切的、久远的影响因素优先排列，而将那些间接的、次要的、少许的、不急的、短暂的影响因素排列在后面。

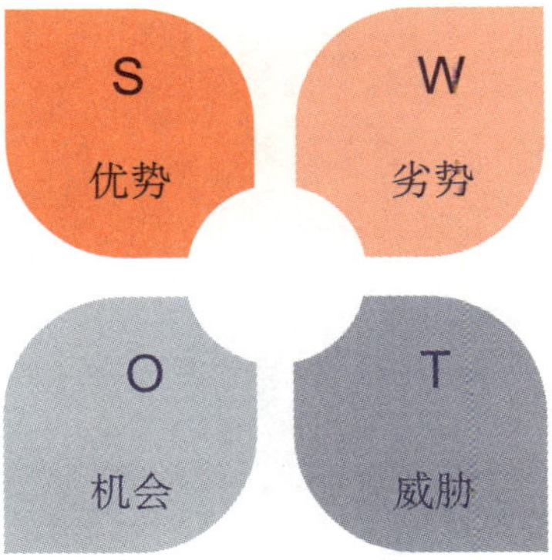


图2-1　SWOT矩阵

（1）SO 策略。依靠内部优势，利用外部机会。企业利用自身内部优势撬起外部机会，使机会与优势充分结合并发挥出来。

（2）WO 策略。利用外部机会，弥补内部劣势。当环境提供的机会与企业内部资源优势不能相互适应，或不能相互重叠时，企业的内部优势再大也得不到发挥。在这种情形下，企业需要提供和追加某种资源，以促进内部劣势向优势发展。

在竞品分析方法上，通过本企业产品与竞品分析得出，本企业产品在某些方面出现劣势，应通过产品功能开发、重新定位或提供产品附加值等形式提升产品的竞争力，从而适应外部机会，进行营销。

（3）ST 策略。利用内部优势，规避外部威胁。当环境状况对企业内部优势构成威胁时，优势得不到充分发挥，出现优势不优的脆弱局面。在这种情况下，企业必须克服外部威胁，发挥内部优势。

在竞品分析方法上，应及时通过竞品分析发现竞品的独特竞争力和替代品的替代能力对本企业产品造成的威胁，及时调整产品策略，让本企业产品处于优势状态，从而克服外部威胁。

（4）WT 策略。减少内部劣势，规避外部威胁。当企业内部劣势与企业外部威胁相遇时，企业面临严峻挑战，如果处理不当，会使企业进入生死存亡的阶段。

在竞品分析方法上，通过竞品分析，发现企业外部存在竞品竞争能力强、价格低、营销手段优异等外部威胁，而本企业产品存在处于生命周期的衰退期、价格优势不明显、产品定位不清晰等问题，在这种情况下，企业必须充分认识企业内外部的客观情况，及时进行战略调整，在开发新产品、改良新产品、调整产品生命周期等方面做好战略准备。

**3. SWOT 分析在竞品分析中的实际运用**

首先，跨境电商企业可以对本企业产品和竞品分别做 SWOT 分析。其次，分别对比本企业产品和竞品的优势、劣势、机会和威胁，进而掌握竞品的产品策略与本企业产品策略的相同点和不同点，为本企业开发新产品、改良新产品、制定产品策略打下基础。

### （二）比较分析法

比较分析法是把客观事物从多个维度进行比较，从而掌握事物的类别及其特征。在竞品分析上，可以通过比较几家竞品，从而得出分析报告，指导跨境电商企业进行战略决策。

利用比较分析法时，一般从排名、销量、价格、群体、功能、服务、营销 7 个维度进行分析，全面分析本企业产品与竞品的相同点和不同点，同时深挖相同点和不同点背后隐藏的规律，即为什么相同、有多少相同、为什么不同、不同在哪里、什么因素导致它们不同。

**【资料阅读】分析靠枕**

阅读下列资料，并使用比较分析法进行分析。

某跨境电商平台目前有 3 款相同规格的靠枕：

记忆棉靠枕 A（见图 2-2）：

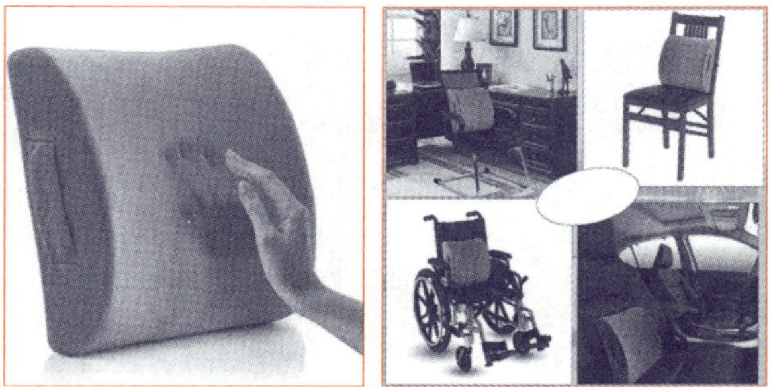

图2-2　记忆棉靠枕A

可充气式靠枕 B（见图 2-3）：

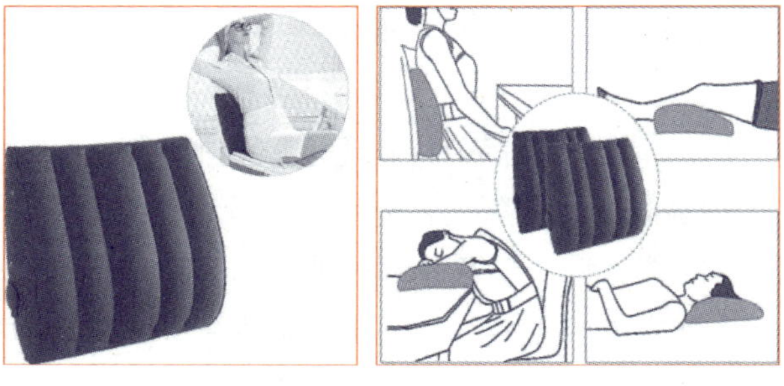

图2-3　可充气式靠枕B

记忆棉靠枕 C（见图 2-4）：

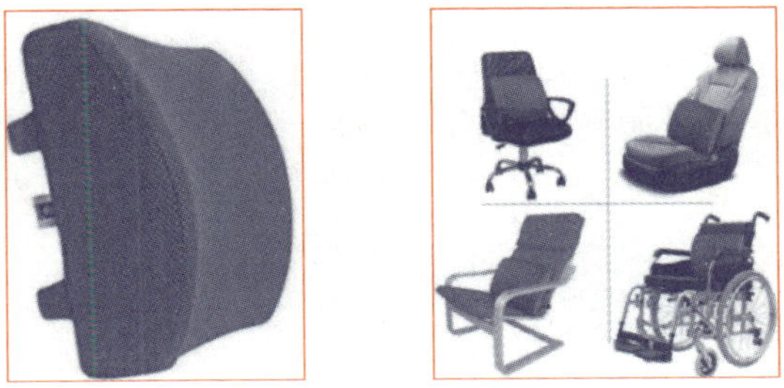

图2-4 记忆棉靠枕C

使用比较分析法分析这 3 款产品的操作步骤如下：

第一步：通过列表分析异同（见表 2-7）。

**表 2-7 竞品分析**

| 比较维度 | 竞品 | | |
|---|---|---|---|
| | 记忆棉靠枕 A | 可充气式靠枕 B | 记忆棉靠枕 C |
| 排名分析 | 1 | 2 | 5 |
| 销量分析 | 6 178 | 2 082 | 1 292 |
| 价格分析 | 30.95 美元 | 11.75 美元 | 29.00 美元 |
| 群体分析 | 办公人群<br>残障人群 | 办公人群<br>旅行人群 | 办公人群<br>残障人群 |
| 功能分析 | 多用途，可用于办公桌、汽车、轮椅等 | 可充气，方便携带 | 多用途，可用于办公桌、汽车、轮椅等 |
| 服务分析 | 包邮 | 包邮 | 包邮 |
| 营销分析 | 无价格折扣 | 无价格折扣 | 5% 的价格折扣 |

**分析：**通过对比，发现这 3 款产品都属于一个产品类目：靠枕。靠枕 A、B、C 的大小规格、市场范围、使用场景、主要功能、特性相同。但是，不同的是：A、C 都是记忆棉材质的，可是枕套颜色、材质不一样，枕套的颜色、材质对主要功能没有影响，所以 A、C 是直接竞品。A、C 和 B 的区别较明显。A、C 都是记忆棉材质的，B 是充气式的，虽然主要功能是一样的，但是主要材质不一样；充气式靠枕可以放气收纳，方便旅行携带，而记忆棉无法缩小，不便于旅行携带。充气枕适用于旅行携带（坐飞机），相当于 B 和 A、C 的功能有所差异或是功能互补型产品，所以 B 跟 A、C 是间接竞品。

通过比较排名，竞品 A 与 B 处于第一和第二位，竞品 C 处于第五位，说明 A 与 B 的产品竞争能力比 C 要大，具体哪些方面的竞争能力有差异呢？B 是充气式的，不使用时可以放气，方便收纳，同时也方便出门旅行使用，所以 B 在功能上和 A、C 有区别或优势；A 的价格虽然比 C 高，但是，其销量比 C 高，说明 A 在产品质量方面比 C 更高一筹；通过 A 的详情页描述分析得知，A 采用记忆棉的填充料，可以很好贴合人的身体曲线，使用感舒适，获得了消费者青睐；在群体分析上，A、B、C 3 款产品的受众群体不完全相同，因为 B 也适合外出旅行时需要休息的人群；在服务分析上，3 款产品都采用包邮的策略，所以不相上下；在营销分析上，C 提供 5% 的折扣，价格优惠，能够吸引消费者下单。

第二步：通过以上分析，可以获取竞品的相同点和不同点、相同与不同的原因以及不同的表现方式等方面的数据，在企业开发新产品、改良新产品、重新定位产品和改变营销策略时提供重要数据支撑。

**【课堂讨论】**

根据上述资料，分析企业如何调整 3 款产品（见表 2-8）。

表 2-8　产品调整参照表

| 维度 | 调整情况 |
| --- | --- |
| 价格 | |
| 功能和质量 | |
| 产品定位 | |
| 促销方式 | |

## 二、产品属性分析方法

### （一）寻找产品的关键属性

关键属性是指当其他条件相同时，最能影响消费者购买决策的因素。产品的属性有很多，但是每个属性对消费者的作用力是不同的。当消费者进行购买决策时，不同的属性对消费者的影响力也各不相同。最能影响消费者购买决策的产品属性就是产品的关键属性。

需要特别注意的是，在寻找并确认产品关键属性的时候，应注意 4 个问题：深入挖掘产品的关键属性；认识到自己的产品有缺点，但更多的是优点；认识到关键属性可能是正面的也可能是负面的；消费者的抱怨是信息收集的重要来源。

### （二）对关键属性进行分类

找到产品的关键属性之后，就必须对这些关键属性进行分类。跨境电商企业可以将产品的关键属性划分为“不可缺少属性”“容忍属性”“无所谓属性”“满意属性”“不满属性”“无意义属性”“兴奋属性”“激怒属性”。

### （三）确认产品的关键属性

确认产品的关键属性的方法有很多，跨境电商企业通常可以采用与关键消费者交流、进行市场测试、邀请消费者代表进行密集访谈等常用的市场调研方法，发现消费者的需求并进一步确定产品的属性。

## 行业观察

### 从竞品分析中看企业的竞争与合作

跨境电商竞品分析中，企业会通过各种手段和数据分析模型分析竞争对手的产品信息和运营情况，从而为本企业制定营销策略和竞争策略做数据支撑。但是，我们需要正确认识企业实现可持续发展的前提不单是竞争，也要有合作。所以，企业的强强联合要比恶性竞争更符合当前的市场环境。

合作与竞争理论源于对竞争对抗性本身固有缺点的认识，以及企业为适应当今复杂的市场环境而做出的努力。该理论的代表人物是耶鲁大学管理学院教授巴里·内勒巴夫和纽约大学商学院教授亚当·布兰登堡，他们的代表作是1996年合著出版的《合作竞争》。他们认为：企业经营活动是一种特殊的博弈，是一种可以实现双赢的非零和博弈；企业的经营活动必须进行竞争，也有合作，因此提出了竞争合作（Co-competition）的新理念；它是对网络经济时代企业如何创造价值和获取价值的新思考，它强调合作的重要性，有效克服传统企业战略过分强调竞争的弊端，为企业战略管理研究注入崭新的思想；利用博弈理论和方法来制定企业合作竞争战略，强调战略制定的互动性和系统性，并通过大量的实际案例进行博弈策略分析，为企业战略管理研究提供新的分析工具。

自20世纪末开始，西方企业战略已从“纯竞争战略”为主导向“合作竞争战略”为主导转变。“商场如战场”是传统理念，在这种理念指导下，竞争的成功建立在对手失败的基础之上，商家使用激烈的竞争手段，击败竞争对手，扩大市场份额。而在如今的“商战”中，“和平”与“战争”同时存在或交替出现。不少企业的成功是建立在其他企业成功的基础上，是共同战略的胜利。共同创建一个市场时，商业运作的表现是合作；而当进行市场分配的时候，商业运作的表现是竞争。竞争不以伤害竞争对手为目的，重要的不是他人是否赢了，而在于你是否赢了，这就是合作竞争理念的精髓所在。

## 拓展阅读

### 20××年对 Tower Computer（电脑主机）的调研

图 2-5 是在美国亚马逊平台上查询到的关于 Tower Computer（电脑主机）的数据（仅取部分数据）：

| Best Seller | Price | Review | CPU | GPU | 内存 | HDD+SSD | 散热 | 电源 | 其他 | 系统 |
|---|---|---|---|---|---|---|---|---|---|---|
| 1 | 719 | 341 | i5-7400 | AMD RX480 4G | 8GB DDR4 | 1TB | | | wifi Usb Adapter+键鼠 | Win10 |
| 2 | 649.95 | 361 | AMD FX-6300 | GTX 1050 Ti 4GB | 8GB DDR3 | 1TB | | 430W | Wi-Fi Ready+键鼠 | Win10 Pro |
| 3 | 559 | 1079 | AMD FX-6300 | AMD Radeon R7 | 8GB DDR3 | 1TB | | | | win10 Home |
| 4 | 349.99 | 6 | 7代 i3-7100 | intel HD 630 | 8GB DDR4 | 1TB | | | | Win10 Home |
| 5 | 449.99 | 164 | 7代 i5-7400 | intel HD 630 | 8GB DDR4 | 2TB | | | 802.11ac Wi-Fi. Bluetooth 4.0 LE.+键 | Win10 Home |
| 6 | 509.99 | 287 | AMD FX-4300 | AMD R7 250 2GB | 8GB DDR3 | 1TB | | | 侧钢化玻璃面板 | Win10 Home |
| 7 | 1899 | 26 | i7-7700K | GTX 1080Ti | 32GB DDR4 | 240G+3TB | 水冷 | | 侧钢化玻璃面板+WIFI+键 | Win10 Home |
| 8 | 374.99 | 193 | 6代 i3-6100 | Intel HD 530 | 8GB DDR4 | 1TB | | | | Win10 home |
| 9 | 829.99 | 90 | Intel i5-7400 | GTX 1060 3GB | 8GB DDR4 | 128G+1TB | | | 侧钢化玻璃面板+WIFI+键 | Win10 home |
| 10 | 509 | 3 | 6代 i7-6700T | intel HD 530 | 8GB DDR4 | 1TB | | | WIFI | Win 10 |
| 11 | 929.99 | 107 | Intel i7-7700 | GTX 1060 3GB | 8GB DDR4 | 1TB | | | 侧钢化玻璃面板+键鼠 | win10 home |
| 12 | 1419.99 | 131 | intel i7-7700k | GTX 1070 8GB | 16G DDR4 | 128G+2TB | 水冷 | | 侧钢+WiFi+键鼠 | win10 home |
| 13 | 388 | 19 | Intel i3-6100 | Intel HD | 4GB DDR3 | 1TB | | | | win7 Pro |
| 14 | 1649 | 85 | intel i7-7700k | GTX 1080 8GB | 32GB DDR4 | 256G +2TB | 水冷 | | 侧钢+键鼠 | win10 Home |
| 15 | 563 | 24 | 四核 i5-6400 | GeF 730 2GB | 3GB 1600MHz | 1TB | | | wifi+蓝牙 | Win10 Home |
| 16 | 849 | 135 | AMD FX-6300 | GTX 1060 6GB | 16GB DDR3 | 120GB+1TB | | | 侧钢 | Win10 Home |
| 17 | 489 | 895 | AMD FX-4300 | GT 720 1GB | 8GB DDR3 | 1TB | | | 侧钢 | Win 10 home |
| 18 | 499 | 32 | AMD FX-4300 | AMD R7 240 2GB | 8GB DDR3 | 1TB | | | 侧钢 | Win 10 home |
| 19 | 1199 | 10 | intel i7-7700k | GTX 1050 Ti 4GB | 16G DDR4 | 128G+2TB | | | 侧钢+键鼠 | Win10 Home |
| 20 | 545 | 107 | Intel core i5-6400 | Intel HD | 12GB DDR3L | 1TB | | | 蓝牙 | Win 10 home |
| 21 | 436 | 14 | Intel core i5-6400 | 集成 | 8GB DDR4 | 1TB | | | wifi+蓝牙+键鼠 | Win 10 home |
| 22 | 379.99 | 92 | AMD A4-7300 | Radeon HD 8470D | 8GB DDR3 | 1TB | | | 键鼠 | Win 10 home |
| 23 | 584.98 | 78 | i7-6700T | Intel HD 530 | 12GB DDR4 | 1TB | | | wifi+蓝牙+键鼠 | Win 10 |
| 24 | 439.99 | 0 | Intel core i5-6400T | Intel HD 530 | 8GB DDR4 | 1TB | | | wifi+键鼠 | Win 10 home |
| 25 | 679.99 | 173 | AMD FX-8300 | GTX1050 2GB | 16GB DDR3 | 1TB | | | 侧钢+键鼠 | Win 10 home |
| 26 | 1649 | 15 | intel i7-7700k | GTX 1080 Ti 11GB | 16GB DDR4 | 1TB | 水冷 | | 侧钢+WiFi+键鼠 | Win 10 home |
| 27· | 679 | 4 | intel i7-7700 | intel HD 630 | 12GB | 1TB | | | wifi+蓝牙 | Win 10 home |
| 28 | 459.99 | 53 | AMD FX-4300 | GT 710 | 8GB DDR3 | 1TB | | | 侧钢+WiFi+键鼠 | Win 10 home |
| 29 | 585 | 18 | i3-6100T | Intel HD 530 | 8GB DDR4 | 1TB | | | 一体机+wifi+蓝牙 | Win 10 home |
| 30 | 1299.11 | 76 | intel i7-7700k | GTX 1060 Ti 6GB | 16GB DDR4 | 128G+2TB | 水冷 | | 侧钢+WiFi+键鼠 | Win10 Home |
| 31 | 539 | 1 | Intel core i5-6400T | Intel HD 530 | 12GB | 1TB | | | wifi+键鼠 | Win10 Home |
| 32 | 639 | 2 | Intel core i5-6500T | 集成显卡 | 8GB DDR4 | 256G SSD | | | wifi+蓝牙 | Win 7/10 Pro |
| 33 | 806.6 | 4 | Ryzen 7 1700 | AMD RX480 4G | 8GB DDR4 | 120G+1TB | | | 侧钢+WiFi+键鼠 | Win10 Home |
| 34 | 2199.99 | 10 | intel i7-7700k | MSI GTX 1080 | 16GB DDR4 | 480G +2TB | 水冷 | | | |
| 35 | 928.92 | 58 | 6代 i3-6100 | GTX750Ti | 16GB DDR4 | 2TB | | | | Win10 Pro |
| 36 | 1349.33 | 65 | i7-6700 | GTX1070 | 16GB DDR4 | 1TB | | | | Win10 |
| 37 | 788 | 0 | i7-6700 | AMD R9 360 2GB | 16GB DDR3L | 2TB | | | WiFi+蓝牙 | Win 7/10 Pro |
| 38 | 1249.99 | 80 | Intel i7-7700 | GTX 1070 8GB | 8GB DDR4 | 120G+1TB | | | WiFi+键鼠 | Win 10 Home |
| 39 | 799 | 239 | AMD FX-8350 | GTX 1060 3GB | 8GB DDR3 | 120G+1TB | | 500W PSU | | Win 10 Pro |
| 40 | 929.99 | 1 | Ryzen 5 1600 | GTX 1060 6GB | 8GB DDR4 | 2TB | | | 键鼠 | Win 10 Home |

图2-5　Tower Computer（电脑主机）的畅销产品描述

从美国亚马逊平台销量前 40 名来看，产品链接和描述中均会提到 CPU、GPU、内存、HDD+SSD 这几项参数，而这几项参数正好是游戏玩家最关心也是最重视的。

此外，Tower Computer（电脑主机）价格销量统计表中显示，价格在 400～600 美元区间的产品占比 33.33%，价格在 600～800 美元区间的产品占比 21.43%。所以价格区间在 400～800 美元区间的产品占比为 54.76%（见图 2-6、表 2-9）。

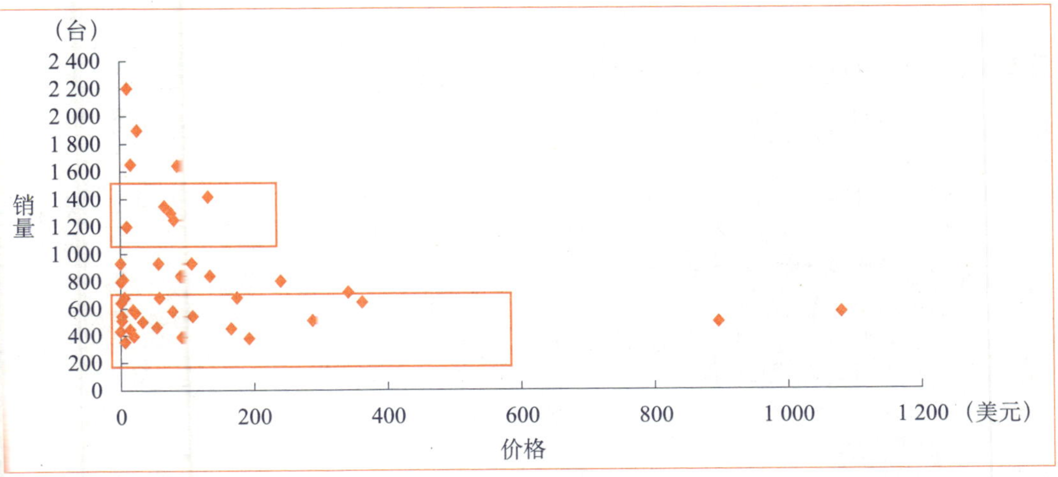


图2-6　价格/销量图

表 2-9　价格 / 销量统计

| 价格区间 | 200～400 美元 | 400～600 美元 | 600～800 美元 | 800～1 000 美元 | ＞1 000 美元 |
|---|---|---|---|---|---|
| 区间产品数 | 4 | 14 | 9 | 6 | 9 |
| 占比 | 9.52% | 33.33% | 21.43% | 14.29% | 21.43% |

## 任务工单

| 任务名称 | 分析 20×× 年对 Tower Computer（电脑主机）的调研情况 | | | | |
|---|---|---|---|---|---|
| 任务目的 | 通过对电脑主机调研情况的分析，进一步了解如何进行消费者分析以及竞品分析，以便从多角度优化跨境电商企业营销策略。 | | | | |
| 任务内容 | 阅读《20×× 年对 Tower Computer（电脑主机）的调研》资料；<br>思考如何细分电脑主机市场的消费者；<br>运用比较分析法对电脑主机市场进行竞品分析；<br>通过模拟调研收集数据，对电脑主机进行产品属性分析；<br>结合上述分析，给出可行性高的优化营销方案；<br>以上内容以 PPT 演讲形式呈现。 | | | | |
| 任务提示 | 从产品管理、供应商管理、数字化等多角度进行挖掘与分析。 | | | | |
| 第（ ）组 | 姓名 | | | | |
| | 学号 | | | | |
| 任务 | 思考如何细分电脑主机市场的消费者 | | | | |
| | 细分方法 1 | | | | |
| | 细分方法 2 | | | | |
| | 细分方法 3 | | | | |
| | 运用比较分析法对电脑主机市场进行竞品分析 | | | | |
| | 排名分析 | | | | |
| | 销量分析 | | | | |
| | 群体分析 | | | | |
| | 功能分析 | | | | |
| | 价格分析 | | | | |
| | 通过模拟调研收集数据，对电脑主机进行产品属性分析 | | | | |
| | 基本属性 | | | | |
| | 差别属性 | | | | |
| | 特色属性 | | | | |
| | 结合上述分析，给出可行性高的营销优化方案 | | | | |
| | 产品 | | | | |
| | 定价 | | | | |
| | 渠道 | | | | |
| | 促销 | | | | |

# 项目考核

## 一、单选题

1.（　　）差异的存在是市场细分的客观依据。

A. 产品　　B. 价格　　C. 细分　　D. 需求偏好

2. 采用无差别化策略的最大优点是（　　）。

A. 市场占有率高　　B. 成本的经济性

C. 市场适应性强　　D. 需求满足度高

3. 集中性策略尤其适用于（　　）。

A. 跨国公司　　B. 大型企业

C. 合资企业　　D. 中小企业

4. 以下不属于跨境电商竞品分析目的的是（　　）。

A. 明确产品定位　　B. 确定产品价格

C. 确定促销方式　　D. 确定分销渠道模式

5. 以下说法不正确的是（　　）。

A. 竞品分析应确定分析目的

B. 选择竞品时，应选择排名最高的产品

C. 竞品分析需要从多个渠道收集信息

D. 应利用数据和信息客观判断竞品

## 二、多选题

1. 竞品主要包括（　　）产品。

A. 直接竞争产品　　B. 间接竞争产品

C. 潜在竞争产品　　D. 关联竞争产品

2. SWOT 分析法分析的是企业的（　　）方面。

A. 优势　　B. 劣势

C. 机会　　D. 威胁

3. SWOT 分析法可以得出（　　）。

A.SO 策略　　B.WO 策略

C.ST 策略　　D.WT 策略

4. 撰写竞品分析报告应注意的问题有（　　）。

A. 实事求是，客观真实

B. 文字简明扼要

C. 抓住关键，突出重点

D. 资料和观点相统一

5. 在竞品分析中，获取数据的主要方法有（　　）。

A. 建立持续的稳定的竞品资料收集小组，形成连续的数据

B. 通过软件和插件等网络技术，抓取竞品的相关数据和信息

C. 通过进入竞争对手的官方网站或社交网站的官方账号，及时掌握其竞争动态和营销方式

D. 通过试用对方产品、客户咨询、技术问答等方面获取竞品相关信息

## 三、判断题

1. 人群需求分析是对市场供需变化的各种因素及其动态、趋势的分析。（　　）

2. 企业不需要浪费资源进行人群需求分析，只有决策者经验丰富，一样能提高决策的正确性，从而将经营风险降到最低限度。（　　）

3. 目前，跨境电商企业更多的是利用线下调研、走访帮助企业进行市场细分。（　　）

4. 竞品分析可以为企业制定产品战略规划、产品组合布局提供相对客观的参考依据。（　　）

5. 如果企业竞品分析的目的是获取常规的数据，可以在竞品的销售额、促销活动、价格变化、竞争排名等方面进行分析。（　　）

6. 如果企业竞品分析的目的是为企业战略决策调整提供数据支撑，需要分析产品转化率、客单量、销售量、listing、产品受众等全方位的分析。（　　）

7. 提取重要的数据撰写竞品分析报告，是竞品分析的第一步，也是最重要的一步。（　　）

8. 产品的内在属性是指产品的物理组成。（　　）

9. 主题乐园对孩子们具有的吸引力属性就是一种抽象属性。（　　）

10. 跨境电商企业的产品属性分析要在消费者分类的基础上进行。（　　）

## 四、实训题

“Robotic Vacuum（扫地机器人）”的市场可行性分析。

以下为 20×× 年对美国亚马逊平台上的“ Robotic Vacuum（扫地机器人）”产品进行的调研，图表仅取部分数据（见图 2-7、图 2-8、图 2-9、表 2-10）。

| Best Seller | URL | Price | Review | 吸力Pa | 续航min | 高度英寸" | 遥控 | APP | 声控 | 容量L |
|---|---|---|---|---|---|---|---|---|---|---|
| 1 | 9QYYGF1/ref | 224 | 2 757 | 1 300 | 100 | 2.85 | Y |  |  | 0.6 |
| 2 | 77HW9XM7/r | 199.99 | 2 989 |  | 120 |  |  | Y |  |  |
| 3 | XRT2B3P/ref= | 297.49 | 3 175 |  |  |  |  | Y |  |  |
| 4 | IQY5V/ref=zc | 269.99 | 708 |  |  |  |  | Y |  |  |
| 5 | B07F2D81JN/ | 199.99 | 663 | 1 400 |  | 2.7 | Y |  |  |  |
| 6 | /ref=zg_bs_3 | 169.99 | 1 285 |  |  |  |  |  |  |  |
| 7 | DKZZK61/ref= | 79.99 | 128 |  |  |  |  |  |  |  |
| 8 | 07D75MVX9/r | 299.99 | 492 | 1 500 |  |  | Y | Y |  |  |
| 9 | ity-Carpets/d | 529.95 | 1 587 |  |  |  |  |  |  |  |
| 10 | 3ZQDSZ/ref=z | 251.09 | 228 | 1 800 |  |  |  | Y |  |  |
| 11 | 2H1D8/ref=z | 45.94 | 0 |  |  |  |  |  |  |  |
| 12 | 6NDF4/ref=z | 159.99 | 1 662 |  |  |  |  |  |  |  |
| 13 | DXA/ref=zg_b | 201 | 1 875 |  |  |  | Y |  |  |  |
| 14 |  | 0 | 0 |  |  |  |  |  |  |  |
| 15 |  | 0 | 0 |  |  |  |  |  |  |  |
| 16 | YB8NW/ref=z | 199.99 | 200 | 1 400 |  | 2.7 | Y |  |  |  |
| 17 | J/ref=zg_bs_ | 254.99 | 2 105 |  | 210 |  |  |  |  |  |
| 18 | MRP/ref=zg_b | 1099 | 38 |  |  |  |  |  |  |  |
| 19 | 75JRBZZ9/ref | 244.99 | 1 371 |  |  |  |  | Y |  |  |
| 20 |  | 0 | 0 |  |  |  |  |  |  |  |
| 21 | 7DL3M3M8/re | 199.99 | 415 | 1 500 | 100 |  | Y | Y |  |  |
| 22 | 07D78Y5TN/r | 269.99 | 682 | 1 300 | 100 |  | Y | Y |  |  |
| 23 |  | 0 | 0 |  |  |  |  |  |  |  |
| 24 | 07H3JNDL5/re | 249.99 | 234 | 1 300 | 100 |  | Y | Y |  |  |
| 25 | 307FX7394L/r | 251.66 | 854 |  |  |  |  | Y |  | XL |
| 26 | B07MDS8Y1S | 149.95 | 8 |  |  |  |  |  |  |  |
| 27 | 92BWMV4/re | 569.98 | 272 |  |  |  |  |  |  |  |
| 28 | H5/ref=zg_bs | 159.99 | 2 669 |  |  |  |  |  |  |  |
| 29 | P1WWJ5/ref= | 104.99 | 0 |  |  |  |  |  |  |  |
| 30 | 7JCO172/ref | 209.99 | 31 | 1 400 | 200 | 2.7 |  |  |  |  |

图2-7　“Robotic Vacuum（扫地机器人）”调研情况

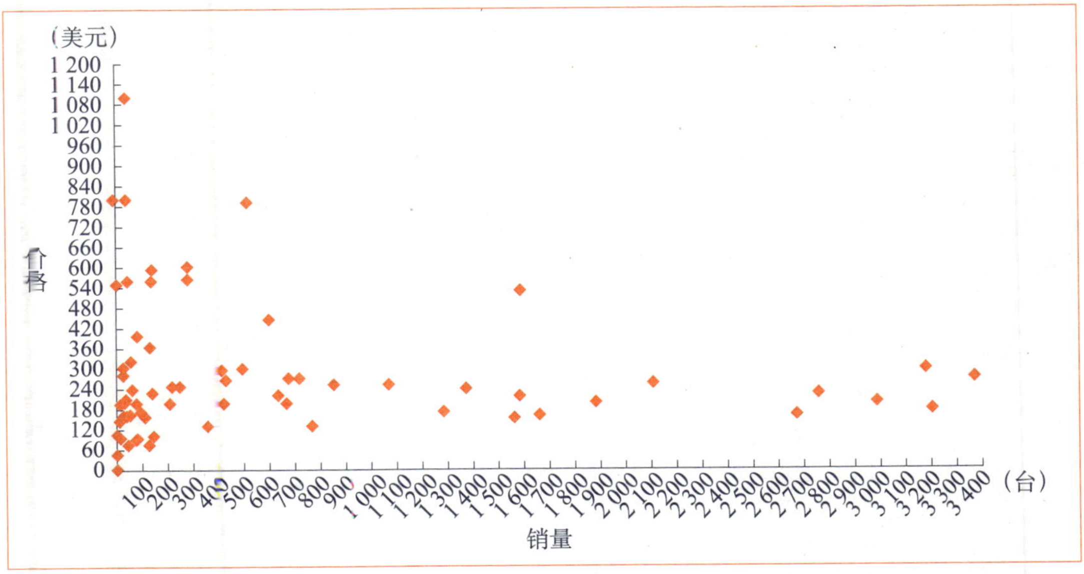


图2-8　“Robotic Vacuum（扫地机器人）”价格/销量图

| 价格区间 | 总数 | 个数 | 占比 |
|---|---|---|---|
| 0-60 | 69 | 1 | 1.45% |
| 60-120 | 69 | 9 | 13.04% |
| 120-180 | 69 | 13 | 18.84% |
| 180-240 | 69 | 15 | 21.74% |
| 240-300 | 69 | 16 | 23.19% |
| 300-360 | 69 | 1 | 1.45% |
| 360-420 | 69 | 2 | 2.90% |
| 420-480 | 69 | 1 | 1.45% |
| 480-540 | 69 | 1 | 1.45% |
| 540-600 | 69 | 6 | 8.70% |
| 600-660 | 69 | 0 | 0.00% |
| 660-720 | 69 | 0 | 0.00% |
| ≥720 | 69 | 4 | 5.80% |
| 根据价格销量图可以看出，价格在180~300美元的产品为销量主力；建议美国扫地机器人零售价区间：$180~$300，即人民币1 206~2 010元；若毛利率控制在50%，出厂价需要控制在603~1 005元。 | | | |

图2-9 “Robotic Vacuum（扫地机器人）”价格销量数据

请结合案例内容和所学知识分析：

1. “Robotic Vacuum（扫地机器人）”的细分市场是什么？市场定位是什么？目标市场是什么？

2. 请针对“Robotic Vacuum（扫地机器人）”进行竞品分析。

3. 请针对“Robotic Vacuum（扫地机器人）”进行产品属性分析。

表 2-10 “Robotic Vacuum（扫地机器人）”功能属性

| 功能（越多越好） | 描述 |
|---|---|
| 吸力 1300Pa | 越大越好 |
| 垃圾箱容量 0.6L | 越大越好 |
| 充电底座 & 自动充电 | Y |
| 多种地面环境 | 瓷砖 / 木地板 / 地毯 |
| 电池容量 & 续航 | 容量大续航长 |
| 遥控控制 | Y |
| App Wi-Fi 控制 | Y |
| 静音 | 越小越好 |
| 清扫路径规划 | 规则全面，不漏死角 |
| 断电续扫 | Y |
| 高精度测距传感器 | Y |
| 尘盒检测传感器 | Y |
| 沿墙 / 防撞 / 防跌落 / 悬崖传感器 | Y |
| App 远程智能控制（家中无人） | Y |
| 多种模式，吸尘 / 拖地 | Y |
| 自动增强吸力 | Y |

## 考核评价

评价说明：本项目完成后，由任课教师主导，采用学习过程评价与学习结果评价相结合的方式，综合运用自我评价、小组评价及教师评价，由教师确定 3 种评价方式在总成绩中的占比，加权计算学生在本项目的考核评价分。

| 考核评价表 | | | |
|---|---|---|---|
| 班级 | | 学生姓名 | |
| 评价方式 | 评价内容 | 分值 | 成绩 |
| 自我评价 | 知识和技能的掌握程度 | 20 | |
| | 任务准备完成情况 | 10 | |
| | 资料阅读完成情况 | 10 | |
| | 课堂讨论完成情况 | 20 | |
| | 拓展阅读完成情况 | 20 | |
| | 项目考核完成情况 | 20 | |
| | 合计 | 100 | |
| 小组评价 | 本小组本项目完成质量 | 30 | |
| | 个人本项目完成质量 | 30 | |
| | 个人参与小组活动的态度 | 20 | |
| | 个人的合作精神和沟通能力 | 20 | |
| | 合计 | 100 | |
| 教师评价 | 个人所在小组的项目完成质量 | 30 | |
| | 个人本项目完成质量 | 30 | |
| | 个人在所在小组的参与度 | 20 | |
| | 个人对本项目的贡献度 | 20 | |
| | 合计 | 100 | |
| 总评 = 自我评价 ×（　）% + 小组评价 ×（　）% + 教师评价 ×（　）% = | | | |

项目三

# 选择优质供应商

## 思维导图

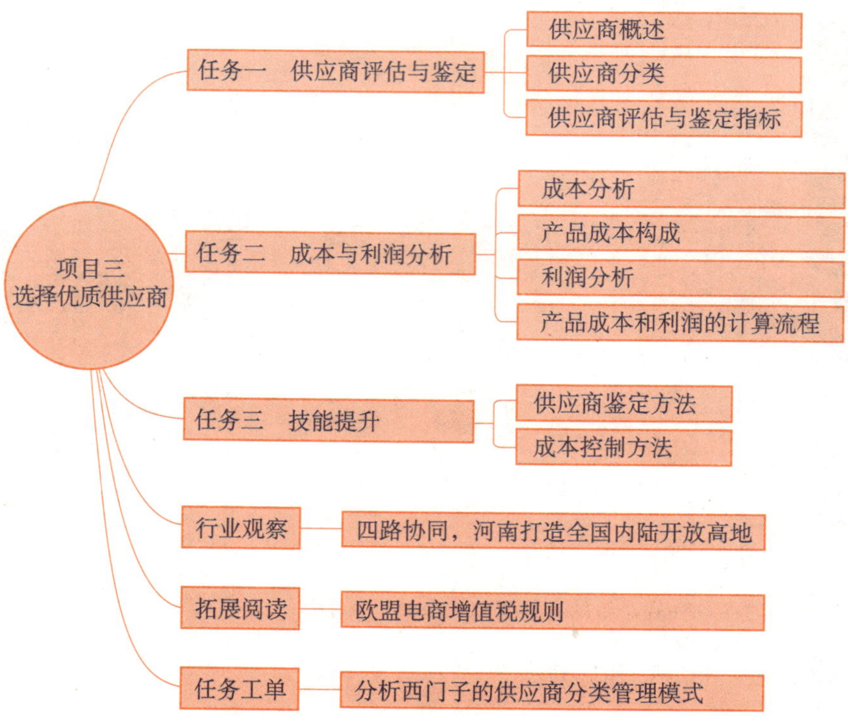

# 任务一　供应商评估与鉴定

| 项目名称 | 项目三　选择优质供应商 | 任务名称 | 任务一　供应商评估与鉴定 |
|---|---|---|---|
| 学习目标 | 知识目标 | 了解供应商的内涵及作用；<br>理解供应商分类方法；<br>理解供应商评估与鉴定指标。 | |
| | 能力目标 | 具备分析供应商类型的能力；<br>具备评估供应商的能力。 | |
| | 价值目标 | 从供应商评估指标入手，树立全局意识；<br>意识到协调合作的重要性；<br>具备良好的团队合作精神。 | |
| 任务描述 | 对于跨境电商企业来说，供应商位于供应链的源头，企业产品质量的好坏、店铺运营的效果，一定程度上都依赖供应商所提供的产品质量、供应商与跨境电商企业的配合效率。企业只有建立完善的供应商评价体系，才能有效地进行供应商评估与鉴定，才能规范采购行为、提高履约能力、提高产品质量和服务水平，从而提高企业自身的核心竞争力。因此，跨境电商企业应该正确评估供应商，逐步培养并建立核心供应商。对于企业来讲，供应商可以分为哪些类型？供应商评价指标有哪些？本任务将进行相关内容的阐述，帮助同学们了解供应商评估与鉴定的方法。 | | |
| 任务准备 | 一家新创跨境电商企业向市场销售家居类产品，请你利用网络资源查询 3 家相关供应商，并试着作比较。 | | |
| 实施提醒 | 供应商评估与鉴定体系是利用各种指标，对供应商的供货质量、服务水平、供应价格、准时性、信用度及配合程度等进行综合评估，为供应商的选择与管理奠定基础；其目的是通过对供应商进行定期的质量评估，确定供应商质量等级，根据评估结果确定相应的管理对策，使企业能够稳定获取需要的产品，长期健康发展。因此，只有设立科学精准的评估指标、确立正确的打分考评机制，才能使企业真正达成供应商质量管理目标。 | | |

## 知识精讲

供应商管理是跨境电商企业经营中非常重要的环节，特别是在选品采购时。一个好的供应商可以促进自身与跨境电商企业经营获得双赢，有利于维护企业的自身利益，直接影响企业的经营效益。

### 一、供应商概述

#### （一）供应商的内涵

供应商是指为企业提供原材料、设备、工具、产品及其他资源的企业。

供应商管理是对供应商进行了解、选择、开发、使用和控制等综合性管理工作的总称。

供应商评估鉴定的主要目的是选择适合跨境电商企业的、稳定可靠的优质供应商，确保供应商能及时以最优成本提供符合质量和数量要求的产品和服务。

### （二）优质供应商的作用

供应商管理是缩短供应链相应周期的重要环节，是跨境电商企业的难题之一。优质供应商可产生以下作用：

（1）提高物流效率。物流是跨境电商企业经营的重点，优质供应商可以缩短供货周期，大大提高物流的整体效率，提升物流的速度。

（2）降低运营成本。优质供应商可以帮助跨境电商企业节约各种成本，使跨境电商企业可以获得更优惠的价格，使产品更快、更有效地销售。

（3）调节库存。库存也是跨境电商企业经营的关键点。企业的资金流动与正确的库存方式、库存数量、结构和分布直接相关。

（4）提高企业竞争力。“真正的竞争不是企业之间的竞争，而是供应链之间的竞争”，这句话也适用于跨境电商企业。

## 二、供应商分类

目前市场上的供应商众多，要做好选择供应商的工作，首先要对供应商进行分类。

### （一）按照80/20原则分类

按照 80/20 原则，将供应商按照产品的重要程度划分为两类：重点供应商和普通供应商，即占 80% 价值的供应商（大约占总供应商数的 20%）为重点供应商，而其余只占 20% 价值的供应商（大约占总供应商数的 80%）为普通供应商。对于重点供应商，企业应投入 80% 的时间和精力进行管理与改进。这些供应商提供的产品为企业重点采购产品；而对于普通供应商则只需投入 20% 的时间和精力就足够了，因为这类供应商所提供的产品对企业的成本、质量和生产的影响较小。

根据 80/20 原则细分的供应商种类并不是一成不变的。随着经营的产品结构和产品线的调整，企业要适时地重新分类。

### （二）按照合作关系的深浅分类

按照采供双方的合作关系，按照由浅到深的次序，将供应商分为短期目标型、长期目标型、渗透型、联盟型和纵向集成型 5 类。

**1. 短期目标型**

短期目标型是指采购商和供应商之间是交易关系，即一般的买卖关系。双方的交易仅停留在短期的交易合同上。双方关心的是如何谈判、如何提高自己的谈判技巧和议价能力，从而使自己在谈判中占据优势，而不是如何改善自己的工作使双方都获利。供应商根据合同要求提供标准化的产品或服务，保证每一笔交易顺利进行。交易完成之后，双方的关系也就终止了　双方的联系仅仅局限在企业的采购人员和供应商的销售人员之间，其他部门的人员一般不会参加双方之间的业务活动。

**2. 长期目标型**

长期目标型是指企业与供应商保持长期的关系，双方为了共同的利益对改进各自的工作感兴趣，并以此为基础建立起超越买卖关系的合作。长期目标型的特点是建立一种合作伙伴关系，双方工作的重点是从长远利益出发，相互配合，不断改进产品质量与服务质量，共同降低成本，提高双方的竞争力。参与合作的人员遍及各企业内部的多个部门。企业对供应商提出新的技术要求，而供应商目前还没有能力实现时，企业可能会对供应商提供技术和资金上的支持。当然，供应商的技术创新也会给企业的产品改进提供契机，企业向供应商提供支持的原因也在于此。

**3. 渗透型**

渗透型是在长期目标型关系时基础上发展起来的，其指导思想是把对方看成自己企业的一部分，相互的关心程度较上面两种都大大提高。为了能够参与对方的活动，企业甚至会在产权上采取一些恰当的措施（相互投资、参股等）。同时，双方在组织上也应采取相应的措施，保证派员加入对方的有关业务当中。这样做的好处是可以更好地了解对方的情况：供应商可以了解自己的产品在企业中起到什么作用，便于发现改进方向；而企业也可以了解供应商是怎样制造产品的，从而提出可行的改进意见。

**4. 联盟型**

联盟型关系是从供应链角度提出的，其特征是在更长的纵向链条上的管理成员之间的关系，双方维持关系的难度更高，要求也更严格。联盟成员的增加往往需要处于供应链核心位置的企业出面协调各成员之间的关系，该企业常被称为供应链上的核心企业。

**5. 纵向集成型**

纵向集成型是最复杂的关系类型之一，即把供应链上的企业整合起来，使它们像一个企业一样。各企业仍然是完全独立的企业，决策权属于自己。在这种关系下，每个企业都要充分了解供应链的目标、要求，在充分掌握相关信息的条件下，自觉地作出有利于供应链整体利益而不是企业个体利益的决策。

## 三、供应商评估与鉴定指标

企业要分步骤与供应商开展合作。首先，企业建立供应商管理制度，通过会议进行沟通，挖掘供应商的潜力、改进领域，完善供应商的绩效管理以及合同关系管理。其次，企业设计与实施采购流程，提高工作效率，提高双方满意度。供应商绩效评估是供应商管理环节中重要的一环，采购人员通常从定价、品质、交货期和服务水平几个方面来考核供应商，并按百分制的形式来计算得分，各部分权重可视具体情况而定。评估指标可分为定量和定性两种类型。定量是指可以根据具体的公式或算法得出准确的结果，而定性需要人为判定。

### （一）价格

价格是指供货的价格水平。考核供应商的价格水平，可以和市场同档次产品的平均价和最低价进行比较，分别用市场平均价格比率和市场最低价格比率来表示。

市场平均价格比率＝（供应商的供货价格－市场平均价）÷ 市场平均价 ×100%

市场最低价格比率＝（供应商的供货价格－市场最低价）÷ 市场最低价 ×100%

### （二）质量

质量是考核供应商的最重要的因素之一。最初阶段，企业主要加强对产品质量的检查。质量的好坏可以用质量合格率、平均合格率、批退率及免检率等来表示。

（1）质量合格率：如果在一次交货中一共抽检了 N 件商品，其中有 M 件是合格的，则质量合格率 ＝ M ÷ N ×100%。显然，质量合格率越高，表明产品质量越好，考核得分越高。

（2）平均合格率是根据每次交货的质量合格率，再计算固定时间内质量合格率的平均值，以此来判定产品品质的好坏。例如：1 月份某供应商交货 3 次，其合格率分别为 90%、85%、95%，则平均合格率＝（90%＋85%＋95%）÷3＝90%。平均合格率越高，表明产品质量越好，得分越高。

（3）批退率即退货批次占采购进货批次的比率。例如：上半年某供应商交货 50 批次，返退 3 批次，其批退率＝3÷50×100%＝6%。批退率越高，表明产品质量越差，得分越低。

（4）免检率＝免检的种类数 ÷ 供应商供应的产品总种类数 ×100%。免检率越高，表明产品质量越好，得分越高。

### （三）交货期

交货期也是一个很重要的考核指标。考核交货期主要是考核供应商的准时交货率、交货周期等。准时交货率可以用准时交货的次数与总交货次数之比来表示。

准时交货率 ＝准时交货的次数 ÷ 总交货次数 ×100%

交货周期是指自订单开出之日到收货之日的时间长度，常以天为单位。有些企业还将本企业必须保持联系的供应商供应的最低库存量、供应商的后勤体系水平、供应商所采用的后勤系统（ERP）、供应商是否实施“准时化采购”（JIT 采购）等也纳入考核。

**【资料阅读】** 什么是 JIT 采购？

JIT（Just In Time）采购又称“准时化采购”，它是由准时化生产管理思想演变而来的。它的基本思想是：在恰当的时间、恰当的地点，以恰当的质量、数量提供恰当的产品。它是为了消除库存和不必要的浪费而促使企业进行持续性改进。要进行准时化生产必须有准时化的采购，因此准时化采购是准时化生产管理模式的必然要求。它和传统的采购方法在质量控制、供需关系、供应商的数目、交货期的管理等方面有很多不同，其中关于供应商的选择（数量与关系）、质量控制是核心内容。

准时化采购包括供应商的支持、合作以及制造过程、货物运输系统等一系列的内容。准时化采购不但可以减少库存，还可以达到加快库存周转、缩短提前期、提高产品的质量、获得满意交货等效果。

### （四）服务水平

考核供应商在支持、配合与服务方面的表现通常是定性考核，相关的指标有：沟通手段、反馈信息时间、合作态度、参与本企业的改进与开发项目、售后服务、其他因素。

（1）沟通手段包括是否有合适的人员与本企业沟通，沟通手段是否符合本企业的要求（电话、传真、电子邮件以及文件书写所用软件与本企业的匹配程度等）。

（2）反馈信息时间是指对订单、交货、质量投诉等是否反应及时、迅速，答复是否完整，是否及时处理退货、挑选产品等。

（3）合作态度是指是否将本企业看成重要客户，供应商高层领导或关键人物是否重视本企业的要求，供应商内部沟通协作（如市场、生产、计划、工程、质量等部门）是否能整体理解并满足本企业的要求。

（4）参与本企业的改进与开发项目是指是否积极主动参与本企业相关的质量、供应、成本等改进项目或推行新的管理做法的活动，是否积极组织参与本企业召开的供应商改进会议并配合本企业开展质量体系审核等工作。

（5）售后服务是指供应商是否主动征询本企业意见、主动访问本企业、主动解决或预防问题。

（6）其他因素是指供应商的资金资源、承诺、所体现出的能力等，是否与本企业提出的目一致，是否积极提供本企业要求的新产品报价与式样，是否妥善保存与本企业的交易记录。

### （五）信用度

信用度主要考核供应商履行自己的承诺，以诚待人，不故意拖账、欠账的程度。

信用度＝供货期失信的次数 ÷ 供货期交往总次数 ×100%

### （六）配合度

企业在和供应商的相处过程中，常常因为环境的变化或具体情况的变化，需要把工作任务进行调整变更。这种变更可能导致供应商工作方式的变更甚至导致供应商要做出一点“牺牲”，依此可以考核供应商在这些方面积极配合的程度。另外，工作出现困难或发生问题，企业有时也需要供应商配合才能解决。这些时候，都可以看出供应商的配合程度。

## 【课堂讨论】

你负责一家跨境电商企业家居类产品的采购工作，在工作中碰到一个棘手的问题：一直至目前，你一直采购A企业产品，但是，现在发现B企业产品质量超过A企业，而且价格也更低，你该怎么办呢？继续选择A企业产品的话，就放弃了低价且质优的B企业产品；如果现在采购B企业产品，那么和A企业所保持的长期良好关系就结束了，而且以后如果又有C企业超过了B企业，还要调整为采购C企业产品吗？针对这个问题，你该怎么处理呢？

# 任务二　成本与利润分析

| 项目名称 | 项目三　选择优质供应商 | 任务名称 | 任务二　成本与利润分析 |
|---|---|---|---|
| 学习目标 | 知识目标 | 了解跨境电商产品成本分析的含义和意义；<br>掌握跨境电商产品成本指标；<br>了解跨境电商产品利润、利润率的定义；<br>掌握跨境电商产品利润分析的意义。 | |
| | 能力目标 | 具备正确计算产品利润和利润率的能力；<br>具备产品利润分析的能力。 | |
| | 价值目标 | 养成市场观察商机捕捉能力；<br>提高数据分析逻辑思维能力；<br>增强遵纪守法和诚实守信意识。 | |
| 任务描述 | 本部分内容重点是计算产品的成本和利润，难点是掌握成本指标和数据，并根据成本分析结果、利润及利润率计算结果对跨境电商运营决策提供建议。学习本部分内容时，同学们要高度重视国际物流、跨境电商平台、各国政策法规的变化，扩展眼界，培养创新意识，掌握产品成本及利润的各项因素，掌握成本计算和产品利润计算的思路和方法，对产品成本及利润核算、成本控制下的产品利润计算两个实践性环节仔细研究、深入讨论，只有不断地学习、实践、总结，才能打下坚实的基础。 | | |
| 任务准备 | 定价是产品销售的一项重要影响因素，而成本是定价的影响因素之一。假设你的企业要推出一款新研发的产品，思考定价时需要考虑哪些成本？ | | |
| 实施提醒 | 随着经济全球化时代的到来，企业之间的竞争日趋激烈，使得成本利润分析在企业经营管理中占有重要地位。管理者为了使企业资源得到最有效率的应用，就必须同时考虑各项成本和影响近期及远期经营效益的因素；也只有通过正确的成本利润分析，才能及时发现经营管理中出现的问题，帮助管理者做出更优决策。因此，同学们要提高成本利润分析准确性，减少数据误差，提升成本利润分析的能力。 | | |

## 知识精讲

### 一、成本分析

企业在开发产品时，除了从市场需求、产品特性、平台特点 3 个方面进行考察外，还应该考察该产品的各项成本。有效的成本分析是企业在激烈的市场竞争中取得成功的基本要素。可以说，能否正确地进行成本分析对一家企业是否盈利起着相当重要的作用。

广义上来讲，成本分析是按照一定的原则，采用一定的方法，利用成本计划、成本核算和其他有关资料，控制实际成本的支出，揭示成本计划完成情况，查明成本升降的原因，寻求降低成本的途径和方法，以达到用最少的劳动消耗取得最大的经济效益的目的。

狭义上来讲，跨境电商 B2C 业务中的产品成本分析指的是成本核算，是指将企业在经营过程中发生的各种耗费按照一定的对象进行分配和归集，从而计算产品的单位成本。成本核算通常以会计核算为基础，以货币为计算单位。

在产品开发阶段，跨境电商企业通过详细的调查，对产品进行成本分析，这能够给产品开发提供一定的参考价值。

成本分析是现代社会商业竞争的重要影响因素之一。成本分析是根据成本资料对成本指标进行的分析。首先是事前分析，在成本还没产生之前进行成本分析，可以根据分析结果，使企业的成本控制有可靠的目标；其次是事中分析，对已有成本进行分析，可以及时进行成本控制，防止实际成本超过目标成本的范围；最后是事后分析，当交易已经结束时进行成本分析，可以分析产生成本问题的原因，总结降低成本的经验，以便于下一次进行成本控制。

## 二、产品成本构成

正确进行跨境电商产品的成本分析，前提是充分理解、掌握组成产品成本的各项指标。而产品成本的构成，又因为企业类型的不同而不同。

### （一）流通型跨境电商企业

对于流通型跨境电商企业来说，产品的成本一般包括两个方面：一是产品采购成本，二是跨境电商平台的销售费用。

**1. 产品采购成本**

产品采购成本是指与采购原材料部件相关的物流费用，包括采购订单费用、制定采购计划人员的管理费用、采购人员管理费用等。存货的采购成本包括购买价款、相关税费、运输费、装卸费、保险费以及其他可归属于存货采购成本的费用。

采购费用可分为直接采购费用和共同采购费用两种。直接采购费用是指能直接确认某种材料的费用，该种费用发生后直接计入各种材料的采购成本；共同采购费用是指应由多种材料共同负担的采购费用，该种费用发生后应按一定分配标准分别计入各种材料的采购成本，分配标准主要有采购数量、价格等。

**2. 跨境电商平台的销售费用**

一般来说，销售费用成本包括包装费用、国际物流费用、平台费用、收款费用、推广费用、国际税费等。跨境电商各平台政策不同，平台站点所属的国家不同，跨境电商企业采用的物流方式不同，导致产品销售费用的构成不同。

以亚马逊物流（Fulfillment by Amazon, FBA）为例，产品的销售费用通常包括：

（1）包装费用。流通型企业从供应链采购产品后，往往需要进一步对产品进行包装备货。亚马逊 FBA 对于产品的包装要求是十分严格的，企业必须严格按照它的要求进行包装，否则就会有 FBA 拒收的风险，也有可能会增加入仓成本和费用。

（2）头程运费。头程运费是指跨境电商企业将货物从国内通过空运、海运等方式运到亚马逊 FBA 仓库所需要支付的运输费用。

（3）FBA 费用。FBA 是亚马逊 2007 年引入的物流服务。亚马逊官方解释为亚马逊将自身平台开放给卖家，将卖家的库存纳入亚马逊全球的物流网络，为其提供拣货、包装以及终端配送的服务，亚马逊则收取服务费用。由于 FBA 的服务种类较多，因此 FBA 相关的费用种类也比较多，主要包括：FBA 销售佣金、FBA 配送费、FBA 库存和入站服务费等。

（4）推广费用。常见的推广费包括广告费、促销费、测评费。

（5）VAT。VAT 是欧盟的消费增值税（Value Added Tax）的英文首字母缩写，是海关对货物、货运、保险和其他费用征收的税金。

（6）收款手续费。当买家在平台上购买产品时，支付的款项是付给跨境电商平台的，而平台会按自己的结款周期把钱打给卖家，卖家在收款时所需要支付的费用就是收款手续费。有些跨境电商平台要求卖家使用第三方平台进行收款，那么卖家还需要另外向这些第三方平台支付收款手续费。

以上 6 个项目，即包装费用、头程费用、FBA 费用、推广费用、VAT、收款手续费，就是亚马逊 FBA 中比较重要的产品销售费用成本。

### （二）生产型跨境电商企业

对于生产型跨境电商企业来说，产品成本的构成主要包括产品的生产成本和跨境电商平台的销售费用。由于无论是生产型还是流通型跨境电商企业，它的跨境电商平台销售费用相同，因此这里重点来讲产品的生产成本。

生产型跨境电商企业有自己的工厂，那么产品成本就包含直接成本和间接成本。直接成本包括直接材料成本（产品的主要材料成本、辅助材料成本、电力成本等）、直接人工成本（直接参与产品设计、生产的人员工资及福利成本）；间接成本主要包括企业生产单位为组织和管理生产所发生的各种费用，如管理人员的工资和福利费用、办公费、管理工作中所消耗的水电费、设备和房屋的折旧费用。

## 三、利润分析

作为跨境电商企业，在进行产品开发的时候，需要计算并分析的利润主要指的就是该产品的销售利润。简单地讲，产品销售利润是就是产品销售收入扣除生产成本（采购成本）、跨境电商平台的销售费用以后的余额，即：

产品销售利润 = 产品销售价格 − 产品成本 − 销售费用

开发产品时，需要计算该产品的销售利润，只有当产品利润满足企业要求时，才说明该产品具有较高的开发价值。由上面的公式可以看出，影响产品销售利润的因素就是产品的销售价格、产品成本及销售费用。如果产品利润无法满足企业的要求，那么企业就需要进一步做出运营决策，例如：是否提高定价或降低成本及费用以提高利润，或直接放弃开发该产品。

企业开展产品利润分析，主要有以下作用：

（1）有利于提高企业的预测、决策能力，使企业正确评价产品的预期市场表现；可以提供产品开发决策清晰的思路，避免决策的盲目性，有利于降低经营风险。

（2）有利于企业发现产品的问题，从而进行优化改进，挖掘产品潜力。通过测算和分析，使企业能清楚地看到产品对利润目标影响程度，进而使企业能够科学决策。

（3）有利于企业在激烈的市场竞争中提高自身的掌控力，避免在错综复杂的大数据中思路不清，做出错误决策。

## 四、产品成本和利润的计算流程

### （一）成本计算流程

下面以亚马逊英国站点的某品牌记忆棉枕头为例（见图 3-1），进行产品成本的具体核算。

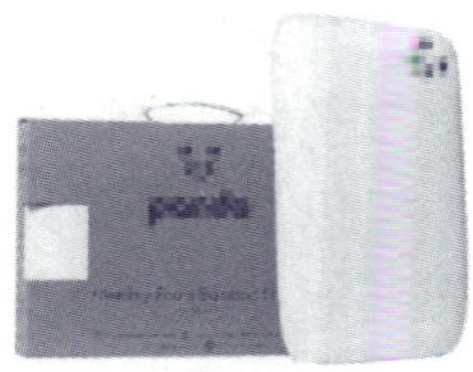

图3-1 记忆棉枕头

**1. 产品采购成本**

某跨境电商企业从供货商处采购记忆棉枕头，采购价为每个枕头 100 元人民币，供货商包邮发货至跨境电商企业指定仓库，即产品的采购成本为 100 元人民币。

**2. 头程运费**

在国际物流中，运费是基于货物的重量来计算的。货物重量分为实际重量和体积重量。计算运费时，会将货物的实际重量和体积重量进行比较。如果实际重量大于体积重量，则运费按实际重量计算；如果体积重量大于实际重量，则运费按体积重量计算。体积重量的计算公式为：

$$体积重量=货物的长（cm）\times 宽（cm）\times 高（cm）/6\ 000$$

抛货又叫泡货，通俗地讲就是轻货。由于这种货物的体积重量往往大于实际重量，因此抛货 / 泡货的体积重量又被称作抛重 / 泡重。

本案例中，产品包装尺寸为 12 cm × 37 cm × 58 cm，产品包装重量为 1.24 kg。

$$产品的体积重量=12\times 37\times 58\div 6\ 000=4.29\ kg$$

据此，该品牌记忆棉枕头的体积重量 4.29 kg ＞实际重量 1.24 kg，这种情况下的国际头程运输费用就要按照单个产品 4.29 kg 计算。

如果头程海运运输费用 10 元 /kg，空运运输 20 元 /kg，那么单个记忆棉枕头的头程海运运费为 4.29 × 10=42.9 元，空运运费为 4.29 × 20=85.8 元。

**3. 亚马逊平台费（佣金）**

如何确定该品牌记忆棉枕头的平台费呢？这需要利用亚马逊平台的收益计算工具（见图 3-2）。

（1）登录亚马逊英国站点收益计算器网址：

http://sellercentral.amazon.co.uk/fba/profitabilitycalculator/index?lang=en_US.

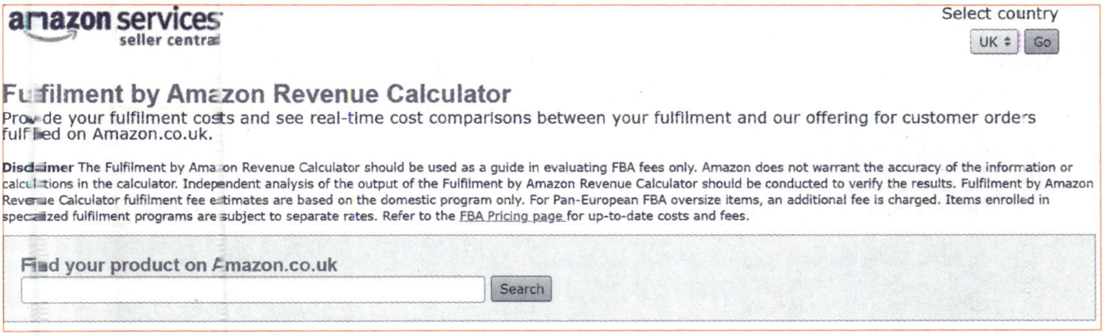


图3-2　亚马逊英国站点收益计算器

（2）在搜索框输入记忆棉枕头品类名“memory foam pillow”后点击“搜索”（search），选择同品类相似产品（见图 3-3）。

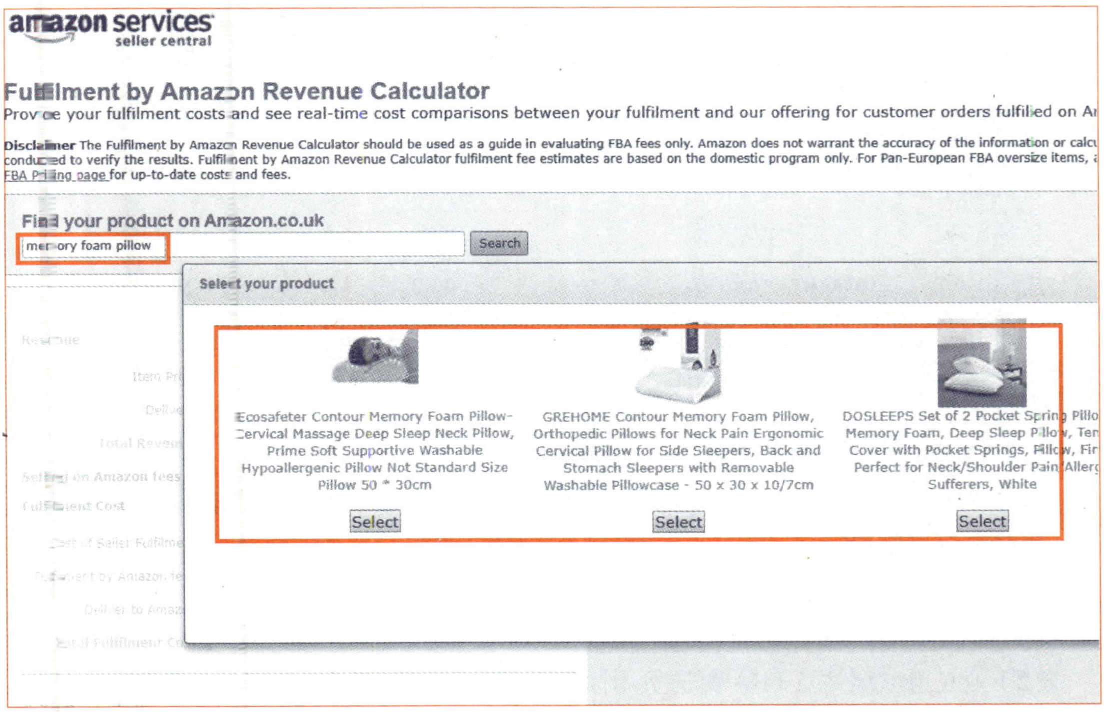


图3-3　选择相似产品

（3）在产品价格（Item Price）栏中填入 100 就可以得到亚马逊平台费（Selling on Amazon fees）为 15 英镑，该枕头在亚马逊英国站点平台费为产品售价的 15%（15/100）（见图 3-4、图 3-5）。

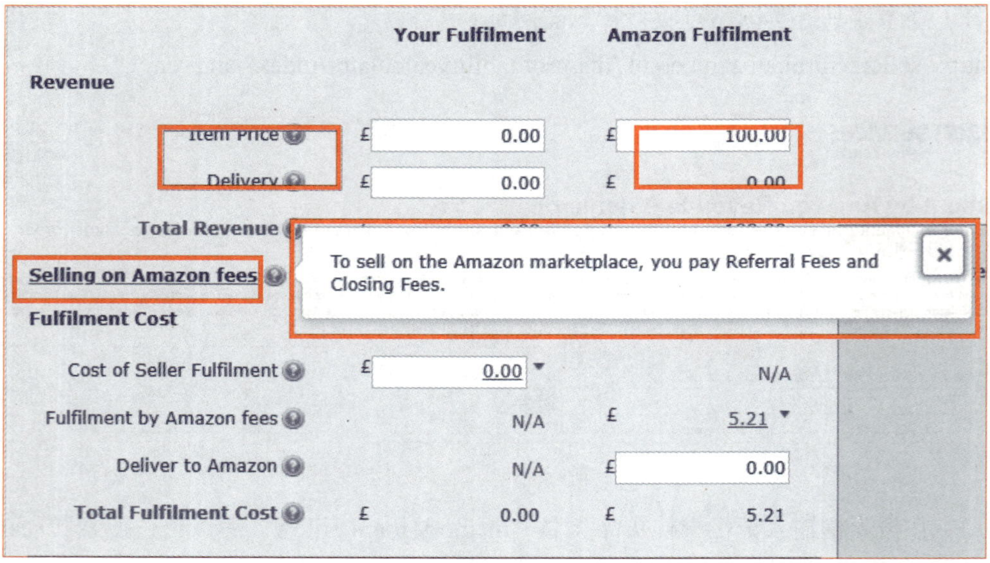


图3-4　查询平台费

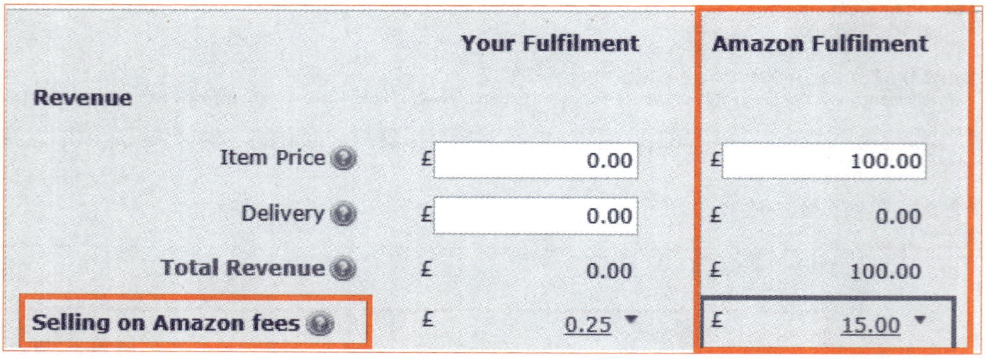


图3-5　亚马逊平台费比例

**4. FBA 费用（配送费、操作费、仓储费）**

FBA 费用是成本计算中非常重要的一个部分。亚马逊 FBA 费用是根据产品的包装尺寸、重量分等级收费的。

（1）该品牌记忆棉枕头的产品包装尺寸为 12 cm × 37 cm × 58 cm，产品包装重量为 1.24 kg。

（2）亚马逊欧洲站点 FBA 配送费用标准中包含亚马逊英国站点的收费标准。

亚马逊欧洲站点 FBA 配送费用标准网址：

https://services.amazon.co.uk/services/sell-online/china-to-europe/fulfilment-pricing.html?ld=NSGoogle_CNIntercept.

根据记忆棉枕头的尺寸和包装重量，可以查询 FBA 费用为 4.26 英镑。

综上，单个记忆棉枕头的成本核算如下（见表 3-1）：

表 3-1 单个记忆棉枕头的成本

| 头程物流 | | | 成本 | | 平台（GBP） | | | | | |
|---|---|---|---|---|---|---|---|---|---|---|
| 物流方式 | RMB | GBP | RMB | GBP | 亚马逊售价 | 平台费（15%） | FBA 费用 | 推广费（5%） | 退货费（3%） | 流水扣点费（1%） |
| 海运 10 元 /kg | 42.9 | 4.73 | 100.00 | 11.03 | 45.00 | 6.75 | 4.26 | 2.25 | 1.35 | 0.45 |
| 空运 20 元 /kg | 85.8 | 9.46 | 100.00 | 11.03 | 45.00 | 6.75 | 4.26 | 2.25 | 1.35 | 0.45 |

## （二）利润核算流程

依据竞品定价法和成本定价法，计算产品利润。以亚马逊英国站点 DREVO 首款高性能洞洞鼠标 Falcon 为例（见图 3-6），该产品的重量为 70 g，产品尺寸：12.6 cm × 6.3 cm × 3.9 cm，包装尺寸：22 cm × 13 cm × 6 cm，包装重量 220 g，英镑兑人民币的汇率为 8.87。

图3-6 英国亚马逊DREVO首款高性能洞洞鼠标及产品信息

### 1. 采用竞品定价法计算利润

竞品定价即通过列举，比较目标产品跟竞品的功能特点，基于竞品的售价，对目标产品加价、减价或等价销售。

DREVO 首款高性能洞洞鼠标 Falcon 产品竞品为 Cooler Master MM711，两款鼠标参数见表 3-2：

表 3-2 两款鼠标参数

| 产品 | 蜂窝洞洞设计 | 光学引擎 | 超软线材 | 驱动软件 | 重量 | 市场售价 |
|---|---|---|---|---|---|---|
| Falcon | 是 | PixArt PMW3389 | 是 | 有 | 70 g | 待定 |
| MM711 | 是 | PixArt PMW3389 | 是 | 有 | 60 g | £ 49.99 |

对比发现：

（1）两款产品同样是蜂窝设计，但是，竞品 MM711 重量更轻，因此 Falcon 鼠标此项为减分项，需要对 Falcon 进行降价。

（2）两款产品光学引擎同为 PixArt PMW3389，此项为等分项。

（3）两款产品同样具有 RGB 背光，但是，Falcon 是全透背光，相比 MM711 更加炫酷，此项为其加分项，对 Falcon 进行加价。

（4）同样具有超软线材及驱动软件，此两项为等分项。

综上，Falcon 的定价与竞品 MM711 保持一致。但是，考虑到产品新上线、流量少，为了使产品更具优势，可用低于 MM711 市场售价 10% 的价格进行销售，将 Falcon 价格定为 49.99 × 90% = 44.99（英镑）。

假设 Falcon 的采购价格为 160 元人民币，折算为英镑后为 18.04 英镑（见表 3-3）。根据成本核算操作流程，计算出 Falcon 的成本销售费用（见表 3-4）：

**表 3-3　产品成本**

| 产品成本 | |
|---|---|
| RMB | GBP |
| 160 | 18.04 |

**表 3-4　产品的销售费用**

| 头程运费 | | | 亚马逊平台（GBP） | | | | |
|---|---|---|---|---|---|---|---|
| 物流方式 | RMB | GBP | 平台费（15%） | FBA 费 | 推广费 5% | 退货费 3% | 流水扣点 1% |
| 海运 13 元 /kg | 8 | 0.9 | 6.75 | 2.14 | 2.25 | 1.35 | 0.45 |
| 空运 26 元 /kg | 18 | 2.03 | 6.75 | 2.14 | 2.25 | 1.35 | 0.45 |

根据上面的成本，计算产品销售净利润：

产品销售净利润 = 产品售价 − 头程运费 − 产品成本 − 亚马逊平台费用

产品销售净利润率 = 产品销售净利润 / 产品售价

①如果头程采用海运：

产品销售净利润 = 44.99−0.9−18.04−6.75−2.14−2.25−1.35−0.45 = 13.11（英镑）

产品销售净利润率 = 13.44/44.99≈30%

②如果头程采用空运：

产品销售净利润 = 44.99−2.03−18.04−6.75−2.14−2.25−1.35−0.45 = 11.98（英镑）

产品销售净利润率 = 11.98/44.99≈27%

**2. 采用成本定价法计算利润**

成本定价法就是在一定利润基础上，基于成本价格去倒推市场价格。采取成本定价法能帮我们迅速占领市场。

在头程物流为海运的情况下，假设净利润率控制在 15%，倒推产品售价：

产品售价 ×15% = 产品售价 − 头程运费 − 产品成本 − 亚马逊平台费用

产品售价 ×15% = 产品售价 −0.9−18.04− 产品售价 ×15%−2.14− 产品售价 ×5%− 产品售价 ×3% − 产品售价 ×1%

可以得出头程为海运时的产品售价为 34.55 英镑，产品销售净利润为 5.18 英镑。

由于一个产品不会因为头程运输的不同而设置多个价格，大多数情况下，头程运输都会采用海运，因此就以 34.55 英镑作为这款产品的价格，进一步计算，可以得出，当头程运输为空运时，产品销售净利润为 4.05 英镑，产品销售利润率为 11.7%。

# 任务三 技能提升

| 项目名称 | 项目三 选择优质供应商 | 任务名称 | 任务三 技能提升 |
|---|---|---|---|
| 学习目标 | 知识目标 | 掌握供应商评估与鉴定的指标体系；<br>掌握成本控制的方法。 | |
| | 能力目标 | 具备选择供应商的能力；<br>具备优化成本控制的能力。 | |
| | 价值目标 | 通过供应商关键指标鉴定、成本控制的方法，提高专业和职业的判断能力；<br>养成严谨细心的作风；<br>树立责任担当意识。 | |
| 任务描述 | 目前，全球跨境电商企业的竞争愈加激烈，企业想要在日益激烈的市场竞争中谋求经济利益，取得持续性的竞争优势，必须精打细算，加强成本管理控制，努力寻找各种降低成本的有效途径和方法，并在成本控制、利润优化的前提下，有针对性地对供应商进行评估与鉴定，从而选定最优供应商。企业在选择供应商时应该考虑哪些指标？如何评价？如何优化产品的成本呢？ | | |
| 任务准备 | 请结合本项目任务一和任务二中的供应商评估指标和成本计算，并利用网络资源收集相关供应商、产品成本等相关资料。 | | |
| 实施提醒 | 由于成本计算的各种指标可能会受到平台及平台政策、产品类型、政府政策等各种变化因素的影响，因此，在实际工作中，具体计算是要精准考虑消费者所在国家的相关政策、消费者购买的产品类型、具体的包装要求、配送要求、平台规则等细节，在运用时要注意根据实际情况进行计算。另外，只有成本计算得准确、利润优化得到位，企业才能够根据自身的要求选择适合自己的供应商。在与供应商合作的过程中，更应该及时对供应商进行评估打分，以便在供应商管理方面做出正确决定。 | | |

## 知识精讲

### 一、供应商鉴定方法

目前，跨境电商企业面临退货率攀升、供应商开工困难、断货风险、物流受阻、人才流失等困境。跨境电商企业应当深入分析市场往年数据，以历史数据和平台费用为依据，合理成本控制，优化利润，将成本和利润的控制融入供应商评估鉴定的过程中。

#### （一）生产型供应商鉴定

生产型供应商是指自身具备研发和生产能力的供应商。一般来说，鉴定生产型供应商可以分为以下几个步骤：

（1）跨境电商企业的采购人员应根据公司的成本和利润战略目标，通过搜索引擎、国际电商平台、线下展会等各种渠道开发供应商。

（2）初步收集供应商的能力、资质、产品情况、价格等信息，并了解对方的合作意愿，要求供应商提供样品，并对样品进行质量检验。

（3）样品质量检验合格后，登记供应商信息表，并进行评分。根据不同企业的要求可以设计不同的供应商信息表，主要内容包括供应商名称、简介、地址、法人代表及联系电话、授权签字人及联系电话、业务联系人及联系电话、主要供应的产品及描述、企业性质、营业执照注册号及年审情况、企业信用等级、其他资质证书等信息。评估时，评估指标应包括相关信息是否真实、资质及资质证书是否真实且齐全，只有两项指标全都通过，采购人员才应考虑是否继续进行下面的鉴定步骤。

（4）供应商生产供应能力评估。评估指标体系可包括 4 项内容：财务状况占比 20%，生产能力占比 60%，研发能力占比 10%，过往产品销售业绩占比 10% 。

（5）供应商质量管理能力评估。评估指标体系可包括 5 项内容：产品质量管理体系占比 5%，原材料采购过程管理占比 20%，生产过程管理占比 60%，人力资源管理占比 10%，环保体系占比 5%。

（6）供应商售后服务质量评估。评估指标体系可包括 3 项内容：客户满意度调查和统计情况共占比 60%，客户现场服务记录占比 20%，接到客户要求后的响应时间占比 20%。

第（4）至（6）步，采购人员进行分项打分后，可按生产供应能力评估占比 40%，质量管理能力评估占比 40%，售后服务质量评估占比 20% 加权相加，得出供应商评价总分。

（7）违约情况评估。违约表现单独列为扣分项。如果上年度存在产品质量、延迟交货、售后服务不及时、违反商业道德等违约表现，可每一项酌情扣减 5 分。

通过以上七步，采购人员可以得出一家供应商的评估总分，根据得分判断是否选择该供应商。一般来说，分数越高供应商越优秀；分数如果低于 70 分，建议判定排除该供应商。

### （二）贸易型供应商鉴定

贸易型供应商是指自身没有生产能力，从生产企业获取产品再销售给跨境电商企业的供应商。一般来说，贸易型供应商具有市场敏锐度强、经营的产品范围广、产品更新快、资金流动更快等优点。在评估与鉴定贸易型供应商时，可以根据优劣解距离法，建立评估模型。

**【资料阅读】** 什么是优劣解距离法（TOPSIS）？

优劣解距离法（Technique for Order Preference by Similarity to an Ideal Solution, TOPSIS）是一种评估现有对象优劣的评估方法。这种方法通过检测评估对象与最优解、最劣解的距离来进行排序，若评估对象靠近最优解同时又最远离最劣解，则为最好。最优解的各指标值都达到各评估指标的最优值；最劣解的各指标值都达到各评估指标的最差值。优劣解距离法是多目标决策分析中一种常用的、有效的方法。对于贸易型供应商来说，可以通过建立 8 个一级指标，并根据一级指标与最理想的目标状态的距离进行打分，得出结论后综合做出决策。8 个一级指标及其权重具体为：产品质量占比 35%、产品价格占比 15%、产品交付占比 22%、供应商服务占比 8%、合作能力占比 7%、敏捷性占比 7%、企业声誉占比 3%、人力资源占比 3%。这 8 个一级指标也可以按跨境电商企业实际需要分为若干个二级指标。指标性质既可以是定性指标，也可以是定量指标。得出总分后，分数越高则供应商质量越高。

## 二、成本控制方法

跨境电商企业在选择供应商的前后，都应在不同阶段进行成本分析，目的是进行成本控制。成本控制一方面有利于选择适合跨境电商企业的供应商；另一方面也通过降低成本，寻找利润的增长点，进一步指导供应商提供对跨境电商企业有利的产品。一般来说，降低产品成本的方法有以下几种：

### （一）分析产品物料清单，找到降低成本点

首先对产品的功能特点进行罗列，然后与竞品进行对比分析，分析在保持竞争力的情况下，哪些功能特点是可以舍弃的，进而调整相关功能对应的物料。

以键盘为例，在保证键盘稳固的前提下，可以考虑去掉配重块，这一个细节的地方可以减少 3 元的成本（见图 3–7）。

| 项目 | 料号 | 描述 | 规格 | 用量 | 供应商 | 单价 | 总价 |
|---|---|---|---|---|---|---|---|
| 1 | | 下盖 | ABS注塑 | 1 | | 4.0000 | 4.0000 |
| 2 | | 旋钮轴 | | 1 | | 0.5000 | 0.5000 |
| 3 | | 双色脚架 | ABS注塑+软胶 | 2 | | 1.0000 | 2.0000 |
| 4 | | 环形发光圈 | 半透明细沙颗粒 | 1 | | 2.2000 | 2.2000 |
| 5 | | 下盖脚垫 | 硅胶脚垫 | 4 | | 0.1500 | 0.6000 |
| 6 | | 侧面旋钮 | ABS注塑+喷深灰色哑光漆 | 1 | （客供） | 0.0000 | - |
| 7 | | 侧面旋钮盖板 | 铝合金阳极，钻切 | 1 | （客供） | 0.0000 | - |
| 8 | | SR 压块 | | 1 | | 0.1000 | 0.1000 |
| 9 | | 喷油键帽 | 黑色喷油+正面镭雕+UV | 1 | | 15.0000 | 15.0000 |
| 10 | | 平行杆 | 2倍平行杆杰达兴 | 4 | | 0.03000 | 0.1200 |
| 11 | | 平行杆 | 5.75倍平行杆杰达兴 | 1 | | 0.05000 | 0.0500 |
| 12 | | 灯罩 | 透明黑ABS | 1 | | 0.20000 | 0.2000 |
| 13 | | LOGO贴 | 金属LOGO | 1 | | 1.00000 | 1.0000 |
| 14 | | 配重块 | | 2 | | 1.50000 | 3.0000 |
| 15 | | 上盖螺丝 | 螺丝PBØ3.0*7mm,材质1009退火线,ROHS 黑锌 | 25 | | 0.01000 | 0.2500 |
| 16 | | 侧片 | 喷漆 | 2 | | 1.20000 | 2.4000 |
| | | | | | 总价： | | 31.4200 |

图3–7 键盘物料清单

### （二）优化产品包装，降低包装成本

#### 1. 确定包装类型

当提到包装时，企业可能会考虑各种因素，包括包装材料的结构强度、安全性、外

观、是否易于搬运、材料成本等。企业应首先确定采用的包装类型，然后进一步缩小成本控制范围。

**2. 优化包装**

优化包装是指进一步优化包装的尺寸和材料。并非所有产品都需要多层包装，企业要根据产品类型、运输及处理条件选择包装。包装层数较少表明可以使用较小的箱子；相比大包装，箱子和小罐头等包装材料的采购、处理和运输要更容易；还要节约使用胶带、丝带、泡沫塑料包装盒、气泡包装纸等，只在必要时才使用。

**3. 使用新型包装材料**

随着科技发展，新型包装材料屡见不鲜，它们普遍具有成本低、重量轻的特点。气泡包装纸、可折叠硬纸板箱、填充空气袋、泡沫塑料片和泡沫缓冲材料等都很轻便，易于使用并且可以重复使用。新型包装材料已经成为中小企业理想的包装选择。

**4. 小批量采购包装材料**

企业在采购纸箱和其他包装材料时，要按需采购，不要一次性采购过量的包装材料。随着企业产品设计变化和制作方式的发展，包装也将随之变化。小批量采购能够使企业灵活变化包装策略，减轻成本负担。

**5. 投资研究和测试**

企业应在购买整个库存产品包装之前，先购买少量包装材料进行测试。企业在模拟情况下测试包装的有效性，并测试包装在搬运和运输所中承压的能力。虽然这可能意味着测试时要投入部分资金，但是从长远来看，这样可以避免企业反复选择新的供应商或包装材料。

**6. 选择环保材料**

回收纸、纸板和可生物降解的塑料都是环保材料，而且它们轻便、兼具成本效益。企业选择这种包装将有助于节省大量资金。需要注意的是，在包装材料方面节约成本不等于使用低质量包装。从塑料到铁皮，这些都是可供选择的多功能包装材料，而且这些材料质量高、成本低。企业可以通过研究，找到适合的包装材料，这样既可以保护产品不被损坏又能节省成本。

一般情况下，包装成本与产品总成本的比例不大。但是，不同包装规格却会严重影响后续的物流费用，特别是在国际物流中。以亚马逊 FBA 费用为例：一个固态硬盘的包装盒，长宽分别为 13 cm、10 cm，如果厚度可以控制在 19 mm 以内，FBA 费用就是 2.41 美元，但是，如果厚度做到 20 mm，FBA 费用就要 3.19 美元。也就是说，因为包装厚度多了 1 mm，企业就要多付 0.78 美元，大约 5.5 元人民币。因此，在确定包装方法和规格时，要关注包装成本，在满足物流要求的情况下，尽可能地降低包装成本（见图 3-3、表 3-5）。

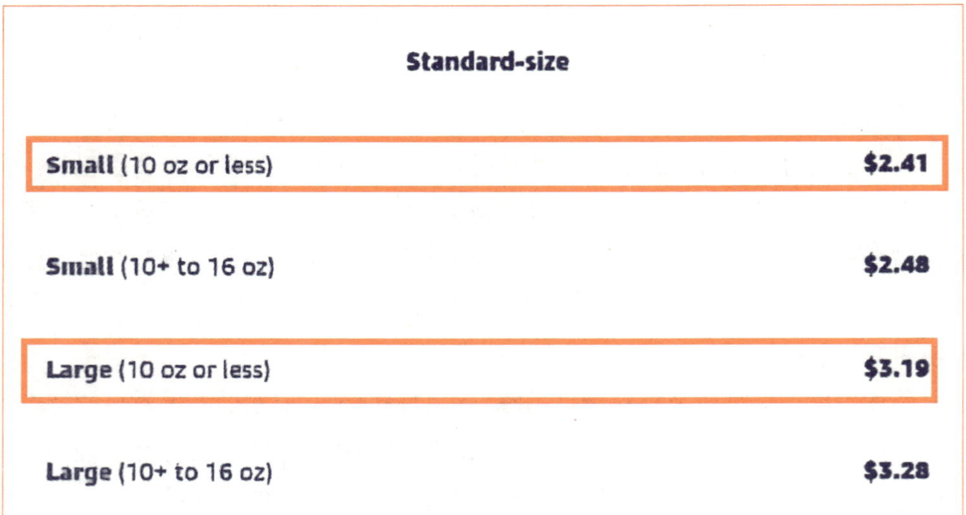


图3-8　不同包装规格的FBA费用

表 3-5　亚马逊美国站点 FBA 包装规格及费用

| 美国仓 | | | | | | |
|---|---|---|---|---|---|---|
| 标准尺寸 | | | | | | |
| 尺寸等级 | 重量 | 长（英寸） | 中 | 短 | 长+周长 | 费用 |
| 小 | ≤ 10oz　283.5g | ≤ 15　38.10cm | ≤12　30.48cm | ≤0.75　1.90cm | | 2.41 |
| 小 | 10-16　283.5-453.6 | ≤ 15　38.10cm | ≤12　30.48cm | ≤0.75　1.90cm | | 2.48 |
| 大 | ≤ 10oz　283.5g | ≤18　45.72cm | ≤14　35.56cm | ≤8　20.32cm | | 3.19 |
| 大 | 10-16　283.5-453.6 | ≤18　45.72cm | ≤14　35.56cm | ≤8　20.32cm | | 3.28 |
| 大 | 1-2磅　453-906 | ≤18　45.72cm | ≤14　35.56cm | ≤8　20.32cm | | 4.76 |
| 大 | 2-3磅　906-1359 | ≤18　45.72cm | ≤14　35.56cm | ≤8　20.32cm | | 5.26 |
| 大 | 3-21磅　1359g-9.513kg | ≤18　45.72cm | ≤14　35.56cm | ≤8　20.32cm | | 5.26 |

## （三）优化配送成本

配送成本在产品成本中占比较大。那么，如何在免运费或低运费的情况下优化配送成本呢？可以从以下 6 个角度进行优化：

**1. 设置最低订单额**

为免运费服务设置一个最低订单额，消费者为了获取该服务可能会购买更多产品，从而提高卖家的平均订单价值（Average Order Value, AOV）。同时，由于最低订单额限制，免运费的订单数量减少，也能为卖家节省部分成本。

**2. 只选择地面物流配送产品**

选择最便宜的配送方式来提供免运费服务。根据调查显示，大部分的网购消费者愿意多等几天来换取免运费服务，许多消费者都倾向于选择免运费配送方式。通过陆运，卖家能节省一半配送成本。

**3. 收取较低的固定运费**

针对所有订单收取较低的固定运费。例如：亚马逊的 Prime Pantry（杂货和家庭必需品送货）项目（该项目于 2021 年关闭），利用消费者这样的心理，极大提高了平均订单价值。这样的低额运费让消费者愿意购买小件、低价值产品；消费者愿意购买更多产品，因为额外产品都不收运费；随着订单价值提高，整单利润上升，因而能抵消部分运费成本。

**4. 在产品价格中包含运费成本**

消费者更倾向于购买免运费的产品，企业可提高低于免运费门槛的产品价格，将运费成本计入产品价格中。

**5. 有选择性地提供免运费服务**

虽然免运费比较容易吸引消费者，但是，卖家仍应有选择性地提供免运费服务。想要减少免运费对利润的影响，卖家可以仅对高价值、低运费成本的产品提供免运费服务；或所有低利润产品都不提供该服务；或沉重和体积庞大的产品，运费成本较高，不提供该服务。

**6. 借助亚马逊会员制度和 FBA 销售**

通过亚马逊会员制度，卖家能接触到超过一半的家庭用户。而使用亚马逊 FBA，能削减配送成本。尽管要支付一定费用，但是有些卖家发现，FBA 配送的效率和订单量能抵消免运费服务成本。

## 行业观察

### 四路协同，河南打造全国内陆开放高地

在全国开放发展大潮中，地处中原的河南省充分发挥特殊区位优势，按照“一带一路”建设格局，先后打造出以中欧班列（中豫号）支撑的“陆上丝绸之路”，以跨境电商“郑州模式”支撑的“网上丝绸之路”，以河南省与卢森堡政府共同投资运营的郑州—卢森堡货运航线支撑的“空中丝绸之路”，以铁海联运支撑的“海上丝绸之路”，四路协同，集聚发力，把河南省成功建设成为全国内陆开放高地。

#### 一、进出口总额保持高速增长，已成为稳定发展大局中的亮点

在四条“丝绸之路”的支撑下，河南省进出口总额保持高速增长状态。2021 年河南省进出口总额达 8 208.07 亿元，是 2012 年的 2.5 倍，年均增长 10.8%，超过同期全国平均增速 5.4%，规模稳居中部地区第一位，成为全国进出口规模最大的十个省份之一，先后 3 次获国务院督查激励。2022 年前 8 个月，河南省进出口总额 5 175.6 亿元，同比增长 8.4%，总量仍居中部地区第一位，为全省经济稳定增长做出重要贡献。据河南省商务厅介绍，全省外贸进出口总额已经成为稳定发展大局中河南经济运行的一大亮点。

#### 二、贸易规模扩大较快，东盟国家成为河南国际贸易第二大市场

河南省借助四路协同的优势，积极拓展市场布局，在开放型经济发展模式下，河南一直与“一带一路”沿线国家扩大贸易规模，2021 年货物贸易额达到 1 825 亿元，占比 22.2%，较 2014 年提高了 5.2%，年均增速达 15.2%。东盟国家成为河南省国际贸易第二大市场，占比从 2012 年的 9.0% 提高到 2021 年的 11.3%。作为地处内陆的省份，河南省高度重视外贸市场主体的培育，2021 年全省实有进出口业绩的外贸企业突破 1 万家，是 2012 年的 2 倍多。国家级外贸转型基地达到 20 家，省级基地达到 56 家。

#### 三、加快发展国际贸易新业态、新模式，综合发展水平全国领先

伴随全球进出口市场的不断变化，近些年国际贸易新业态发展较快。

2012 年 8 月 11 日，郑州被列为国家首批跨境贸易电子商务服务试点城市。

2014 年 8 月 1 日，河南首创的“1210 监管模式”获得海关总署批准，并先后在全国、全球推广，为跨境电商行业发展贡献了河南智慧。

2016 年 1 月 12 日，中国（郑州）跨境电子商务综合试验区获批建设，为跨境电商发展提供了政策优势。

2017 年 7 月 28 日，首届全球跨境电子商务大会在郑州举办，并达成“郑州共识”，

全球跨电商大会永久落户郑州，成为郑州开放发展的一张新名片。

2018 年 5 月 10 日，第二届全球跨电商大会在郑州举办，成立了跨境电子商务标准与规则创新促进联盟，为参与全球跨境电商标准制定提供了契机。

2019 年 5 月 10 日，第三届全球跨境电商大会在郑州举办，与会者继续积极探索国际贸易新标准、新规则，对“郑州模式”给予充分肯定。

2020 年 6 月 13 日，海关总署同意在郑州海关开展跨境电商 B2B 出口监管试点，为郑州跨境电商发展增添了新的活力。

2020 年 9 月 22 日，第四届全球跨境电商大会在郑州举办，正式启动跨境电商进口药品和医疗器械试点，从制度层面扩大了河南省国际贸易的领域。

2021 年 5 月 10 日，第五届全球跨境电商大会在郑州成功举办，与会者对疫情影响下跨境电商的重要性进一步提高了认识。

2022 年 3 月 16 日，郑州建设全国重要国际邮件枢纽口岸获得海关总署和国家邮政局批复，郑州成为继北京、上海、广州之后第四个建设全国重要国际邮政枢纽口岸的城市，使内陆地区呈现出新的高质量开放发展之光。

2022 年 4 月 11 日，河南省跨境电子商务零售进口药品试点业务正式启动，为药品进口打开了一扇闪亮的窗口。

多年来，河南省的跨境电商一直高歌猛进，成就卓越。2016 年以来，河南省跨境电商交易额年均增长 31.8%，综合发展水平全国领先。

借鉴国内外开放发展的经验，河南省先后培育认定 36 家省级外贸综合服务企业，为新进入外贸领域的企业提供服务，助力中小微企业开拓国际市场，成效显著。许昌市国家市场采购贸易方式试点成效显著，为许昌市扩大进出口提供了创新方法支持。全省服务贸易发展迅速，郑州市、洛阳市获批国家服务外包示范城市，开封市自贸片区获批国家文化出口基地，促进了这些城市发挥地方优势、提升国际贸易发展水平。

如今的河南省，已经在开放发展方面成为国内外关注的内陆开放高地，未来河南省的开放发展一定会充满活力，再创辉煌！

## 拓展阅读

### 欧盟电商增值税规则

2021 年 7 月 1 日欧盟实施新的电子商务增值税规则，对欧盟 27 个成员国的 B2C 电商市场的增值税规则进行全面改革，有四项重大变化：

#### 一、引入 OSS 系统

欧盟委员会表示，通过 OSS（One-Stop-Shop）系统进一步监督。该系统是增值税一站式服务平台，其核心是基于 2015 年的 MOSS VAT 进行的扩展。原有的 MOSS 仅针对电信、广播和电子服务业，如今把实物产品的远程销售纳入监督范围。

从 2021 年 7 月 1 日起，欧盟本土国家发货的 B2C 卖家不再需要注册其他欧盟国家的 VAT 增值税号，并在其所在国家完成多项 VAT 增值税申报。欧盟境外的运营商或平台，也可以通过注册增值税一站式服务平台（OSS）来简化针对申报货值低于 150 欧元的小件货物 B2C 订单增值税申报的流程。

#### 二、废除远程销售起征额

取消“远距离销售阈值”规定，改设欧盟通用的 1 万欧元通用阈值，以简化微型企业增值税义务。

当在欧盟任意一个国家远程的年销售额超过 1 万欧元时，就需要按照欧盟各目的国增值税税率执行。年销售额超过 1 万欧元时要按照该国家 VAT 税率使用 OSS 系统做统一申报。

#### 三、取消 22 欧元进口免税政策

从 2021 年 7 月 1 日起，取消当前 22 欧元的小额货物免税制度，同时创建一个“进口计划”，对价值不超过 150 欧元的货物，要求欧盟和非欧盟卖家在销售地收取增值税。

卖家可以使用 OSS 系统申报并缴纳该增值税，让其快速便捷地通关。这些产品在进口时免征增值税，从而可以在海关快速放行。

如果不使用 OSS 系统，还可以用另一种方式，由海关申报人（邮政经营者、快递公司、海关代理）从消费者那里收取进口增值税，这些增值税按月支付给海关。

#### 四、明确电商平台代收 VAT 增值税的责任

为进一步明确电商平台的增值税纳税义务，新规则规定电商平台可视作行纪人，其发生的特定销售行为视同从卖家手中购入货物并后续转卖至消费者，电商平台需要承担增值税纳税义务，在最终销售国申报和缴纳增值税。

建议开展欧盟业务的跨境电商企业，加强与卖家的沟通，厘清与卖家之间的合规义务分配，及时获取必要的交易数据，以准确计算需要缴纳的增值税税款。同时，提高信息管理水平，既要做到准确验证卖家所提供信息的完整性、真实性，也要适应政策变化带来的文档收集和保存、发票开具等方面的新要求。跨境电商企业可以根据自身实际情况，考虑是否使用 OSS 系统，以降低合规负担。

# 任务工单

<table>
<tr><td>任务名称</td><td colspan="5">分析西门子的供应商分类管理模式</td></tr>
<tr><td>任务目的</td><td colspan="5">西门子的供应商分类管理模式，主要采用四象限法，时至今日也是很多企业的采购营销人员学习的对象。跨境电商企业同样可能面临多种类型的供应商，通过学习，提升对供应商管理模式的理解与掌握。</td></tr>
<tr><td>任务内容</td><td colspan="5">分析西门子是如何给供应商进行分类的；<br>分析西门子供应商评估矩阵的内涵和原因；<br>分析西门子的采购营销团队的作用；<br>分析西门子在进行供应商关系管理时的基本原则及意义；<br>以上内容以 PPT 演讲形式呈现。</td></tr>
<tr><td>任务提示</td><td colspan="5">从评价指标、供应商关系管理、企业运营等进行挖掘与分析。</td></tr>
<tr><td rowspan="2">第（ ）组</td><td>姓名</td><td></td><td></td><td></td><td></td></tr>
<tr><td>学号</td><td></td><td></td><td></td><td></td></tr>
<tr><td rowspan="12">任务</td><td colspan="5">分析西门子是如何给供应商进行分类的</td></tr>
<tr><td>供应商类别</td><td colspan="4"></td></tr>
<tr><td>分类依据</td><td colspan="4"></td></tr>
<tr><td colspan="5">分析西门子供应商评估矩阵的内涵和原因</td></tr>
<tr><td>矩阵内涵</td><td colspan="4"></td></tr>
<tr><td>内在原因</td><td colspan="4"></td></tr>
<tr><td colspan="5">分析西门子的采购营销团队的作用</td></tr>
<tr><td>团队工作内容</td><td colspan="4"></td></tr>
<tr><td>团队作用</td><td colspan="4"></td></tr>
<tr><td colspan="5">分析西门子在进行供应商关系管理时的基本原则及意义</td></tr>
<tr><td>基本原则</td><td colspan="4"></td></tr>
<tr><td>意义</td><td colspan="4"></td></tr>
</table>

# 项目考核

## 一、单选题

1. 对于流通型跨境电商企业来说，产品成本一般包括产品采购成本和（　　）。

A. 销售费用　　B 物流费用　　C. 手续费　　D. 佣金

2. 推广费用一般包括广告费、促销费和（　　）。

A. 折扣费　　B. 佣金　　C. 测评费　　D.VAT

3. FBA 头程运费是指（　　）。

A. 产品从国内运至国外 FBA 仓库的费用

B. 产品从国内运至国内港口的费用

C. 产品从国外 FBA 仓库运至消费者手中的费用

D. 产品从目的港运至国外 FBA 仓库的费用

4.（　　）是指发生时能直接确认应由某种材料负担的费用，该种费用发生后直接计入材料的采购成本。

A. 产品利润　　B. 销售费用

C. 推广费用　　D. 直接采购费用

5. 工厂管理人员的工资和福利费用、办公费、管理工作中所消耗的水电费、设备和房屋的折旧费用等费用属于（　　）。

A. 销售成本　　B. 采购成本　　C. 直接成本　　D. 间接成本

## 二、多选题

1. 亚马逊 FBA 产品成本核算的对象包括（　　）。

A. 产品采购成本　　B.FBA 费用　　C. 平台佣金

D. 头程运费　　E. 产品物流开发

2. 按售价比例收取的平台费用包括（　　）。

A. 平台费　　B. 推广费　　C. 退货费　　D. 手续费

3. 降低成本的方法一般包含（　　）。

A. 优化产品包装　　B. 灵活选择物流方式

C. 自建平台　　D. 注册自主品牌

4. 优化包装的技巧包括（　　）。

A. 在大小和数量上节省包装材料　　B. 使用轻型包装材料

C. 适用简易包装　　D. 使用环保包装材料

5. 对于跨境电商企业来说，成本分析的主要作用包括（　　）。

A. 帮助企业明确成本控制目标　　B. 帮助企业做好会计账目

C. 帮助企业及时调整成本　　D. 帮助企业提高利润

## 三、判断题

1. 消费者都喜欢包邮的产品，所以企业应该对所有的产品都提供包邮服务。（　　）

2. 我国跨境电商企业在美国平台上销售产品，都应该支付 VAT。（　　）

3. 高档次的包装能够刺激更多的消费者购买产品，同时还能提高利润，因此在产品开发时应尽量选择高档次的包装。（　　）

4. 亚马逊 FBA 销售费用一般包括：FBA 费用、配送费、库存费、入站服务费等。（　　）

5. 根据亚马逊 FBA 费用标准，在允许的范围内，产品包装其实是重量越轻越好。（　　）

6. 从成本分析的角度来看，头程运输应尽量采用海运的方式以节约成本。（　　）

7. 在计算头程运费时，一律以产品的体积重量来计算。（　　）

8. 收款费用也是跨境电商产品成本中的重要指标之一，企业应尽量选择方便且费率低的收款方式。（　　）

9. 亚马逊对 Active listing 收取佣金，并根据产品类别的不同而有所差异。费用在产品价格的 6%～45%，通常平均为 15%。（　　）

10. 跨境电商企业在运营时一定要遵守平台所在国家的相关法律规定。（　　）

## 四、实训题

在 1688 跨境专供网站上寻找一家生产型供应商或贸易型供应商，根据技能提升任务里的鉴定指标，查询该供应商的情况，对其进行打分评估。

## 考核评价

评价说明：本项目完成后，由任课教师主导，采用学习过程评价与学习结果评价相结合的方式，综合运用自我评价、小组评价及教师评价，由教师确定3种评价方式在总成绩中的占比，加权计算学生在本项目的考核评价分。

| 考核评价表 | | | |
|---|---|---|---|
| 班级 | | 学生姓名 | |
| 评价方式 | 评价内容 | 分值 | 成绩 |
| 自我评价 | 知识和技能的掌握程度 | 20 | |
| | 任务准备完成情况 | 10 | |
| | 资料阅读完成情况 | 10 | |
| | 课堂讨论完成情况 | 20 | |
| | 拓展阅读完成情况 | 20 | |
| | 项目考核完成情况 | 20 | |
| | 合计 | 100 | |
| 小组评价 | 本小组本项目完成质量 | 30 | |
| | 个人本项目完成质量 | 30 | |
| | 个人参与小组活动的态度 | 20 | |
| | 个人的合作精神和沟通能力 | 20 | |
| | 合计 | 100 | |
| 教师评价 | 个人所在小组的项目完成质量 | 30 | |
| | 个人本项目完成质量 | 30 | |
| | 个人在所在小组的参与度 | 20 | |
| | 个人对本项目的贡献度 | 20 | |
| | 合计 | 100 | |
| 总评 = 自我评价 ×（ ）% + 小组评价 ×（ ）% + 教师评价 ×（ ）% = | | | |

项目四

# 定价与销售策略制定

## 思维导图

- 项目四 定价与销售策略制定
  - 任务一 产品定价
    - 产品定价概述
    - 产品定价的影响因素
    - 产品定价的基本方法
  - 任务二 定价策略模型
    - 基于使用量的定价模型
    - 统一费率定价模型
    - 分层定价模型
    - 基于功能的定价模型
    - 基于使用人数的定价模型
    - 免费试用定价模型
  - 任务三 销售策略制定
    - 产品策略
    - 定价策略
    - 渠道策略
    - 促销策略
  - 任务四 技能提升
    - 企业运营技巧
    - 企业定价技巧
    - 企业销售技巧
  - 行业观察
    - 跨境电商产业带
  - 拓展阅读
    - 亚马逊产品定价套路，助力旺季冲刺！
  - 任务工单
    - 分析主流跨境电商平台同类产品的定价、销量及销售策略

# 任务一 产品定价

| 项目名称 | 项目四 定价与销售策略制定 | 任务名称 | 任务一 产品定价 |
|---|---|---|---|
| 学习目标 | 知识目标 | 了解跨境电商产品定价的含义；<br>熟悉影响跨境电商产品定价的因素；<br>掌握跨境电商产品的定价方法。 | |
| | 能力目标 | 具备分析影响跨境电商产品定价因素的能力；<br>具备灵活运用跨境电商产品定价方法的能力。 | |
| | 价值目标 | 从产品定价概念入手，养成经营店铺，坚持诚信为本、不看重眼前利益、不唯利是图的职业道德品质。 | |
| 任务描述 | 产品定价对于跨境电商卖家十分重要，它关乎店铺运营的成功与否。如何分析影响跨境电商产品定价的因素、如何灵活运用定价方法对跨境电商产品进行定价，是同学们学习的重点和难点。现实生活中，有些人对海外市场容易产生误解，认为海外市场上的产品价格都很高，因此稳赚不亏，从不考虑性价比等问题。但是，大多数消费者都是理智的，如何定价才能在一个市场获得长久的发展，把一个品牌做大做强并且在不脱离实际的基础上获得更多的利润呢？ | | |
| 任务准备 | 在主流跨境电商平台上，选择几个店铺，对同类产品的定价、销量进行对比，总结影响产品定价的因素，确定定价方法。 | | |
| 实施提醒 | 跨境电商卖家应该都清楚产品定价的重要性，往往因为店铺产品的定价促成成交，从而影响跨境电商店铺的整体销量。但是，一些刚加入跨境电商平台的新手，就因为没有意识到产品定价的重要性，从而导致店铺销量不理想。定价过高，无法吸引消费者购买；定价过低，则无法赚取利润。因此，学习一些跨境电商产品定价的知识是很有必要的。 | | |

## 知识精讲

### 一、产品定价概述

产品的定价是市场营销学中最重要的组成部分之一，是指产品和服务的价格制定和变更的策略，更好提升营销效果和收益。

从经济学上看，价格是商品价值的货币表现，也就是说，以货币来表示商品或劳务的价值就称之为商品或劳务的价格。在商品经济条件下，任何商品或劳务都必须具有价格，只有这样才能使供需双方达成交易。

价格是反映市场变化最敏感的因素之一，也是营销组合中十分敏感又难以控制的因素。因为价格制定是否得当，会直接影响市场需求、消费行为、产品在市场上的竞争地位和市场占有率，最终影响企业的产品销售和利润的获取。因此，制定合理的价格对企业来说就显得特别重要。

## 二、产品定价的影响因素

在市场营销学中，影响产品定价的因素有内部因素和外部因素。

### （一）内部因素

**1. 产品成本**

对于企业的定价，成本是一个关键因素。企业产品定价以成本为最低界限，产品价格只有高于成本，企业才能补偿生产上的耗费，从而获得一定的利润。

（1）进货成本是指供应商的采购成本，一般包括工厂进价、国内快递成本。

（2）跨境电商平台成本是指基于维持跨境电商平台运营，向跨境电商平台支付的相关费用，一般包括推广成本、平台年费和活动扣点。

（3）跨境物流成本是产品实际成本的重要组成部分，会根据跨境物流模式的不同有所变化。

（4）售后维护成本是销售产品后发生退货、换货以及破损率而产生的费用。很多中小型跨境电商卖家通过中国境内发货，线长、点多、周期长，经常出现产品破损、丢件甚至消费者退货退款的纠纷事件，成本投入比较高，因而在计算成本的时候应该把此项成本明确地计算进去。

（5）其他成本包括包装成本、人工成本等。

**2. 定价目标**

定价目标是指企业通过对特定产品价格的判定或调整所要达到的预期目的。定价目标一般可分为利润目标、销售额目标、市场占有率目标和稳定价格目标。

（1）利润目标是企业定价目标的重要组成部分，获取利润是企业生存和发展的必要条件，是企业经营的直接动力和最终目的。因此，利润目标为大多数企业所采用。最大利润目标并不必然导致高价，价格太高，会导致销售量下降，利润总额可能因此而减少。有时，高额利润是通过采用低价策略，待占领市场后再逐步提价来获得；有时，企业可以采用招徕定价策略 部分产品定低价，赔钱销售，以扩大影响，招徕消费者，带动其他产品的销售，进而谋取整体效益。

（2）销售额目标是在保证一定利润水平的前提下，谋求销售额的最大化。某种产品在一定时期、一定市场状况下的销售额由该产品的销售量和价格共同决定，因此销售额的最大化既不等于销量最大，也不等于价格最高。对于需求价格弹性较大的产品，降低价格而导致的损失可以从增加的销量中得到补偿，因此企业宜采用薄利多销策略，保证在总利润不低于企业最低利润的条件下，尽量降低价格，促进销售，扩大盈利；反之，若产品的需求价格弹性较小，降价会导致收入减少，而提价则使销售额增加，企业应该采用高价、厚利、限销的策略。

（3）市场占有率又称“市场份额”，是指企业的销售额占整个行业销售额的百分比。

市场占有率是企业经营状况和企业产品竞争力的直接反映。作为定价目标，市场占有率与利润的相关性很强。从长期来看，较高的市场占有率必然带来高利润。美国市场营销战略影响利润系统的分析指出，当市场占有率在 10% 以下时，投资收益率大约为 8%；当市场占有率在 10%～20% 时，投资收益率在 14% 以上；当市场占有率在 20%～30% 时，投资收益率大约为 22%；当市场占有率在 30%～40% 时，投资收益率大约为 24%；当市场占有率在 40% 以上时，投资收益率大约为 29%。因此，以市场占有率为定价目标具有获取长期较高利润的可能性。

（4）稳定的价格通常是大多数企业获得一定目标收益的必要条件，市场价格越稳定，经营风险越小。稳定价格目标的实质是通过本企业产品的定价来左右整个市场价格，避免不必要的价格波动。按照这种目标定价，可以使市场价格在一个较长的时期内相对稳定，减少企业因价格竞争而产生的损失。

### （二）外部因素

**1. 市场需求**

产品定价除受成本影响外，还受市场需求的影响，即受产品供给与需求的相互关系的影响。当产品的市场需求大于供给时，定价应高一些；当产品的市场需求小于供给时，定价应低一些。反过来，价格变动影响市场需求总量，从而影响销售量，影响企业目标的实现。因此，企业制定价格就必须了解价格变动对市场需求的影响程度。反映这种影响程度的一个指标就是产品的需求价格弹性。

需求价格弹性是指市场上产品需求量对于价格变动做出反应的敏感程度。通常用需求量变动的百分比与价格变动的百分比，即以需求价格弹性系数来表示。影响产品需求价格弹性大小的因素主要有：

（1）产品对人民生活的重要程度。生活必需品需求弹性小，奢侈品需求弹性大。

（2）产品的替代性。难于替代的产品需求弹性小，易于替代的产品需求弹性大。

（3）产品用途的多少。用途单一的产品需求弹性小，用途广泛的产品需求弹性大。

（4）产品的普及程度。社会已普及、饱和的产品需求弹性小，普及性低的产品需求弹性大。

（5）产品单价高低。单价低的日用产品需求弹性小，单价高的高档产品需求弹性大。

**2. 竞争对手的策略和价格**

企业制定价格时还必须考虑竞争对手的成本、价格和市场供给物。消费者基于对手相似产品的定价对产品价值做出判断。另外，企业的定价策略可能影响其面对的竞争。某产品如果采用高定价、高利润策略可能引来竞争，而低定价、低利润策略可以阻止竞争对手或将竞争对手逐出市场。

在估计竞争对手的定价策略时，企业需要思考几个问题：

（1）与竞争对手的产品相比，本企业产品的消费者价值如何？

（2）当前竞争对手实力及定价策略如何？

（3）竞争环境如何影响消费者价格敏感度？

相对于竞争对手定价，企业制定价格的决策要遵循什么原则呢？答案知易行难，无论制定什么价格都务必提供给消费者高于价格的价值。

**3. 政府或行业组织干预**

政府为了维护经济秩序，或为了其他目的，可能通过立法或其他方法对企业的定价策略进行干预。政府的干预包括规定毛利率，规定最高、最低价格，限制价格的浮动幅度或规定价格变动的审批手续，实行价格补贴等。例如：美国某些州政府通过租金控制法将房租控制在较低的水平，将牛奶价格控制在较高的水平；法国政府将宝石的价格控制在低水平，将面包价格控制在高水平；我国某些地方为防止暴利对商业毛利率进行限制。此外，一些贸易协会或行业垄断组织也会对企业的定价策略进行干预。

## 三、产品定价的基本方法

定价方法是企业为实现其定价目标所采取的具体方法。可以归纳为成本导向定价法、需求导向定价法和竞争导向定价法 3 种。

### （一）成本导向定价法

成本导向定价法是以营销产品的成本为主要依据制定价格的方法，这是相对简单且应用得相当广泛的一种定价方法。成本导向定价法又可分为以下两种：

**1. 成本加成定价法**

成本加成定价法是指在产品单位成本的基础上加上一定比例的毛利定出销售价。其计算公式为：

$$P=c\times(1+r)$$

$P$—— 商品的单价。

$c$—— 商品的单位总成本。

$r$—— 商品的加成率。

➡【资料阅读】成本加成定价法示例

你拥有一家跨境电商服装店铺。如何计算衬衫的售卖价格呢？采购一件衬衫并打印样式，需要花 11.5 美元；这件衬衫的平均运费是 3 美元，所以衬衫的成本是 14.5 美元；而你想在每件售卖的衬衫上赚取 10.5 美元的利润，所以衬衫的定价就应该是 25 美元。

如果你的店铺新上了一款 T 恤，这款 T 恤需要额外的打印费 15 美元，加上 3 美元的平均运费，T 恤的定价应该为 28.5 美元，也就是 18 美元的产品成本再加上 10.5 美元的利润。

当然，你也可以使用百分比的计算方法来计算定价，即在产品成本上加上期望达到的利润率来计算定价。

跨境电商卖家使用成本定价法的劣势也十分明显。当卖家对所有消费者、所有市场都统一定价时，第一，无法保证销量，如果定价与市场价格水平相差太大，跨境电商的销售模式导致无法让消费者看到实物，定价低很可能让消费者无法相信产品质量，价格优势会直接变成竞争劣势；第二，若竞争对手降价，自己仍保持原价，会影响产品销量，卖家若不对市场反应做出及时调整，势必影响销量。

**2. 预期利润定价法**

预期利润就是长期的平均利润值，价格中所包含的利润水平一般由产品、行业、市场需求以及企业的跨境电商卖家策略来决定，因此，它并没有一定的标准，往往由跨境电商卖家自行决定。在实践中，跨境电商卖家根据以往的经验，按出口成本或成交价格的某一固定百分比作为预期利润。

### ➡【资料阅读】预期利润定价法示例

每一件包装好的儿童风衣重量是 1 200 g，采购成本是 39 元，国内邮费是 10 元，发货目的地是美国，预计利润为产品价格的 10%，国际资费标准为：首重 50 g：9 元 / 件（首重 50 g，不足 50 g 以 50 g 计算）；续重：1～200 g：0.08 元 /g；201～2 000 g：0.075 元 /g。汇率为 1 美元＝6.7 元人民币，请问产品的价格是多少？（保留两位小数）

**分析：**

产品价格 = 成本 + 预期利润

= 采购成本 + 国内邮费 + 国际运费 + 预期利润

设产品价格为 Y，则

Y=39 + 10 + (　　) + Y×0.1

在上述公式中，国际运费是未知量，需要计算出来。

国际运费为：

（1）首重价格：9 元

（2）1～200 g：200×0.08 = 16（元）

（3）（1 200−50−200）×0.075 = 71.25（元）

所以，一件儿童风衣的国际运费 = 9 + 16 + 71.25 = 96.25（元）。

将国际运费价格代入公式：

Y = 39 + 10 + 96.25 + Y×0.1

0.9Y = 145.25

Y≈161.39

1 美元 = 6.7 元人民币

Y ≈ 24.09 美元

即一件儿童风衣的价格为 24.09 美元。

### （二）需求导向定价法

需求导向定价法是指根据市场需求状况和消费者对产品的感觉差异来确定价格的方法。同一种产品因其样式、花色不同，产品的市场需求也不同，因此可以制定不同的价格。跨境电商卖家还经常根据产品的星级评分来制定产品价格，当一款产品销售一段时间后，若星级评分低，消费者反馈不佳，则应考虑适当降价。

需求导向定价法包括以下 3 种：

**1. 认知导向定价法**

认知导向定价法是根据消费者对企业的产品价值的主观评判来制定价格的方法。例如：阳光灿烂时，行人没有买雨伞的需要，如果他们买了雨伞，那也是未雨绸缪。因此，天气好的情况下，雨伞的感知价值相对较低。尽管如此，卖家仍可以依靠促销价来达到薄利多销的目的。下雨天时，雨伞的价格可能会上升很多。一位着急赶去面试的行人可能愿意为一把雨伞支付更多钱，因为他们不愿意浑身湿透了再去面试。因此，卖家可以从每把销售的雨伞中获得更多利润。

**2. 逆向定价法**

逆向定价法是指依据消费者能够接受的最终销售价格，考虑中间商的成本及正常利润后，逆向推算中间商的批发价和生产企业的出产价格。

**3. 习惯定价法**

习惯定价法是指按照市场长期以来形成的习惯价格来制定价格的方法。

跨境电商卖家在投放新产品时，需要根据当地消费者的消费能力和市场价格灵活调整定价，其优势在于可以在部分市场获得更大的利润，同时又保证定价的灵活性和产品的竞争性；劣势在于对于跨境电商卖家来说，获得每个国家市场的具体情况并不容易，需要借助一些数据工具或花费成本和时间进行实地考察。其实跨境电商卖家并不需要知道所有国家的数据，因为部分国家的电商模式已经十分成熟，信息比较公开透明，而一些新引入电商模式的国家和地区（东南亚、非洲、中东等），可以直接使用 TOSPINO 跨境电商平台免费提供的市场调研数据，以降低前期运营成本。

### （三）竞争导向定价法

竞争导向定价法是企业通过研究竞争对手的生产条件、服务状况、价格水平等因素，依据自身的竞争实力，参考成本和供求状况来确定产品定价，是以市场上竞争对手的类似产品定价作为该企业产品定价参照的一种定价方法。例如：某产品在亚马逊平台上的定价为 299.99 美元，企业希望订单能蜂拥而来，但是发现订单并不如预期。随后，该企业发现竞争对手正在以 289.99 美元的价格出售相同的产品，因此企业将定价降至 279.99 美元。不久之后，竞争双方都会因为不断降价，把利润空间压缩得几乎可以忽略不计。由此可知，企业需谨慎使用竞争导向定价法。企业的目的是最大限度地提高盈利能力。

如果跨境卖家要了解同行的销售价格，可以在跨境电商平台输入产品关键词进行搜索，设置搜索条件，依照销售量高低进行排序，获取销量前 10 的产品价格，对这 10 个价格做加权平均计算，再根据平均售价制定上架价格；也可以依照产品的相关性进行排序：在亚马逊平台搜索产品关键词，依照相关性进行排序，搜索竞争对手的定价，如果销量前10的产品价格差别很大，有效的参考价值有限，就需要对这10个价格做加权平均，得到平均售价以作参考。卖家也可以直接进入亚马逊热销排行榜，依据热销排行榜中的产品价格来定价。

竞争导向定价法主要包括随行就市定价法、产品差别定价法和密封投标定价法。

**1. 随行就市定价法**

在垄断竞争和完全竞争的市场条件下，任何一家企业都无法凭借自己的实力在市场上取得绝对的优势，为了避免竞争特别是价格竞争带来的损失，大多数企业都采用随行就市定价法，即该企业某产品价格保持市场平均价格水平，利用这样的价格来获得平均报酬。此外，采用随行就市定价法，企业就不必全面了解消费者对不同价差的反应，也不会引起价格波动。

**2. 产品差别定价法**

产品差别定价法是指企业通过不同营销策略，使同种、同质的产品在消费者心目中树立起不同的产品形象，进而根据自身特点，选取低于或高于竞争对手的价格作为该企业产品定价。因此，产品差别定价法是一种进攻型的定价方法。

**3. 密封投标定价法**

许多大宗商品、原材料、成套设备和建筑工程项目的买卖、承包以及出售小型企业等，往往采用发包人招标、承包人投标的方式来选择承包人，最终确定承包价格。一般来说，招标方只有一个，处于相对垄断地位，而投标方有多个，处于相互竞争地位。

标的物的价格由参与投标的各个企业在相互独立的条件下确定。所有投标方中，报价最低的投标方通常中标，它的报价就是承包价格。这样一种竞争性的定价方法就称为“密封投标定价法”。

# 任务二　定价策略模型

<table>
<tr><td>项目名称</td><td colspan="2">项目四　定价与销售策略制定</td><td>任务名称</td><td>任务二　定价策略模型</td></tr>
<tr><td rowspan="3">学习目标</td><td>知识目标</td><td colspan="3">了解产品定价的重要性；<br>掌握不同类型的定价模型；<br>熟悉不同定价模型的优缺点。</td></tr>
<tr><td>能力目标</td><td colspan="3">能根据产品特点灵活运用不同定价模型；<br>会分析不同定价模型的优缺点。</td></tr>
<tr><td>价值目标</td><td colspan="3">具备工匠精神、精益求精的职业道德品质；<br>树立正确的价值观、消费观。</td></tr>
<tr><td>任务描述</td><td colspan="4">了解六大主流定价模式的特点，结合企业的产品服务价值、目标消费者群体、功能特性等因素，制定适合企业的定价模式，并尝试验证与优化调整。</td></tr>
<tr><td>任务准备</td><td colspan="4">通过网络搜索，查找不同跨境电商企业的定价模型，总结定价模型的优缺点。</td></tr>
<tr><td>实施提醒</td><td colspan="4">在国家“一带一路”倡议的扶持下，国内越来越多企业开始转型做跨境电商。企业在跨境电商平台上销售产品，想要获得销量，除了产品本身的品质和服务之外，合理的价格对于消费者也至关重要，而很多由传统外贸企业或代工厂转型做跨境电商的企业对这个市场知之甚少，定价也非常困难，因此掌握常见的定价模型显得尤为重要。</td></tr>
</table>

## 知识精讲

### 一、基于使用量的定价模型

基于使用量的定价模型是根据消费者对产品的使用情况向消费者收费。使用得多，支付费用就多。

#### （一）优点

（1）消费者认为这个定价模型是相对公平的、是低风险的，使用得多，支付得多。

（2）定价方式可以根据业务量波动来调整，较灵活。

#### （二）缺点

（1）由于根据消费者的使用情况收费，因此没有真正凸显产品的核心价值，没有获得消费者认可，不利于企业品牌价值传播。

（2）无法实现因消费者群体的打开而产生溢价空间，因为存在消费者群体较大，但是使用产品频次不多的情况。

（3）因利润取决于消费者的使用情况，导致预测利润困难，不利于企业运营。

## 二、统一费率定价模型

统一费率定价模型是指产品以统一的标准价格，给消费者提供一样的功能或服务，消费者没有不同价格或功能可以选择，基本上属于“一刀切”的定价策略，无论消费者有多少使用量，企业都向消费者收取相同的费用。

### （一）优点

（1）价格简单统一。

（2）收入预测较容易、准确。

（3）销售沟通相对轻松，营销重点集中在一个明确的报价上。

（4）对于新型产品，可能会因为简单的定价结构而缩短消费者的决策时间，更快促成成交。

### （二）缺点

（1）统一的标准服务，不能适用所有消费者，无法满足需要定制化产品及服务的消费者。

（2）统一费率定价，没有给消费者任何选择，消费者容易产生要么接受、要么放弃的心理感受。

（3）没有让消费者升级产品或服务的套餐，不利于二次销售，有损利润。

（4）吸引的目标消费者属于同一细分市场。如果将来想扩大规模，已有的消费者群体很难成为新市场的目标群体，这就导致需要重新开发新市场。

## 三、分层定价模型

分层定价模型是以不同的价格提供产品的不同版本。版本层级可以基于不同功能、不同时间、不同消费者数量来制定，通常设计 2～4 个版本，消费者可以从中选择。企业运用此定价模型时，要精心设计营销策略，避免消费者对太多版本感到困惑，决策困难。

### （一）优点

（1）可以吸引更大的消费者群体，从初级到高级，为企业增加市场份额及收入。

（2）给消费者选择的权利，选择适合他们的产品和服务。

（3）有利于追加销售，提高利润，而且不需要额外增加营销费用。

### （二）缺点

（1）对于定价能力要求更高。企业需要根据消费者的需求，精心设计分层策略，既能满足不同级别消费者需求，又能避免消费者混淆，还能帮助消费者降低决策难度。

（2）对于销售人员的业务能力要求更高。企业需要帮助消费者选择适合的方案，减少决策时间。

## 四、基于功能的定价模型

基于功能的定价模型是指产品定价基于消费者使用的功能。使用功能越多，消费者支付的费用就越多。这种定价模式是分层定价模型的一个分支，专门针对不同功能进行分层。消费者遇到挑战时需要不同的功能来解决他们的问题，从而促使企业进行服务升级。

### （一）优点

为消费者节省支出，有些功能在他们当前的阶段可能暂不需要，他们只需为当前需要的功能付费即可。

### （二）缺点

很难客观判断哪些功能是需要或不需要的。

## 五、基于使用人数的定价模型

基于使用人数的定价模型是指如果某企业有 5 个员工都需要使用该产品，那么企业需要为每人都开通一个账户。每个账户都需要付费，因此更容易预测收入。

### （一）优点

（1）消费者对这种模式比较理解，也容易算出需要支出的费用。

（2）所有消费者都可以获得该产品的完全访问权限，可以使用所有功能。

### （二）缺点

（1）按照使用人数定价，不能很好地反映产品的核心价值，不利于企业品牌价值传播。

（2）容易激发消费者对成本的过度敏感，导致缩减应该使用该产品的消费者数量。

（3）可能出现一个账户多人使用的情况，减少企业应得的利润。

## 六、免费试用定价模型

免费试用定价模型可以帮助企业吸引大量消费者免费注册使用有限功能的产品。待消费者成功注册后，企业可开展营销活动吸引消费者升级到付费版本以使用更多功能。

### （一）优点

（1）相较其他类型，免费试用模型，获客成本较低。

（2）获得大量潜在消费者，进行销售转化的难度比直接转化要低。

（3）免费吸引大量消费者，有助于新功能研发的测试。

（4）大量消费者群体有助于品牌推广。

### （二）缺点

（1）从营销行业数据来看，免费转化为付费消费者的概率不高于15%，营销效果打折扣。

（2）一定程度有损品牌价值，“免费的价值”先入为主，使得消费者再付钱使用变得困难。

（3）服务免费消费者增加了企业的运营成本，这一资源成本可以用于更好服务付费消费者或研发产品。

明确目前六大主流的定价模式后，企业可以综合产品服务核心价值、目标消费者群体、功能特性等因素，制定或组合一种合适的定价模式，验证后再优化调整。

**【资料阅读】** 什么是比较购物引擎?

比较购物引擎（Comparison Shopping Engines，CSE）可以帮助跨境电商卖家吸引消费者，增加销售并与竞争对手抗衡。比较购物引擎是从卖家那里收集包括价格在内的产品信息，然后根据消费者的搜索查询，在单个结果页面上显示相关集体信息的渠道。这样一来，消费者就可以在一个页面上比较多个卖家的价格、运输选项和服务，并选择具有最佳整体价值的产品。例如：消费者正在寻找魔方，想看看有哪些选择，或找到最优惠的价格，他可以去谷歌购物（Google Shopping，最受欢迎的比较购物引擎之一）搜索。

谷歌购物是世界上知名的比较购物引擎，谷歌购物中的产品，将显示在谷歌搜索结果中。谷歌还针对购物广告中的产品价格推出Beta版基准测试工具，该工具显示3个特定指标，帮助卖家了解自身在竞争中的优势：

（1）平均产品价格是指在一定时期或一定地区内同一产品的价格的平均数。

（2）基准产品价格是指所有通过购物广告宣传该产品的企业中，该产品的平均点击加权价格。

（3）基准产品价格差异是指自身产品的平均产品价格与基准产品价格之间的百分比差异。

# 任务三 销售策略制定

| 项目名称 | 项目四 定价与销售策略制定 | | 任务名称 | 任务三 销售策略制定 |
| --- | --- | --- | --- | --- |
| 学习目标 | 知识目标 | 了解产品策略；<br>掌握定价策略；<br>熟悉渠道策略、促销策略。 | | |
| | 能力目标 | 具备分析产品销售策略的能力；<br>具备灵活运用产品策略、定价策略、渠道策略、促销策略的能力。 | | |
| | 价值目标 | 具有灵活应变、创新思维；<br>具备能够全面分析问题的能力。 | | |
| 任务描述 | 随着科技的进步、社会的发展，人们之间的竞争越来越激烈，商业文化的侵袭致使人们的生活节奏越来越紧凑。现代信息产业的飞速发展将人们带入信息化时代，在这个时代“酒香也怕巷子深”。各种各样的产品琳琅满目，令人眼花缭乱，分不清产品的优劣。各种产品也如沧海一粟，很难让人们注意到某个产品的存在，从而致使产品滞销、囤积仓库。因此，企业需要运用市场营销策略使人们注意到产品，并且接受企业所生产的产品以达到增加销售额的目的。那么，常见的跨境电商产品销售策略有哪些？ | | | |
| 任务准备 | 上网查阅知名跨境电商企业采取的产品销售策略有哪些，并分析实施效果。 | | | |
| 实施提醒 | 通过数据调查分析可以发现，跨境电商企业在采取产品策略、定价策略、渠道策略和促销策略时，要依据所使用的跨境电商平台，结合产品、店铺定位，科学地制定策略。 | | | |

## 知识精讲

### 一、产品策略

#### （一）产品概念

产品是指通过交换满足人们需要和欲望的因素和手段。它包括提供给市场、能满足消费者某一需求和欲望的有形产品和无形产品，包括5个层次的内容：

（1）核心产品是指产品的基本效用和利益。例如：冰箱的基本效用在于冷藏和保鲜。

（2）形式产品是指核心产品借以实现的形式或目标市场对某一需求的特定满足形式，具体来说，包括品质、式样、特征、商标、包装。

（3）期望产品是指消费者在购买该产品时期望得到的与产品密切相关的一整套属性和条件。例如：洗浴中心应给消费者提供毛巾、肥皂、洗发液。

（4）延伸产品是指消费者在购买形式产品和期望产品时附带获得的各种利益的总和，包括产品说明书、质保、安装、维修、送货、技术培训。

（5）潜在产品是指现有产品包括所有附加产品在内的、可能发展成为未来最终产品的潜在状态的产品，它指出了现有产品的演变趋势和发展前景。

## （二）产品组合概念及策略

### 1. 基本概念

（1）产品线：在技术和结构上密切相关，又能满足同种需要的一组产品。例如：自行车厂有男车、女车两条产品线。

（2）产品项目：每一条产品线上所列出的每一种规格的产品。例如：男车系列有24寸、26寸、28寸三种型号，它有3个产品项目。

（3）产品组合：一个企业提供给市场的全部产品线和产品项目的组合或结构，或企业的经营范围和结构。它包括4个变数：

1）产品组合的宽度：产品组合所拥有的产品线的数量。表4–1中产品组合的宽度是3。

2）产品组合的深度：一条产品线内所包含的产品项目数量。表4–1中服装产品线的深度是6、皮鞋产品线的深度是4、帽子产品线的深度是5。

3）产品组合的长度：产品组合中产品项目的总数。表4–1中产品组合的长度是15。

4）产品组合的相关性：各条产品线在最终用途、生产条件、分配渠道或其他方面相互关联的程度。

表4–1　某百货公司的产品组合

<table>
<tr><th>产品线的宽度</th><th>服装</th><th>皮鞋</th><th>帽子</th></tr>
<tr><td rowspan="6">产品线的深度</td><td>男正装</td><td>男凉鞋</td><td>制服帽</td></tr>
<tr><td>女正装</td><td>女凉鞋</td><td>登山帽</td></tr>
<tr><td>男休闲装</td><td>男皮鞋</td><td>礼帽</td></tr>
<tr><td>女休闲装</td><td>女皮鞋</td><td>女帽</td></tr>
<tr><td>雨衣</td><td></td><td>童帽</td></tr>
<tr><td>儿童服装</td><td></td><td></td></tr>
</table>

### 2. 产品组合策略

（1）扩大产品组合策略：增加产品线、扩大经营范围、增加新的产品项目。例如：某企业在生产电视机的同时生产洗衣机。

（2）缩减产品组合策略：缩减产品线或缩减产品项目。例如：某企业将PC业务卖给另一企业。

（3）产品线延伸策略：

1）向下延伸：在高档产品线中增加低档产品项目。例如：某啤酒企业原定位为高档啤酒市场，后来又增加生产经营中低档啤酒。

2）向上延伸：在原有的产品线内增加高档产品项目。例如：某羊毛衫厂在生产羊毛衫的同时生产羊绒衫等高档产品。

3）双向延伸：原定位为中档产品市场的企业向产品线的上下两个方向延伸。例如：某服装厂原定位为中档产品市场，市场打开、知名度提高后，增加高档职业装的生产线，同时增加低档服装的产品。

**3. 产品组合策略类型**

产品组合策略是制定其他各项决策的基础，确定产品组合之后，企业的投资组合、定价、分销渠道、促销以及各项资源的配置都基本确定。企业选择产品组合既不是一味追求宽度、深度、长度，也不是越专业化越好，而是立足于准确的市场调研，进而考虑市场需求、竞争态势、外部环境以及企业自身实力和营销目标，遵循有利于促进销售、提高总利润的原则，正确决策，慎重行动。常见的产品组合策略有以下 6 种类型：

（1）全线全面型组合。企业有多条生产经营产品线，每一条产品线中又有多个产品项目，产品项目的宽度和深度都较大，各条产品线之间的关联度可松可紧。这种组合策略的特点是向尽可能多的消费者提供他们所需要的多种产品，满足他们的需求，占领较为广阔的市场。只有规模巨大、实力雄厚、资源丰富的企业才能做到这一点。例如：某公司有洗涤剂、牙膏、洗发水、香皂、除臭剂、润肤液、婴儿尿布等多条产品线，并且都是日常生活用品，各条产品线之间的关联度较强；某集团不仅生产电视机，还生产手机。

（2）市场专业型组合。企业以某一特定市场为目标市场，为该市场的消费者群体提供多条产品线和多个产品项目，以满足他们多方面的需求。这种组合策略的特点是宽度和深度大，而关联度较低，并且能全面了解本企业目标消费者的各类需求。这种组合策略仍是规模较大的企业才适合。例如：某企业主要为男士生产西服、领带、皮具、领带夹、香水等产品。

（3）产品系列专业型组合。企业生产相互之间关联度较强的少数几条产品线中的几个产品项目，以满足不同消费者对这几类产品的差异需求。这种组合策略的特点是宽度和深度小而关联度高，产品的技术要求相似度高，生产专业化程度高，有利于延伸技术优势，提高生产效率。例如：某企业一直致力于制冷产品的生产，拥有空调、冰箱等少数几条产品线，每一条产品线的产品项目也较为有限，而生产量较大。

（4）产品系列集中型组合。企业集中各种资源，生产单一产品线中的几个产品项目，以便更有效地满足某一部分消费者对这一类产品的需求。这种组合策略的特点是宽度最小、深度略大而关联度高，且产品和目标市场都比较集中，有利于企业较好地占领市场。这是中小企业经常采用的组合策略。例如：某集团在创业初期只生产微波炉这一类产品，其花色、品种也较为有限。

（5）特殊产品专业型组合。企业凭借自己所拥有的特殊技术和生产条件，生产能满足某些特殊需求的产品。这种组合策略的特点是宽度、深度、长度都小，目标消费者具有特殊需求，生产的针对性、目标性都很强。很多情况下是根据消费者特殊的个性化需求定制产品。例如：某企业专门生产残疾人使用的假肢、轮椅、康复器械。

（6）单一产品组合。企业只生产一种或为数不多的几个产品，以适应和满足单一的市场需求。这种组合策略的特点是产品线简化，生产流程简单，能大批量生产，有利于提高劳动效率，降低成本；技术上也易于精益求精，有利于提高产品质量和档次。但是，由于生产经营的产品单一，企业对产品的依赖性太强，因而对市场需求的适应性差，风险较大。

## 二、定价策略

跨境电商企业经常思考的问题就是定价，换言之，很多跨境电商企业做跨境电商的前提是确定产品的定价。定价并不是一件容易的事，对于跨境电商企业来说，错误的定价方式可能会让利润和销量同时流失。下面介绍 3 种跨境电商定价策略，帮助跨境电商企业实现出单、赚钱两不误。

### （一）撇脂定价策略

撇脂定价策略是指企业在新产品刚投入市场时，把产品的价格定得很高，使其在短期内赚取最大利润的定价策略。“撇脂”的本意是指从牛奶中撇取奶油，在此比喻赚取利润，所以又称为“高价厚利策略”。企业之所以能以高价将新产品打入市场，主要是利用了消费者的求新心理。

**1. 优点**

（1）可以提高产品定价，树立新产品高档优质的形象。

（2）容易迎合追求优质、新潮的消费者的购买心理，并为以后降低产品价格留有余地，使企业掌握调价主动权。

**2. 缺点**

（1）价格过高易使消费者望而生畏，不利于企业开拓市场。

（2）产品价高利大，也容易诱使大批竞争对手进入。

**3. 使用前提**

（1）在市场上，有相当一部分消费者对产品的需求弹性较小。

（2）产品所使用的新技术尚未公开，属于独家生产。

（3）小批量生产和销售产品的成本和费用不高。

（4）具有较好的营销策略和较高的广告宣传能力，能引起人们的好奇和购买欲望。

例如：Shopee 是东南亚发展最快的电商平台之一，凭借东南亚庞大的消费者群体，市场潜力巨大。如果企业想在 Shopee 上获得比别人更高的利润，那么就需要选择竞争性比较小的产品。通常新品上市总会引来不小的围观，产品初期的价格会比较高，但是，抢卖新品需要企业经常关注即将面世的产品，抢在其他企业之前上架，售卖时才会获得更高的利润。

## （二）渗透定价策略

企业以微利、无利甚至亏损的低价全力推出新产品，借以在短时间内迅速打开销路，尽快占领市场，在获得对市场的一定控制权之后，根据情况变化，再逐步提高价格的定价策略。

**1. 优点**

（1）运用价格优势争取消费者，迅速占领市场，并能有效排斥竞争对手加入。

（2）随着销量的增加、市场份额的扩大、成本的降低，可以增加盈利。

**2. 缺点**

投资回收期较长，降低价格的回旋余地较小。

**3. 使用前提**

（1）企业生产能力较强，能满足市场需要。

（2）产品的价格需求弹性大。

（3）企业的生产成本和经营费用会随着生产经营经验的增加而下降。

（4）低价不会引起实际和潜在的竞争。

用低价引流，多卖而获利。每间店铺都会有引流款和利润款。引流款的产品定价低，其目的主要是为店铺引流，卖家没有利润甚至是亏本。但是，吸引来的消费者有时候不会只购买一种产品，很多时候会选择搭配购买。这样的情况就可以用到组合定价的方式定价：卖家可以设定满多少金额才发货的硬性指标，这样整体价格并不高，消费者不介意多买几件；或者采用搭配销售，那消费者购买一件产品时需要和另一件产品时一起购买；或者单个产品很便宜，但是必须组合购买。

## （三）心理定价策略

心理定价策略是指企业定价时，利用消费者心理有意识地将产品价格定高些或低些，以扩大销售。心理定价策略主要包括尾数定价、整数定价、声望定价、习惯定价、招徕定价、分档定价。

**1. 尾数定价**

尾数定价，又称“零头定价”或“缺额定价”，即给产品定一个以零头结尾的非整数价格。大多数消费者在购买产品时，尤其是购买一般的生活用品时，乐于接受尾数定价，如 0.99 元、9.98 元。消费者会认为这种价格经过了精确计算，购买不会吃亏，从而对卖家产生信任感。同时，价格虽离整数仅相差几角或几分钱，但是给人一种低一位数的感觉，符合消费者“求廉”的心理愿望，这种策略通常适用于生活用品。

**【资料阅读】** 亚马逊产品定价策略——左数效应

你有没有好奇过，为什么许多产品的定价尾数有许多 9？直接给一个整数不是很方便吗？事实上，即使售价只差 0.01 元，都可以使产品在销售上产生惊人的效果！

从图 4-1 来看，为什么笔记本电脑的硬质磨砂壳定价为 22.99 美元，而不是直接定 23.00 美元？原因就在于如果笔记本电脑的外壳定价 22.99 美元的话，可以让消费者感觉这个产品还不到 23.00 美元，因此会使消费者更有意愿购买，但是，实际上定价只差 0.01 美元。

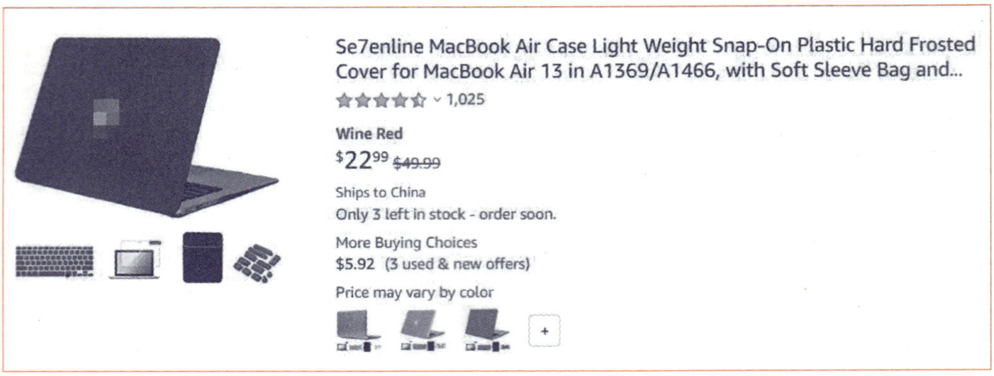


图4-1 笔记本电脑的外壳定价

研究显示，人们会倾向于购买尾数为 9 的产品，我们称这个现象为“左数效应”。大多数人偏好由左往右阅读。由于消费者总是希望价格越低越好，如果尾数为 9 的话，会让人产生价格比较低的感觉，自然更愿意购买产品。

**2. 整数定价**

整数定价与尾数定价正好相反，企业有意将产品价格定为整数，以显示产品质量的可靠性。整数定价多用于价格较高的耐用品或礼品，以及消费者不太了解的产品，对于价格较高的高档产品，消费者对质量较为重视，往往将价格高低作为衡量产品质量的标准之一，容易产生“一分价钱一分货”的感觉，从而有利于销售。

### 【资料阅读】亚马逊产品定价策略——锚定效应

今天你的朋友跟你说某个产品 1 000 元，之后你在逛街时无意间看到相同产品，但是售价却只要 300 元，你心想：怎么这么便宜？但是，其实这个产品一直以来都是卖 300 元，只是你根据之前接收的信息，在心中认定这个产品价值 1 000 元，从而让你觉得 300 元购买该产品非常划算，这就是所谓的“锚定效应”。

从图 4-2 来看，如果只看中间的笔记本电脑的外壳价格，需要 22.99 美元，有没有觉得非常贵？但是，商家很聪明地将此产品与其他较贵的产品一起排列出来，相较于高级的笔记本电脑防偷窥屏幕保护膜要价 26.99 美元，中间的笔记本电脑的外壳只要 22.99 美元，瞬间感觉这款笔记本电脑外壳性价比更高，这就是商家的定价策略。

图4-2 3种不同型号的笔记本电脑配件的价格

**3. 声望定价**

声望定价即针对消费者“便宜无好货、价高质必优”的心理，对在消费者心目中享有一定声望、具有较高信誉的产品制定高价。不少高级名牌产品和稀缺产品（豪华轿车、高档手表、名牌时装、名人字画、珠宝古董等）在消费者心目中享有极高的声望价值，购买这些产品的人，往往不在意产品价格，而关心的是产品能否显示其身份和地位，价格越高，获得心理满足的程度也就越大。

**4. 习惯定价**

有些产品在长期的市场交换过程中已经形成了为消费者所适应的价格，称为“习惯定价”。企业在对这类产品定价时要充分考虑消费者的习惯倾向，采用“习惯成自然”的定价策略。对消费者已经习惯了的价格，不宜轻易变动。降低价格会使消费者怀疑产品质量；提高价格会使消费者产生不满情绪，导致购买行为转移。在不得不提价时，应采取改换包装或品牌等措施，减少消费者抵触心理，并逐步引导形成新的习惯定价。

**5. 招徕定价**

招徕定价，是为适应消费者“求廉”的心理，将产品价格制定得低于一般市价，个别产品定价甚至低于成本，以吸引消费者、扩大销售的一种定价策略。虽然几种低价产品不赚钱，甚至亏本，但是，从总的经济效益来看，由于低价产品带动了其他产品的销售，企业还是有利可图的。

**6. 分档定价**

分档定价是指把同类产品分成几档，每档定一个价格，以简化交易手续，节省消费者选购时间。例如：鞋袜、内衣等产品，按照从小码到大码为一档，一档一个价格。

## 三、渠道策略

卖家只有找到合适的推广渠道，才能在跨境电商市场中抢占先机。目前卖家可以选择的推广方式较多，不同的方式所需要支付的价格以及所要做的工作都不一样，因此，在推广之前要充分了解。跨境电商推广渠道主要有 7 种。

### （一）站内引流

站内引流主要是卖家通过关键词搜索、促销活动、PPC 广告、分类查找等方式来吸引消费者访问店铺，这是目前主要的引流方式，由于站内推广竞争较大，卖家很难在众多店铺中脱颖而出。

**1. 站内关键词优化引流**

目前，在主流跨境电商平台中只有一种站内付费广告推广方式，付费广告可以提高产品的曝光率，这种推广方式的展示方法是根据消费者的搜索把相关产品推送到消费者的面前或出现在搜索页面的醒目位置，从而提高产品的可见性。选择推广的 listing 也会同样出现在搜索结果页面内，但是，listing 上面会显示一个推广的标识。

这种推广方式不是点击付费的，而是成功售出该物品之后平台才收费，具体费用由卖家在后台设置（一般为物品售价的 1%～20%）。例如：产品售价为 \$20，卖家设置这个 listing 广告费为 20%，那么成交后，卖家所要支出的费用就是 \$4。卖家也可以在后台查看广告的曝光、点击、销售额和广告费，实时追踪站内广告的转化率。影响广告出现在醒目的位置的两大因素：卖家的广告费、产品与买家搜索的相关度。

**2. 关键词**

大部分消费者在购买产品的过程中，是经由搜索关键词，在众多的结果中甄选产品的，因此作为卖家一定要用关键词为自己的产品导入流量。推荐几个搜索关键词工具：

（1）亚马逊搜索框。当消费者在亚马逊的搜索框输入某个关键词时，亚马逊会根据搜索量的大小和匹配程度，把与这个词相关的搜索量最高的一些词推荐给消费者。

（2）竞品的 listing 页面。“向高手学习，会学到很多不常备的东西。”那些排在跨境电商平台头部的产品，永远是跨境电商卖家学习的榜样。卖家可以通过 listing 学习头部产品的关键字。

## （二）站外推广

对于跨境电商卖家来说，除了要抓住站内带来的流量，还要兼顾站外流量，例如：社交媒体是很好的站外跨境电商推广渠道。

**1. 社交媒体营销推广**

跨境电商中所指的社交媒体主要是指在国际上使用频率较高的几个软件，如 TikTok、Facebook、Twitter、YouTube、Pinterest、Instagram，卖家通过这些社交媒体吸引粉丝并最终推荐产品。

**2. “网红带货”**

就像近两年国内非常流行“网红带货”一样，这一策略在国外也非常实用。TikTok、Instagram、YouTube 还有 Facebook 上的“流量红人”，都是非常好的引流渠道。卖家既可以把产品送给这些平台上粉丝比较多的“网红”，作为条件让他们发一篇简短、大气的推荐文或短视频；也可以以现金作为报酬的方式，将已经想好的宣传文案或短视频发给“网红”，让他们有偿帮忙宣传店铺及产品。虽然这种引流方式需要比较大的预算，但是，千万不要低估这些“网红”的“带货”能力。

## （三）搜索引擎营销

搜索引擎营销不单单是指 SEO 优化（搜索引擎优化），它是指以搜索引擎为手段，挖掘更多的消费者，并筛选出目标消费者。跨境电商卖家通常会使用的方式有：SEO 优化、PPC 广告和 SEM 竞价推广。搜索引擎营销是最常见的站外引流方法之一，无论是 SEO、PPC 还是 SEM，目的都是通过关键词引导消费者通过搜索引擎到访自己的网站或店铺。

## （四）EDM营销推广

EDM（电子邮件营销）是指通过订阅和主动推送的方式将卖家想要传达的信息提供给消费者。用电子邮件推广产品，卖家需要先知道目标消费者的邮箱地址，然后发促销广告、新品信息等给消费者，并附上链接，方便消费者点击进去。

## （五）参加贸易展览

贸易展览可以很好地曝光产品。新产品发布时，卖家可以在贸易展览中提供新品预告。

## （六）推荐营销推广

推荐营销推广是指老客户向新客户推荐产品或服务。推荐形式多种多样，从传统的口口相传到现在的朋友圈分享。相比广告宣传，人们更相信自己的亲人、朋友的推荐。

## （七）产品新闻提及

产品新闻提及是指企业经常通过举办产品发布会和促销活动而发行新闻稿，但是，不利的一面是，记者每天都会发布数百份新闻稿，这样容易被其他的新闻稿覆盖，不过该种方法还是值得一试的。

## 四、促销策略

每个卖家都会感到疑惑："为什么我的定价这么低，还是没人买？"由于卖家不了解消费者，因此会做出错误的判断。不论时代如何，不论经济状况如何，消费者购买产品的动机不会仅仅停留在"廉价"的层面。与定价相比，促销、新价值、更好的产品体验更能提升消费者购买意愿。接下来给大家介绍 3 种常见的促销策略。

### （一）赠品促销

调查研究发现，大部分消费者表示，购买产品时获得免费礼物可以提高他们对品牌的好感和忠诚度。消费者在收到免费礼物后，很可能会更频繁地购买产品。跨境电商卖家都喜欢使用赠品促销策略，赠品促销是一种非常流行的激励销售方式，用于鼓励消费者购买。赠品促销有 6 点好处：

（1）赠品促销最大限度地提高了产品销量，且无须降价或损害品牌价值，有效避免产品折扣和降价给企业带来的损失。

（2）赠品促销消除了消费者决策过程中的价格障碍。赠品促销让消费者觉得获得了更多的价值，反过来又为卖家增加了转型的可能性。

（3）精心策划和实施正确的赠品促销活动，不仅可以让消费者对卖家的业务和品牌产生浓厚的兴趣，还可以鼓励他们积极分享产品。事实上，一部分礼品收件人表示，他们会在一定程度上，在网上与他人分享自己的经历。这些积极的评论对卖家来说是无价的。

（4）赠品促销能够提升品牌的竞争优势，即礼品可能是消费者从另一个品牌转向本品牌的一个小刺激点。因此，能够提供消费者额外价值的卖家或品牌比不能提供的卖家或品牌具有更明显的竞争优势。

（5）赠品促销为卖家提供了清理库存的机会——赠送另一种产品作为礼品。

（6）赠品促销可以刺激重复购买。如果用本品牌的产品作为礼物，消费者就有机会尝试他们通常不会购买的产品，这样他们就可以更深入地了解这个品牌的产品范围和质量，以及这个品牌。

为了进一步优化赠品促销活动的性能，卖家需要考虑以下事项：

（1）选择合适的礼物。提供的礼物应反映消费者的消费量，并能激发他们的兴趣。赠品应是一种特殊的（只属于本品牌）产品或服务，以补充消费者购买的产品。如果企业对目标市场比较熟悉，那么，企业对消费者的兴趣习惯和能吸引他们兴趣的产品有很好的把握。

（2）将适当的推广和营销策略用于支持赠品促销活动。卖家应该让尽可能多的人知道折扣，突出折扣的限时性，从而刺激销售。

## （二）活动促销

（1）元旦。元旦是新年的第一天，具有特殊意义。在这个节日里，很多人会为自己买上一份礼物，为家人朋友送上一份爱心。这个节日处于一些国家的冬季打折季，温暖的大衣、棉服、帽子、手套都会成为热销品。卖家需要利用这个节日，做好促销活动。

（2）情人节。情人节的时候，消费者会为自己的爱人送上一份礼物，包括美妆、巧克力、鲜花等产品。卖家一定要利用好这个节日，做好促销，提高销售额。

（3）妇女节。妇女节的时候，女性用品的销售额将会上涨。

（4）母亲节和父亲节。鲜花、饰品、皮具等将成为热销品。

（5）万圣节是西方的传统节日。此时，女巫的服装、南瓜灯、糖果等产品成为热门产品。卖家可以将自己的产品与万圣节元素相结合，推出万圣节特别版，设置营销活动，吸引消费者。

（6）“黑五”。就像国内的“双11”一样，国外也有这种打折促销的节日。“黑五”当天，各种折扣促销信息铺天盖地，消费者很容易在“信息轰炸”中感到疲倦，丧失兴致。所以可以在“黑五”到来之前，发布一些优惠和折扣信息，这些优惠可以比“黑五”当天力度更大一些，让消费者知道此时下单是有好处的。除此之外，接下来的活动也可以有优惠或折扣。

（7）圣诞节是我们最熟悉的西方传统节日之一。每年的圣诞节，圣诞树、圣诞卡、圣诞老人等元素将丰富起来。节日期间，雪花、铃铛、靴子等相关产品势必成为热销品。

（8）感恩节。为了庆祝感恩节，一些大型跨境电商平台会发起营销活动。与“黑五”相比，各平台会组织线下购物活动，并推出一系列的促销活动。作为卖家，需要提前将平台的活动细节和产品属性结合起来。

## （三）折扣定价

折扣定价是指企业为了鼓励消费者及早付清货款、大量购买、淡季购买，酌情降低产品的价格，这种价格调整即为折扣定价策略。折扣定价策略主要包括：数量折扣、现金折扣、功能折扣、季节折扣、价格折扣。

**1. 数量折扣**

数量折扣是指按购买数量的多少，分别给予不同的折扣，购买数量越多，折扣越大。这种策略的目的是鼓励大量购买或集中购买。数量折扣包括累计数量折扣和一次性数量折扣两种形式。累计数量折扣规定消费者在一定时间内，若购买产品达到一定数量或金额，则按其总量给予一定折扣，其目的是鼓励消费者经常向本企业购买，成为可信赖的长期消费者，它尤其适用于不宜一次大量购买的易变质的产品（蔬菜、水果）。一次性数量折扣规定一次购买某种产品达到一定数量或购买多种产品达到一定金额，则给予折扣优惠，其目的是鼓励消费者大批量购买，促进产品多销、快销。

**2. 现金折扣**

现金折扣是指对在规定的时间内提前付款或用现金付款的消费者给予的一种折扣优惠，其目的是鼓励消费者尽早付款，加速企业资金周转，降低销售费用，减少财务风险。采用现金折扣策略一般要考虑3个因素：折扣比例、给予折扣的时间限制、付清全部货款的期限。在西方国家，典型的现金折扣表示为“3/20，N/60”，其含义是在成交后20天内付款，消费者可以得到3%的折扣；超过20天，在60天内付款不予折扣，超过60天付款要加付利息。

**3. 功能折扣**

中间商在产品分销过程中所处的环节不同，所承担的功能、责任和风险也不同，企业据此给予不同的折扣称为“功能折扣”。给予生产型供应商的折扣也属于功能折扣。功能折扣的比例主要考虑中间商在分销渠道中的地位、对生产型供应商产品销售的重要性、购买批量、完成的促销功能、承担的风险、服务水平、履行的商业责任、产品在分销中所经历的层次和在市场上的最终售价。功能折扣的结果是形成购销差价和批零差价。

鼓励中间商大批量订货、扩大销售、争取消费者，与生产型供应商建立长期、稳定、良好的合作关系是实行功能折扣的一个主要目的；实行功能折扣的另一个目的是对中间商销售的有关产品的成本和费用进行补偿，让中间商有一定的盈利。

**4. 季节折扣**

有些产品的生产是连续的，而消费却具有明显的季节性。为了调节供需矛盾，生产这些产品的企业便采用季节折扣的方式，对在淡季购买产品的消费者给予一定的优惠，使企业的生产和销售在一年四季能保持相对稳定。例如：啤酒生产企业对在冬季进货的客户给予大幅让利，羽绒服生产企业则为夏季购买其产品的消费者提供折扣。

季节折扣比例，应考虑成本、储存费用、基价和资金利息等因素。季节折扣有利于减轻库存，加速产品流通；迅速收回资金，促进企业均衡生产；充分发挥生产和销售潜力，降低因季节需求变化所带来的市场风险。

**5. 价格折扣**

价格折扣是指直接在产品的原有价格上打折。对于企业而言，打折能够刺激潜在目标消费者购买力，而且在跟同行的竞争中占据一定优势。企业实行价格折扣时会注明有效时间段，降低价格回升的难度。价格折扣的缺点是无法长期进行且折扣力度太小无法起到明显的效果，折扣力度太大很容易引起消费者怀疑产品是否可靠和活动的真实性。

# 任务四　技能提升

| 项目名称 | 项目四　定价与销售策略制定 | 任务名称 | 任务四　技能提升 |
|---|---|---|---|
| 学习目标 | 知识目标 | 了解企业常用的运营技巧；<br>掌握产品定价和销售技巧。 | |
| | 能力目标 | 具备灵活使用定价技巧和销售技巧的能力；<br>具备洞察市场的能力。 | |
| | 价值目标 | 具备诚实守信、脚踏实地、精益求精的优良品质；<br>具备顺应时代潮流、与时俱进的精神。 | |
| 任务描述 | 自我国提出“一带一路”倡议后，跨境电商高速发展。国家政策的支持、行业的迅猛发展，使得跨境电商成为我国经济发展中的一匹黑马，不仅业务呈爆发式增长，我国跨境电商也逐步实现了“买全球 卖全球”的愿望。那么在激烈的跨境电商运营中需要具备哪些运营技巧、定价技巧和销售技能呢？ | | |
| 任务准备 | 上网查阅一些跨境电商运营的成功案例，分析卖家所运用的运营技巧、定价技巧和销售技巧。 | | |
| 实施提醒 | 同学们对比分析跨境电商运营的成功案例中的定价和销售技巧，寻找共性；仔细研究分析不同跨境电商平台和不同品类的优劣势，以及覆盖的消费者群体，准确定位，简单地说就是要“选对池塘钓对鱼”。 | | |

## 知识精讲

### 一、企业运营技巧

#### （一）明确业务方向

做跨境电商首先要先了解跨境电商，确定好企业是做进口还是出口业务，二者性质不同，因此要明确业务方向。

#### （二）进行人群分析

做跨境电商前，首先要对准备进行销售的目的国（地区）进行历史、文化习俗、生活习惯、地理、气候等因素的调研，这样才能更好地对人群进行分析。

（1）找到准备进行销售的目的国（地区）人群有需求的产品。

（2）了解跨境电商平台，分析产品适合在哪个平台运作。

（3）了解清楚跨境电商平台的相关制度与规定，避免违规操作，提前规避风险。

## （三）根据需求选择产品及跨境电商平台

**1. 选择产品**

根据人群需求选择产品的时候，不要选择国内外法律规定禁止销售的产品。具体清单参照各平台的禁限售规则，必须遵守产品禁限售规则。

适宜在跨境电商平台销售的产品具有以下特点：

（1）要有一定的附加属性，能让消费者觉得物有所值。

（2）产品体积不宜过大，要适合国际运输。

（3）产品要独一无二，具备独特功能。产品独具特色才能不断刺激消费者的购买欲望。

（4）定价符合市场定位。

（5）其他特性，如具备较大的利润空间。

**2. 选择跨境电商平台**

了解跨境电商平台的入驻要求，准备好各种资格证明，根据规定的流程办理入驻跨境电商平台。

## （四）店铺与产品运营

**1. 店铺运营**

（1）制定运营规划。

1）卖家要分析资金、资源、团队人数、团队能力、店铺等因素，判断能不能做好店铺运营。2）分析整个市场走向和趋势。3）找出产品的竞争点，判别竞争的风险性。4）制定年度、季度、月度、周度销售计划目标。5）根据销售计划目标拆分销售渠道目标，这样以便于完成总体目标。

（2）店铺管理。像店铺装修和设置、品牌打造等内容可在平台找出行业优秀者，参考和学习行业优秀者店铺的装修、设置后开展相关工作，然后形成自己的特色。

运营店铺是一项长期性工作，需要一步一步地积累消费者，提升店铺信誉和等级。做好店铺的管理，达成优良绩效，了解跨境电商平台规则并熟练操作，出现问题时知道如何申诉。

（3）店铺装修设计。店铺首页设计符合销售目的国的风格。颜色、人物、场景、文字描述、产品图片设计风格统一，这样会让消费者觉得比较美观。

**2. 产品运营**

产品的运营包括数据分析、选品、完善 listing、上架 listing、发货、提升产品排名、提升店铺销量。库存的管理包括：产品卖得好，不断货；产品卖得不好，不积压货，分析库存，分析市场。运营推广是指对于个人卖家，可以通过各种渠道可以学习“多快好省”的运作策略。

### （五）选择物流方式

**1. 物流方式**

如何把产品送到消费者手中是至关重要的。目前跨境电商的物流方式可以选择邮政、海外仓储、国内快递、专线物流、国际快递等。跨境电商卖家可根据自身需求选择合适的物流方式。

**2. 物流痛点**

跨境电商物流的运费高，发货转运时间长，有售后问题也不能及时解决；退货周期长，要是消费者退货，不仅程序烦琐，时间也很久。

### （六）选择支付方式

每个国家消费者的支付方式是不同的，每个跨境电商平台支持的支付方式也是不一样。例如：Payoneer 是美国支付企业，WF 是英国支付企业，PingPong 是国内金融企业。对于有些产品，跨境电商卖家可以根据自己的站点自行选择支付方式。

### （七）选择服务器

跨境电商平台需要在服务器上运行，因此服务器的稳定性决定了跨境电商平台的稳定性。如果卖家所在的平台比较大，那么建议选择更为稳定的服务器。服务器的维护是很复杂的，通常选择租用专业服务器。服务器的位置选择，也是需要慎重考虑的。如果跨境电商平台面向海外消费者，建议将服务器部署在海外。

### （八）分析、总结、复盘

销售以后要及时总结规律。卖家可以通过关键词搜索，看看有哪些热卖的产品，从而发现热卖产品的共同点、闪光点，这就是热卖产品的共性。这样能够发现新的商机，及时总结也可以发现问题，优化运营方式。

## 二、企业定价技巧

### （一）依据成本定价

成本定价主要是通过计算成本盈利，这种定价方式的优势在于简单。例如：一个产品的成本价格是 5 元，卖家根据产品成本、运输成本、平台成本、仓储成本等计算利润，然后以成本加利润的价格销售。

### （二）参考竞争对手定价

找到同类型产品中较有竞争力的竞争对手跟价，避免让对方抢占市场份额，提升自己的竞争力。但是，由于双方的成本信息不对等，因此无法确定对方的成本。如果对方降价我方也跟着降价，就很有可能对方还在赚钱或至少能保证利润的情况下我方在亏钱，时间长了卖家就无法承担亏损，所以这种定价行为不宜长久。

### （三）根据地区消费力定价

市场定价方式是需要跨境电商卖家在投放新产品时，根据当地消费者的消费能力和市场价格进行价格调整。此种定价方式的优势在于可以在部分市场获得更大的利润空间，同时又保证价格的灵活性和产品的竞争性；劣势在于对于跨境电商卖家来说，获得每个国家的市场具体情况并不容易，需要借助一些数据工具或花费成本和时间进行实地考察。其实跨境电商卖家并不需要知道所有国家的数据，因为部分国家的电商模式已经十分成熟，信息比较公开透明，而一些新引入跨境电商模式的国家和地区（东南亚、非洲、中东等），可以直接使用 TOSPINO 跨境电商平台免费提供的市场调研数据，降低前期运营成本。

### （四）根据市场情况定价

跨境电商卖家不能准确了解市场价格的情况下，可以登录该市场各个现有的平台，根据产品的相关关键词，整理计算出已购买消费者中不同价位下的消费者群体比例，然后根据消费者群体分布情况来制定价格区间。

**【资料阅读】** 跨境电商卖家定价的 5 个提示

**· 提示 1：将左数减一**

营销人员应该都很熟悉以 9、99 或 95 结尾的定价策略（这种定价策略被称为“诱人价格”）。例如：3.80 元和 3.79 元之间 1 分钱的差价就像是耳边的微风，但是，3.00 元和 2.99 元之间的差价可能像一场风暴，直接影响消费者的购买决定。因为人类的大脑总是倾向于首先记录数字的“大小”（甚至在读完数字之前），大脑会逐个记录下一个数字，然后自动假设 2.99 元会比 3.00 元便宜得多。此外，想要突出左边的数字，卖家可以把小数位缩小。

**· 提示 2：价格尺寸放小**

人类的大脑通常会将视觉大小与数字代表的实际价值混淆，卖家可以利用这一点用较小的字体来显示价格，消费者会觉得你的价格比其他店铺更便宜。此外，可以将价格放在尺寸更大的元素中间，这样会使产品价格看起来相对较小，感觉更便宜。但是，举办营销活动时应该采取相反策略——将促销价格放大，周边元素缩小。

**· 提示 3：不同阶段的定价原则**

导入期产品没有评价、没有排名、没有忠实客户，处于无竞争力状态，这时为了让产品快速进入市场，卖家不妨将价格设得低一些；但不能设得太低，建议对比竞争对手的产品价格，可稍调低 1 美元左右。

成长期产品在销量、评价、排名等各项指标上有了一定改善，卖家定价时，可以尝试每次增加 0.1 美元，然后观察销量、点击率和转化率。如果产品销量稳定，卖家可以继续保持同等幅度的小额加价；当销量处于稳定状态，进一步加价时发现销量有所减少，卖家应恢复稳定状态时的价格。

成熟期产品销量已经稳定，也有一定数量的评价。产品价格影响慢慢弱化，产品品质量和店铺整体定位成了影响消费者购买的主要因素。建议卖家在产品质量过硬的情况下，将价格调得与市场持平或略高于竞争对手，进一步观察产品销量和转化率。

衰退期产品处于产品更新换代的节点上，产品销量下滑，同行竞争激烈。如果产品库存较少，卖家可稍微降价处理；库存较大的情况下，卖家可采取满减、打折、包邮等促销活动来清库存，以避免长期存储产生额外费用。

• **提示 4：将产品价格与运费分开**

不要将运费和产品价格合二为一，这个技巧特别适用于一件代发卖家。

当产品价格与运费或其他服务费分开时，消费者通常只记住产品价格，而不是总价格。将产品价格与其他的产品价格相比，卖家就可以占竞争优势了。

有卖家在 eBay 进行一场拍卖。他们提出以下两种销售选项：①光盘价格为 $0.01，运费为 3.99 美元。②光盘价格为 $4.00 + 包邮。最终，第一种选项吸引了更多的消费者，并产生了更多的销量。

• **提示 5：按阶梯金额定折扣**

假设消费者花费 200 元将获得 50 元的折扣，但是花费 200 元的条件可能有点难以达成。为了使这个折扣更有吸引力，卖家应该提供分层折扣：满 200 元减 50 元；满 150 元减 25 元；满 50 元减 10 元；满 20 元减 5 元。

## 三、企业销售技巧

在互联网时代，要想把产品卖出去，最快的方式就是开展线上销售。跨境电商的发展让许多卖家将目光瞄向海外。对于跨境电商销售而言，一切销售目的都是提升转化率，将产品卖给消费者，那么，跨境电商销售有哪些技巧呢？

### （一）专注于产品和品牌的独特卖点

高品质产品始终是吸引消费者的最大因素之一。卖家都希望吸引那些懂得欣赏产品质量的消费者。产品卖点因产品类型和目标受众而异，通常包括：（1）成分或材料；（2）产品的长期价值、耐用品的价格与较高的消费心理相匹配；（3）完美解决消费者痛点；（4）人性化的售后服务；（5）依靠消费者评价来建立卖点也是一种方式。

### （二）创造紧迫感

在奢侈品时尚行业，使用简单、无创的应急信息营销策略是非常普遍的。时尚达人们不想错过最新款的衣服或鞋子，他们会购买最新款产品。因此，一些流行产品、限量版和时尚产品可以考虑使用这种方法。利用适当的产品文案、巧妙的符号和直接的产品卖点营造产品供不应求的“假象”，但跨境电商卖家不应持续使用“饥饿营销”当噱头。

### （三）减少运费

减少运费能给消费者带来一定的“优惠感”。如果卖家无法提供免费送货，可使用低费率来提升订单总价值和消费者满意度。值得注意的是，高价产品通常提供免费送货服务。

### （四）营造宾至如归的体验

无论是卖家还是产品，消费者在受到特别关注的时候都愿意支付更多的预算。因此，卖家有必要提供实时的在线客服和完善的售后支持，鼓励消费者与卖家沟通。

### （五）迅速答复

跨境电商卖家需要与实体店竞争，怎样赢得消费者的好感？卖主首先要做的事情是迅速地回复消费者信息，它也是亚马逊判断卖家业绩的一个重要指标。就算不能立刻解决疑问，也要告诉消费者正在努力解决。为消费者提供更好的服务，可以提高卖家的信誉度。

### （六）加快处理和配送的速度

提高消费者服务质量的关键是提供高效的物流服务，尽快将包裹送达消费者手中。若卖家出售小型产品，需要自行运输，快速配送是积极反馈的最重要的手段之一。

### （七）提高发货速度

卖家一定要知晓物流公司快递的发出时间。卖家会发现，加上揽货时间，许多包裹第二天就离开了所在地。只要小小改变装运安排，卖家就可以让产品在交货日当天发送出去，从而产品会提前一天运抵消费者所在地。如果有特殊需求，物流公司也乐于帮助卖家。

### （八）规范回应内容

亚马逊和 eBay 平台上的卖家在运营时，对于消费者提出的类似的问题，会有同样的答复。所以，卖家可以建立一个问答文档，在回复消费者询问时，只需复制、粘贴，然后根据具体情况加以修改，不需要重复写同样的内容。这一举措有助于建立更加专业的品牌形象和商业形象。

**➡【资料阅读】** 跨境电商掌握这 5 种交叉（搭配）销售技巧，销量翻倍很轻松！

交叉（搭配）销售是一种向想购买或已经购买产品的消费者提供另一种补充产品的销售方法。交叉销售与其他销售的不同之处在于，跨境电商卖家会对消费者进行深入了解，在消费者购买产品时，推荐他们购买另一种可能需要的产品。也就是说，交叉销售的补充产品必须搭配消费者的原购买产品一起卖。

**1. 交叉销售折扣相同的产品**

交叉销售的理念就是给相同产品打折，但是，这个只适用于消费者会经常需要大量购买的产品，如经常会换的袜子，丢失或过期的产品、通常成套出现的产品。

**2. 交叉销售主产品的附件**

如果跨境电商卖家销售的是有很多其他配件的产品，例如：钻头就可以采用交叉销售，它可以分开卖，也可以搭配在一起卖。但是，跨境电商卖家在合卖产品及配件时要确保它们放在一起能正常工作。

#### 3. 交叉销售互补产品

这个技巧和上一个技巧的不同之处在于，补充的产品不能作为原购买产品的一部分。例如：消费者只想买眼镜，跨境电商卖家可以交叉销售一个眼镜盒给消费者；消费者买抹布，跨境电商卖家可以交叉销售清洁产品。

#### 4. 交叉销售相关性小的同类产品

跨境电商卖家提供的产品不一定和原购买产品的功能相同，也就是说，这两个产品的相关性小一些。例如：如果有消费者想购买咖啡杯，跨境电商卖家就可以交叉销售盘子或餐具；如果消费者想要闪存盘，跨境电商卖家也可以交叉销售鼠标垫。虽然看起来这两个产品没有什么关联，但是，只要补充产品的价格合适，肯定能引起消费者的兴趣。这种感觉就像在超市排队等候支付的时候，看到柜台旁边产品架上的口香糖、巧克力，消费者会有购买的冲动。

#### 5. 交叉销售形状、大小、颜色等不同的类似产品

消费者购买了某些产品后，还会再买另一种在形状、大小、颜色等方面不同于原购买产品的补充产品，如饼干模具、印有不同图案的 T 恤、笔、贴纸。

## 行业观察

### 跨境电商产业带

作为推动外贸转型升级的新增长点，跨境电商已成为国家、省重点发展和培育的外贸新业态新模式。围绕跨境电商的发展，商务部将发展“跨境电商 + 产业带”，依托我国165个跨境电商综试区，结合各地的产业禀赋和区位优势，推动更多地方特色产品更好地进入国际市场。同时，大力支持传统外贸企业，通过跨境电商拓展销售渠道，培育品牌，壮大贸易规模，特别是壮大面向企业的B2B贸易规模和服务能力。

#### 一、跨境电商特色产业带发展的三大动因

随着跨境电商与产业融合持续深入，在政府、市场、平台合力推动下，我国形成很多主导产业突出、配套产业完善的跨境电商产业带，是数字贸易时代下中国外贸发展的重要基础。

1. 政府推动：跨境电商综试区积极开展“跨境电商 + 产业带”培育工作

跨境电商综试区是我国跨境电商先行先试的试验田，实际上就是“试验”两条路子：一是创造一种新的政府监管和产业发展模式，推动政府部门运用互联网思维、大数据手段管理新兴业态，并逐步形成一套适应和引领全球跨境电商发展的管理制度和规则；二是形成一种新的产业生态，使其与制造业产业集群共生共荣，合力打造要素齐全、协调演化的跨境电商产业生态，并不同程度嵌入全球产业链价值链。此外，自2015年3月至2022年1月，国务院先后批复六批132家跨境电商综试区，已基本覆盖全国，且继续扩围是大势所趋。同时，跨境电商综试区评估和退出机制逐步完善。2021年商务部对105个跨境电商综试区进行了综合考核，通过动态调整促进优胜劣汰。

无论跨境电商综试区建设、持续扩容还是优胜劣汰，都要结合本地外贸和产业特色进行差异化竞争，通过跨境电商和本地产业的双向延伸和渗透，提升本土产业国际竞争力。很多城市都在大力推行“跨境电商 + 产业带”发展模式，在打造跨境电商产业生态方面做出了很多卓有成效的工作，培育出深圳消费电子、佛山家具、杭州服装、宁波办公文具、永康五金、厦门服装、青岛家纺、川渝汽摩产业、许昌假发等成熟的跨境电商产业带。

2. 市场意愿：品牌“出海”成为行业发展共识

在平台规则日益收紧、各国监管制度日趋完善的国际环境下，以低附加值、中低端产品出口为主的铺货模式难以为继，靠低价取胜、吃免费流量红利的时代一去不复返。行业竞争逐渐转移到产品的竞争、供应链的竞争、消费者的竞争上，品牌“出海”成为全行业共识。因此，越来越多的跨境电商企业开始“内外兼修”：一方面，加大创新研发投入，不断向“微笑曲线”两端延伸，持续提升产品品质和质量，以“硬核”产品获得更多海外

消费者认可；另一方面，注重品牌的国际营销，开启全球市场的多元化布局，开设独立站沉淀私域流量，利用社交媒体精准链接潜在消费者。品牌“出海”使得企业采取“长期主义”的策略，通过创造与众不同的品牌价值，提高企业盈利水平，打造品牌溢价能力，从而在激烈竞争中构筑竞争壁垒，最终实现自身价值增长。

3. 平台驱动：平台流量向知名品牌和实力工厂倾斜

随着传统品牌和工厂进入跨境电商领域，跨境电商企业流量增长迅速，“僧多粥少”的矛盾导致流量竞争加剧。跨境电商平台上的产品供过于求，开始出现平台缺好货、缺流量的情况，因此跨境电商平台纷纷进行供给侧结构性改革，逐渐淘汰“铺货走量”企业，通过制定严格的准入政策提高出海行业门槛，流量向知名品牌和实力工厂倾斜，尤其是产业带内的优质工厂成为各大平台争抢的资源。目前多个跨境电商平台提出国际化品牌建设计划，如 2021 年 5 月全球速卖通启动“G100 出海计划”，2022 年 1 月亚马逊全球开店中国提出“共创全球品牌新格局”，以帮助中国企业和中国品牌充分发挥供应链优势，在海外市场建立品牌心智，让中国制造在世界市场上“从幕后走到台前”。

## 二、跨境电商热门品类的产业带分布情况

（1）箱包产业带。“中国箱包之都”——河北白沟。白沟箱包的品质略低、价格低。白沟有箱包交易城、辅料市场。

（2）皮具产业带。“中国皮具之都”——广东狮岭。广东深圳、广东番禺和花都的皮具品质、工艺较高、品类较全、产业链完整、原辅料市场规模大。

（3）灯具产业带。大部分中国照明产品产自广东中山。广东中山是“中国灯具生产基地”之一。此外，“中国灯具之乡”是浙江梁弄。

（4）毛巾产业带。河北高阳被省政府命名为“纺织强县”，产品销往全国各地，并出口全球 30 多个国家和地区。

（5）宠物食品产业带。“中国宠物食品之乡”——河北南和。2019 年，南和的宠物食品企业有 40 家，宠物食品品牌超过 330 个，宠物食品年产销量达 65 万吨。2017 年，南和获中国农业国际合作促进会宠物产业委员会授予“中国宠物食品之乡”的称号。

（6）泳装产业带。辽宁兴城的泳装产品销至 20 多个国家和地区，是国内主要的泳装生产基地。

（7）吉他产业带。“中国吉他产业之都”——广东惠阳，“中国吉他制造之乡”——贵州正安，“中国第三大吉他生产基地”——福建芗城，“吉他小镇”——山东郿鄗。

（8）家电产业带。“中国家电产业基地”——安徽合肥。

（9）玩具产业带。中国三大玩具生产基地：广东澄海、福建安海、上海，并称“三海”。

（10）眼镜产业带。江苏丹阳、浙江瓯海、江西鹰潭都是镜片生产基地。

（11）家纺家饰产业带。江苏南通盛产家纺、浙江绍兴盛产窗帘、浙江义乌盛产家饰、天津盛产地毯、河北高阳盛产毛巾。

（12）假发产业带。河南许昌是“中国假发生产基地”之一。

（13）口罩产业带。河南长垣、湖北仙桃、浙江绍兴、山东淄博是“中国口罩之乡”。

（14）运动鞋产业带。“中国运动鞋生产基地”在福建晋江。福建陈埭产品齐全，有一流的生产设备和完整的企业、名牌集群，市场成熟。

（15）女鞋产业带。“中国女鞋之都”是四川武侯。“中国女鞋生产基地”有广东惠州、广东东莞、浙江温州、重庆等地。

（16）服装产业带。女装生产基地位于广东广州、虎门、深圳以及浙江杭州等地；男装生产基地位于浙江宁波、福建石狮等地；衬衫生产基地位于广东普宁、浙江大陈等地。

（17）袜子产业带。浙江大唐是“中国袜子生产基地”之一。“全国最大的棉袜生产基地”是吉林辽源。

（18）化妆刷产业带。“中国化妆刷之乡”——河南鹿邑、河北沧州等地。

## 拓展阅读

### 亚马逊产品定价套路，助力旺季冲刺！

优质的定价不仅可以极大程度提高转化率，也可以让消费者有更高的复购率！但是，如何才能找到正确的定价，利用定价策略来实现利润最大化呢？

使用 4 个定价的关键策略和技巧让产品赢在起跑线上。

#### 一、定价心理学

在定价策略中，心理学起着关键作用。许多产品会标价 ××.99 而非整数，这一分钱能带来什么效果？实际上，人们会更优先关注小数点前面的数字，因为我们的大脑处理数字信息特别快速。完全是下意识的，甚至还没有把数字信息解读完毕，就立刻把这个数字大小先行做了定位，下意识认为 2.99 元比 3.00 元要小得多。

#### 二、特定节日调价

每年都会有一些特定的节日，卖家可以根据不同的节日推出促销产品，调整定价，在这个时间段薄利多销，目的是招揽、吸引一些忠实粉丝，并且可以以此让亚马逊关注店铺，对店铺发展是非常有帮助的。

#### 三、捆绑定价策略

捆绑定价策略包括将两种或两种以上的产品捆绑在一起，并制定比单独销售时略低的价格。通常情况下，消费者无意购买捆绑的所有产品。例如：如果销售一系列护肤产品（每款产品的售价为 10 元），卖家可以考虑以 25 元的价格提供一组共 3 款产品，向消费者展示你的感知价值。

#### 四、分类加成定价

分类加成定价在跨境电商运营中也很常见。例如：3C 类产品的销量和利润可能并不高，但是充电线、软件、电脑包等配件因为损耗和更新频繁，所以可以对此类消耗性产品设置更高的利润点。添加相关产品推荐也有助于提高产品销量。

## 任务工单

<table>
<tr><td>任务名称</td><td colspan="5">分析主流跨境电商平台同类产品的定价、销量及销售策略</td></tr>
<tr><td>任务目的</td><td colspan="5">通过分析，了解影响主流跨境电商平台产品定价的因素、掌握产品定价的方法以及产品销售策略。</td></tr>
<tr><td>任务内容</td><td colspan="5">打开亚马逊、全球速卖通、eBay、Wish，分析这些平台的特点；<br>分析这些平台同类产品的定价策略以及实施的产品销售策略；<br>分析亚马逊 FBM 定价和 FBA 定价的区别；<br>通过分析总结一些国家（地区）的消费者喜欢什么样的定价策略和销售策略；<br>掌握全球速卖通产品定价公式：（采购成本+物流成本）/汇率/（1-平台佣金率-利润率）/（1-折扣率）；<br>以上内容以 PPT 演讲形式呈现。</td></tr>
<tr><td>任务提示</td><td colspan="5">从产品定价的方法、策略及销售策略进行挖掘与分析。</td></tr>
<tr><td rowspan="2">第（ ）组</td><td>姓名</td><td></td><td></td><td></td><td></td></tr>
<tr><td>学号</td><td></td><td></td><td></td><td></td></tr>
<tr><td rowspan="17">任务</td><td colspan="5">打开亚马逊、全球速卖通、eBay、Wish，分析这些平台的特点</td></tr>
<tr><td>跨境电商平台</td><td colspan="4"></td></tr>
<tr><td>各自特点</td><td colspan="4"></td></tr>
<tr><td colspan="5">分析这些平台同类产品的定价策略以及实施的产品销售策略</td></tr>
<tr><td>定价策略</td><td colspan="4"></td></tr>
<tr><td>销售策略</td><td colspan="4"></td></tr>
<tr><td colspan="5">分析亚马逊 FBM 定价和 FBA 定价的区别</td></tr>
<tr><td>FBM 定价</td><td colspan="4"></td></tr>
<tr><td>FBA 定价</td><td colspan="4"></td></tr>
<tr><td>区别</td><td colspan="4"></td></tr>
<tr><td colspan="5">通过分析总结一些国家（地区）的消费者喜欢什么样的定价策略和销售策略</td></tr>
<tr><td>消费者国别（地区）</td><td colspan="4"></td></tr>
<tr><td>定价策略</td><td colspan="4"></td></tr>
<tr><td>销售策略</td><td colspan="4"></td></tr>
</table>

# 项目考核

## 一、单选题

1.（　　）是实现企业经营总目标的保证和手段，同时还是企业定价策略和定价方法的依据。

A. 定价目标　　B. 固定成本

C. 定价方法　　D. 价格弹性

2. 若某皮鞋的单位成本为 20 元，其加成率是 20%，那么皮鞋的销售价格为（　　）元。

A.18　　B. 24　　C. 26　　D. 28

3. 某种产品本应定价 90 元，厂商定价时实际定为 89.88 元，这种定价策略为（　　）。

A. 声望定价　　B. 尾数定价

C. 招徕定价　　D. 整数定价

4. 企业产品定价的最终目的是（　　）。

A. 获得最大化利润　　B. 使消费者满意

C. 价格具有竞争力　　D. 符合政策要求

5. 在（　　）的情况下，需求的价格弹性最大。

A. 无替代品　　B. 无竞争对手

C. 购买者极易改变　　D. 购买者对高价不在意

## 二、多选题

1. 企业定价导向大体上有以下几种？（　　）

A. 成本导向　　B. 需求导向　　C. 竞争导向　　D. 心理导向

2. 以下属于心理定价策略的有（　　）。

A. 整数定价　　B. 尾数定价　　C. 声望定价　　D. 渗透定价

3. 折扣定价策略有（　　）。

A. 数量折扣　　B. 季节折扣　　C. 现金折扣　　D. 价格折扣

4. 声望定价通常适用于（　　）时采用。

A. 产品价值高　　B. 企业声誉好

C. 产品声誉好　　D. 消费者对价格敏感

5. 在下列哪些情况下，企业可以考虑提价？（ ）

A. 出现通货膨胀 B. 产品供不应求

C. 劳动生产率提高 D. 企业生产能力过剩

## 三、判断题

1. 需求导向定价法是根据消费者对产品的需求强度和对产品价值的认识程度来制定企业价格。( )

2. 成本加成定价法是心理定价的一种。( )

3. 在制定价格过程中，现行价格弹性的大小对确保企业实现利润最大化的定价没有影响。( )

4. 随行就市定价法适用于同质产品。( )

5. 当采取认知定价法时，如果企业过高地估计认知价值，便会定出偏低的价格。( )

6. 根据购买者购买数量的大小给予不同的折扣，称为数量折扣。( )

7. 当某产品的市场需求缺乏弹性时，企业则可以适当降低该产品的售价，这样可使企业的总收益增加。( )

8. 在通货紧缩的经济形势下，由于币值上升，物价总指数下降，竞争产品的价格也在下降，因此企业也必须减价。( )

9. 面对激烈的竞争，企业为了生存和发展，在任何时候都应始终坚持只降价不提价的原则。( )

10. 撇脂定价策略是指企业把刚上市的新产品价格定得很高。( )

## 四、实训题

张明明从 1688 跨境专供平台上采购了一批蓝牙耳机，单价为 180 元人民币，重量为 0.32 kg，通过查询得知，该产品从中国运往巴西的运费为 15 元人民币，平台收取的佣金是成交价格的 5%，推广费用为成交价格的 3%。假设当日的外汇买入价为 6.2 元人民币兑 1 美元，预计的利润率为 20%，该蓝牙耳机的定价应为多少？（保留两位小数）

## 考核评价

评价说明：本项目完成后，由任课教师主导，采用学习过程评价与学习结果评价相结合的方式，综合运用自我评价、小组评价及教师评价，由教师确定3种评价方式在总成绩中的占比，加权计算学生在本项目的考核评价分。

| 考核评价表 | | | |
|---|---|---|---|
| 班级 | | 学生姓名 | |
| 评价方式 | 评价内容 | 分值 | 成绩 |
| 自我评价 | 知识和技能的掌握程度 | 20 | |
| | 任务准备完成情况 | 10 | |
| | 资料阅读完成情况 | 10 | |
| | 课堂讨论完成情况 | 20 | |
| | 拓展阅读完成情况 | 20 | |
| | 项目考核完成情况 | 20 | |
| | 合计 | 100 | |
| 小组评价 | 本小组本项目完成质量 | 30 | |
| | 个人本项目完成质量 | 30 | |
| | 个人参与小组活动的态度 | 20 | |
| | 个人的合作精神和沟通能力 | 20 | |
| | 合计 | 100 | |
| 教师评价 | 个人所在小组的项目完成质量 | 30 | |
| | 个人本项目完成质量 | 30 | |
| | 个人在所在小组的参与度 | 20 | |
| | 个人对本项目的贡献度 | 20 | |
| | 合计 | 100 | |
| 总评 = 自我评价 ×（　）% + 小组评价 ×（　）% + 教师评价 ×（　）% = | | | |

# 项目五 产品销售周期分析

## 思维导图

- 项目五 产品销售周期分析
  - 任务一 产品生命周期理论
    - 产品生命周期概述
    - 产品生命周期各阶段的特点
    - 产品生命周期各阶段的营销策略
    - 跨境电商卖家在产品生命周期各阶段的运营策略分析
  - 任务二 制定销售计划
    - 销售计划的定义
    - 销售计划的分类
    - 制定销售计划的依据
    - 制定销售计划的步骤
    - 销售计划评估
    - 制定跨境电商企业销售计划的注意事项
  - 任务三 技能提升
    - 电热毯生命周期分析
    - 圣诞节相关产品生命周期分析
  - 行业观察
    - 从产品生命周期看老字号品牌创新
  - 拓展阅读
    - PEST分析法和五力分析模型
  - 任务工单
    - 宠物用品周边产品选品及销售计划的制定

# 任务一 产品生命周期理论

<table>
<tr><td>项目名称</td><td colspan="2">项目五　产品销售周期分析</td><td>任务名称</td><td>任务一　产品生命周期理论</td></tr>
<tr><td rowspan="3">学习目标</td><td>知识目标</td><td colspan="3">了解产品生命周期的概念；<br>掌握产品生命周期各阶段的特点；<br>掌握产品生命周期各阶段的营销策略。</td></tr>
<tr><td>能力目标</td><td colspan="3">能够利用所学内容判断产品生命周期所处的阶段；<br>能够根据产品所处的生命周期制定相应的销售对策。</td></tr>
<tr><td>价值目标</td><td colspan="3">具备市场数据采集分析的严谨意识；<br>具备精益求精的工匠精神。</td></tr>
<tr><td>任务描述</td><td colspan="4">产品生命周期分析为参与跨境电商的企业正确制定产品销售计划提供信息支持。企业的销售决策只有建立在扎实的市场分析的基础上，在对影响需求的行业市场规模、市场竞争、区域市场、市场走势等外部因素和影响购、产、销的内部因素充分了解和掌握的基础上，制定并采取恰当的营销策略来实现销售目标并采用合适的投资策略进入目标市场，提高决策的科学性和正确性。</td></tr>
<tr><td>任务准备</td><td colspan="4">根据自身经验选择一款准备在跨境电商平台销售的产品，并根据平台销售和发展趋势相关数据分析判断该产品所处的产品生命周期阶段，同时利用产品生命周期各阶段的营销策略制定该产品的营销方案。</td></tr>
<tr><td>实施提醒</td><td colspan="4">本任务的学习对于跨境电商选品的分析、运营及策略制定具有一定的指导意义。借助产品生命周期可以动态监控产品的变化，分析判断产品处于生命周期的哪一阶段，推测产品今后发展的趋势，正确把握产品的市场寿命，并根据产品生命周期的不同阶段的特点，采取相应的市场营销组合策略以增强企业竞争力，因此对于产品生命周期的分析判断、产品所处生命周期阶段的特征和与之相对应的营销策略是学习本任务的难点。</td></tr>
</table>

## 知识精讲

### 一、产品生命周期概述

#### （一）产品生命周期的由来

**1. 雷蒙德·弗农的三阶段论**

产品生命周期理论是美国经济学家雷蒙德·弗农教授在 1966 年《经济学季刊》上发表的《产品周期中的国际投资和国际贸易》一文中首次提出的。雷蒙德·弗农教授把产品的生命周期划分为 3 个阶段，即新产品阶段、产品成熟阶段和产品标准化阶段，他认为产品与生命相似，有一个出生、成熟、衰老的过程。

（1）新产品阶段。在新产品阶段，国内市场容量大，开发研究资金投入多的国家在开发新产品、采用新技术方面具有优势。在该阶段，企业掌握着新技术秘密，所以对于企业来说，最安全、最有利的选择之一是在国内进行生产，产品主要供应国内市场，其次通过出口贸易的形式满足国际市场的需求。

（2）产品成熟阶段。在产品成熟阶段，新技术日趋成熟，产品基本定型。随着国际市场需求量的日益增大，产品的价格弹性（价格变动引起的市场需求量的变化程度）加大，企业降低产品成本的愿望尤为迫切。由于国外劳动力成本低于国内劳动力成本，国内生产的边际成本（每一单位新增生产的产品带来的总成本的增量）大于国外生产的成本，所以将生产基地由国内转移到国外更为有利。

（3）产品标准化阶段。在产品标准化阶段，产品和技术均已标准化，企业所拥有的技术垄断优势已消失，竞争主要集中体现在价格上。生产的优势已转移到技术水平低、工资低和劳动密集型经济模式的地区。在本国市场已经趋于饱和、其他发达国家产品出口急剧增长的情况下，企业在发展中国家进行直接投资，转让其标准化技术。根据比较成本的原则，企业大规模减少或停止在本国生产该产品，转而从国外进口该产品。

**2. 威尔士的四阶段论**

1986 年，美国另一位销售学者威尔士就雷蒙德·弗农教授提出的新产品生命周期说进行进一步研究，并以美国开发的新产品为例阐述了自己的观点。威尔士认为，新产品生命周期应该划分为 4 个阶段。

（1）第一阶段。美国企业对科学技术和知识并无垄断权，但是他们对美国消费者市场非常熟悉，可以迅速获取消费者对新产品的反映并加以改进，再加上美国在新产品原材料供应方面拥有优势，可以及时控制生产成本，所以新产品必然由美国企业推广。在该阶段，美国对新产品拥有相对的垄断权，在出口方面有一定的优势，以此来吸引其他国家富裕阶层消费，因而出口量不断增加。

（2）第二阶段。美国新产品吸引其他国家消费者的队伍不断扩大，这就为这些地区企业自己组织新产品生产创造了便利条件。这些地区开始生产后，它们不需要支付运输费和关税，也不需要支付研发费用，生产成本比美国低，因而在本国市场上的竞争力必定比美国强。但是，在第三国市场上，由于双方都要支付运输费用和缴纳关税，其竞争力还是不如美国。因此，在这一阶段，美国新产品生产量和出口量仍将继续增加，但是，增长速度放慢。

（3）第三阶段。随着其他国家的新产品产量进一步扩大，规模效益不断增加，工资水平比美国较低，所以其产品价格进一步下降，虽然美国和其他国家出口到第三国的新产品都须负担长途运输及关税费用，但是，由于其他国家的成本和售价更低，就导致美国被排挤出第三国市场，但是，在关税的保护下，美国在本国市场上仍然占据垄断地位。

（4）第四阶段。由于其他发达国家的规模收益进一步增加，加上工资较低、改进后的设备更先进、技术水平更高，生产成本大大低于美国，它们不仅可以在第三国市场上击败美国，而且将冲破美国市场的关税保护从而进入美国。这时美国新产品的生产量和出口量几乎下降到零，这种新产品的生命周期在美国就结束了。

美国新产品生命周期的终止，并不等于其他国家的新产品生命周期也终止，反而其他国家新产品的生命周期还在继续，可能正处在第二或第三阶段。某一新产品的生命周期完全结束的标志是它完全退出世界所有国家市场。

### （二）产品生命周期的概念

产品生命周期，又称产品寿命周期，是指产品从研制成功投入市场开始，经过成长、成熟，最终到衰退并被市场淘汰的整个产品营销的全过程，不同的产品有着完全不同的产品生命周期。典型的产品生命周期包括导入期、成长期、成熟期和衰退期 4 个阶段。

产品生命周期与产品使用寿命是完全不同的概念：产品生命周期是指产品的市场寿命，是产品在市场上存在时间的整个过程，产品生命周期受市场因素的影响；产品使用寿命是指产品从投入使用到报废的整个过程，产品使用寿命受产品质量、使用频率、维修保养等因素的影响。

由于跨境电商企业营销的产品在市场上营销时期的长短，受消费者需求、产品更新迭代、国际市场环境、国际政治变化等诸多因素的影响，因此通过该理论将对外直接投资与跨境贸易、产品生命周期纳入一个分析框架，将静态分析和动态分析有效地结合起来，有效地增加了跨境电商企业产品营销的效率。

### （三）产品生命周期的特点

产品生命周期理论将产品分成不同的策略时期，全面阐释了开展对外直接投资的动机、时机与区位选择之间的动态关系，企业的比较优势会随着产品生命周期的阶段性发展而发生动态变化，因此应根据自身的资源禀赋和比较优势开展跨境贸易，并针对各个阶段不同的特点而采取不同的营销组合策略。但是，由于新技术不断涌现，产品生命周期日益缩短，为保持技术领先地位，企业必须更加重视研究与开发，不断创新。

### （四）产品生命周期曲线

**1 S 形曲线**

（1）导入期。由于在导入期开始时，该产品还未面向市场，因此这期间的销售额为零。但是，随着投资不断增加，除少数追求新奇的消费者外，大部分消费者对产品还不了解，因此销量很小。正是由于销量有限，则相应地增加了产品的成本，同时在这段时期产品还未开始批量生产，制造成本较高，同时需要大量的广告费来扩大产品知名度，所以在这段时期利润通常偏低或为负数。

（2）成长期。在进入成长期后，产品逐渐被消费者所接受，产品工艺技术相对成熟，具有规模效应，单位成本下降，所以在这段时期销量快速增长，利润也显著增加。

（3）成熟期。产品进入成熟期，被大部分潜在消费者接受，市场趋于饱和，如果没有新的消费者购买产品将使得销售增长率停滞或下降，所以在这段时期，利润在达到顶点后逐渐下降。

（4）衰退期。产品到了衰退期时，消费者失去了对该产品的购买欲望，产品销售量显著衰退，利润也大幅度滑落，所以在这段时期成本较高的企业就会由于无利可图而陆续停止生产，留在市场的企业则逐渐减少产品附加的服务，从而削减促销预算，以维持最低水平的经营。

典型的产品生命周期曲线是一条 S 形曲线（见图 5-1）。

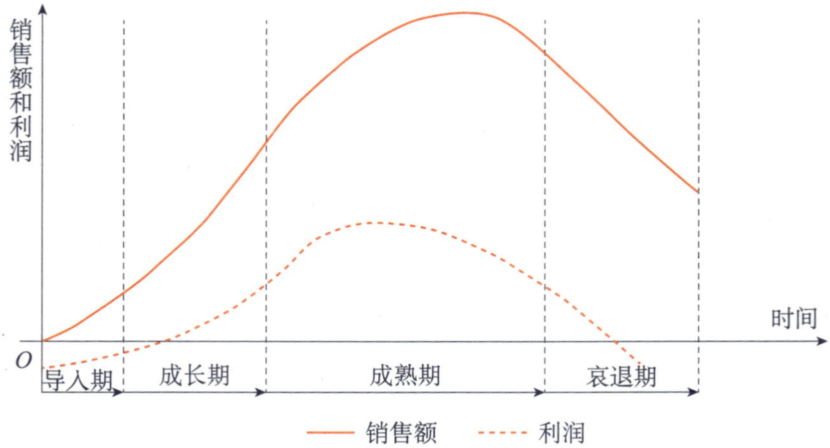


图5-1 产品生命周期曲线

**2. 特殊的产品生命周期曲线**

并非所有的产品生命周期曲线都是标准的 S 形曲线，还有 4 类特殊的产品生命周期曲线，分别是：风格型、时尚（流行）型、热潮型、扇贝型。

（1）风格型。风格型产品一旦产生，可能会延续数代，并根据市场对它的兴趣而呈现一种循环再循环的模式，时而流行，时而不流行。风格型产品生命周期曲线见图 5-2。

（2）时尚（流行）型。时尚（流行）型是指在某一领域里，目前为大家所接受且欢迎的风格。时尚型产品的生命周期特点是刚上市时很少有人接纳，但是，接纳人数随着时间变长慢慢增长，最终被广泛接受并大量流行，当消费者开始将注意力转向另一种更吸引他们的产品时缓慢衰退。时尚（流行）型产品生命周期曲线见图 5-3。

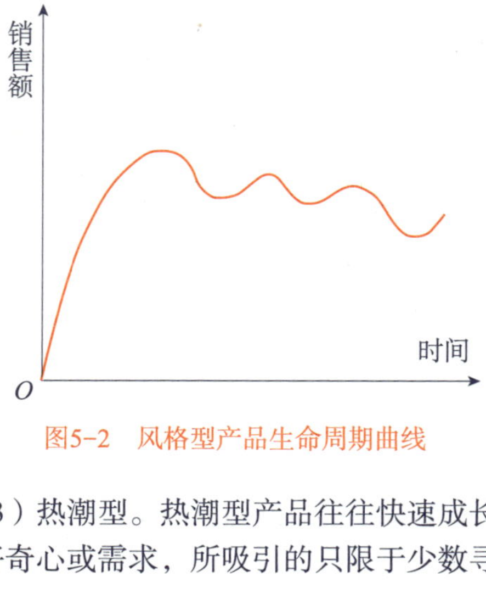


图5-2 风格型产品生命周期曲线

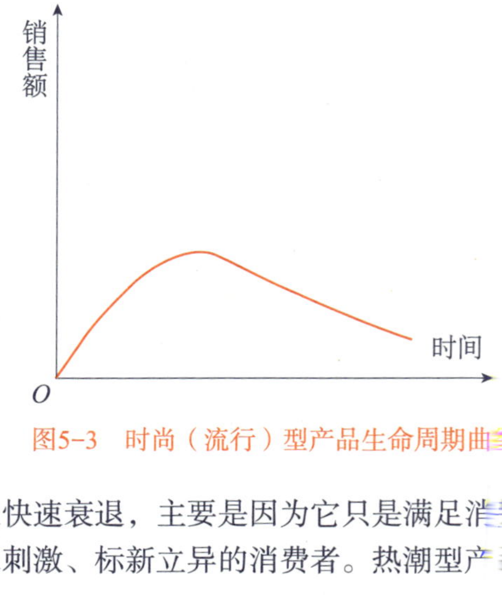


图5-3 时尚（流行）型产品生命周期曲线

（3）热潮型。热潮型产品往往快速成长又快速衰退，主要是因为它只是满足消费者一时的好奇心或需求，所吸引的只限于少数寻求刺激、标新立异的消费者。热潮型产品生命周期曲线见图 5-4。

（4）扇贝型。扇贝型产品生命周期主要指产品生命周期不断地延伸再延伸，这往往是因为产品创新或不断开发新的功能用途。扇贝型产品生命周期曲线见图 5-5。

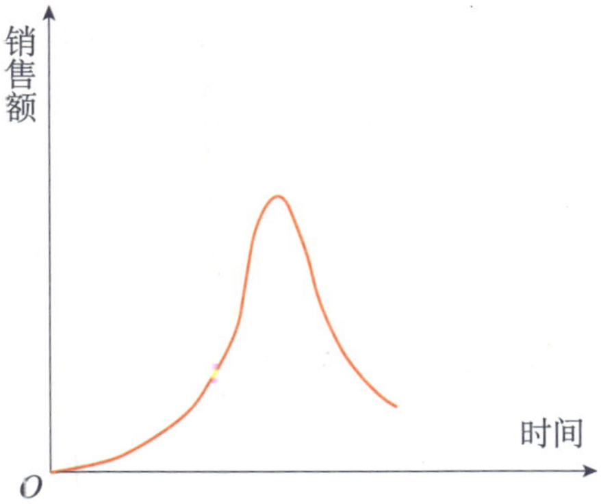


图5-4 热潮型产品生命周期曲线

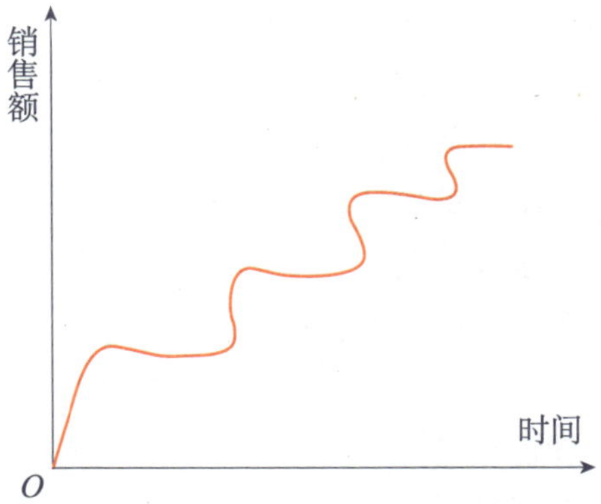


图5-5 扇贝型产品生命周期曲线

## 二、产品生命周期各阶段的特点

### （一）导入期的特点

导入期，又称引入期，是指新产品刚刚投入市场的最初销售阶段，该时期的主要特点如下：

（1）产品设计尚未定型：由于生产技术等方面的限制，导致产品品种少，产品生产批量小，促销费用高，制造成本高，因此定价一般较高。

（2）消费者对产品不熟悉，除少数追求新奇的消费者可能购买外，其他消费者购买意愿不大，所以销量低。

（3）尚未建立理想的渠道和高效的分配模式，所以销售网络不健全，销售渠道不畅，销售率增长缓慢。

（4）由于产品决策难以确定，销量少且成本高，因此销售利润很低，甚至为负值。

（5）同类产品的生产者和竞争者不多，仿制品少。

### （二）成长期的特点

成长期，又称畅销期，是指产品在市场上迅速为消费者所接受，销售量和利润迅速增长的时期，该时期的主要特点如下：

（1）产品已定型，工艺比较成熟，品种不断增加，可以进行规模生产，生产批量增大。

（2）消费者对新产品已经熟悉，并逐渐接受，凭印象购买的倾向增多，需求量和销量迅速增长，产品价格趋于下降。

（3）建立了较通畅的销售渠道，可以相对减少促销活动。

（4）受到规模效应影响，且销量增长，所以产品单位成本迅速下降，利润不断上升。

（5）竞争者逐渐增多，市场竞争开始加剧，企业的利润增速开始放缓。

### （三）成熟期的特点

成熟期，又称饱和期，是指产品销量趋于饱和并开始缓慢下降、市场竞争非常激烈的时期，通常成熟期在产品生命周期中持续的时间最长。根据成熟期不同的销售特点，可将其分为成长成熟期、稳定成熟期和衰退成熟期 3 个时期，这 3 个时期的主要特点如下：

**1. 成长成熟期**

（1）大多数潜在消费者已经接受，少数消费者继续进入市场。

（2）销售渠道呈饱和状态，增长率缓慢上升。

**2. 稳定成熟期**

（1）市场出现饱和状态，销售平稳，产品销量稳定。

（2）销售增长率只与购买人数成比例，如无新消费者则增长率停滞或下降。

**3. 衰退成熟期**

（1）销售水平开始缓慢下降。

（2）全行业的产品出现过程，竞争进一步加剧，缺乏竞争力的企业逐渐被代替，而加入的竞争者少，原有的竞争者都有自己特定的目标消费者，市场份额变动不大。

### （四）衰退期的特点

衰退期，又称滞销期，是指产品销量急剧下降，产品开始逐渐被市场淘汰的阶段。该时期的主要特点如下：

（1）产品需求量、销量和利润迅速下降，价格下降到最低水平。

（2）成本较高的企业会由于无利可图而陆续停产。

（3）市场上出现了新产品或替代品，消费者的兴趣转向其他新产品或替代品。

（4）多数竞争者被迫退出市场，继续留在市场上的企业减少服务，大幅度削减促销费用，以维持最低水平的经营。

产品生命周期不同阶段的特点见表 5-1。

表 5-1 产品生命周期不同阶段的特点

| 维度 | 阶段 | | | |
|---|---|---|---|---|
| | 导入期 | 成长期 | 成熟期 | 衰退期 |
| 销量 | 低 | 剧增 | 最大 | 下降 |
| 销售增速 | 缓慢 | 快速 | 减缓 | 负增长 |
| 成本 | 高 | 下降 | 最低 | 回升 |
| 价格 | 高 | 回落 | 稳定 | 下降 |
| 利润 | 很低甚至亏损 | 提升 | 最大 | 减少 |
| 市场竞争 | 很少 | 增多 | 激烈 | 减少 |
| 营销目标 | 建立知名度 | 占有最大市场 | 争取最大利润 | 缩减开支 |

【课堂讨论】

根据产品生命周期各阶段的特点，并将不同阶段的特征总结到对应的表格中（见表5-2）。

表 5-2 产品不同阶段的特征

| 阶段 | 特征 |
| --- | --- |
| 导入期 | |
| 成长期 | |
| 成熟期 | |
| 衰退期 | |

## 三、产品生命周期各阶段的营销策略

对产品生命周期的研究可以帮助企业有效地制定产品营销策略，确保产品有一个较长的销售周期，同时也是用来描述产品和市场运作方法的有力工具。

### （一）导入期的营销策略

在产品导入期，由于消费者对产品十分陌生，企业需通过各种促销手段把产品引入市场，力争提高产品的市场知名度，同时又因导入期的生产成本和销售成本相对较高，所以在导入期，企业营销工作的重点是做出正确的判断，抓住时机采取有效的营销策略以迅速建立产品知名度为核心，使市场快速接受该产品，从而占领市场，形成批量规模。在导入期，企业选择的营销策略有以下 4 种。

**1. 快速撇脂策略**

采取高价格的同时，配合大量的宣传推销活动，以求迅速扩大销量、占领市场，希望在竞争还没有大量出现之前就能收回成本，获得利润。适合采用快速撇脂策略的市场环境为：

（1）市场上有较大的需求潜力。

（2）目标消费者有求新心理。

（3）产品的品质较高，功效特殊，很少有其他产品可以替代，消费者一旦了解这种产品，常常愿意出高价购买。

（4）企业面临潜在的竞争者，想快速地建立良好的品牌形象。

**2. 缓慢撇脂策略**

采用高价格的同时，配合很少的宣传推销活动，高价格的目的在于能够及时收回投资、获取利润，低促销的方法可以减少销售成本。适合采用缓慢撇脂策略的市场环境为：

（1）产品市场容量有限，竞争者少且进入困难。

（2）大部分潜在的消费者已经熟悉该产品，适当的高价能被消费者所接受。

（3）产品的独特性有效地填补了市场空白。

**3. 快速渗透策略**

采取低价格的同时配合大量的宣传推销活动，以求达到最快的市场渗透率与最高的市场占有率，从而有效地限制竞争者的出现，为企业带来巨大的市场占有率。适合采用快速渗透策略的市场环境为：

（1）产品有很大的市场容量。

（2）消费者对产品不太了解，且对价格十分敏感。

（3）潜在的竞争比较激烈。

（4）单位生产成本可随生产规模和销量的扩大而大幅度下降。

**4. 缓慢渗透策略**

采用低价格的同时配合很少的宣传推销活动，低价格有助于市场快速地接受产品，较少的促销活动又能使企业减少费用开支、降低成本，以弥补低价格造成的低利润或亏损。适合缓慢渗透策略的市场环境为：

（1）产品的市场容量大。

（2）消费者对产品熟悉，同时对价格又十分敏感。

（3）存在潜在的竞争。

（4）产品的价格需求弹性较大，高价格容易引起销售量急剧减少。

对于导入期的营销策略，可以参考图 5-6 进行总结。

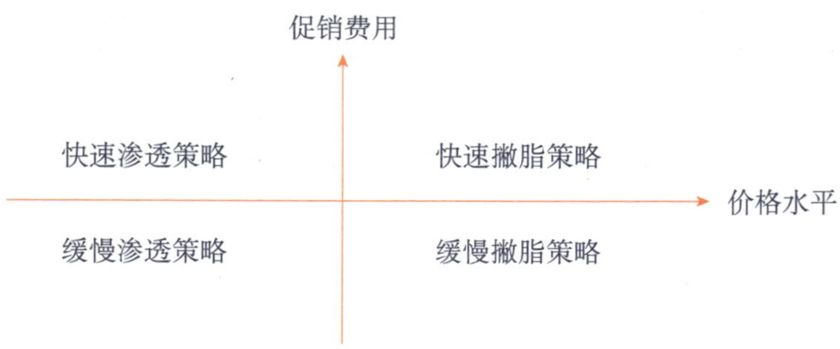


图5-6 导入期营销策略

## （二）成长期的营销策略

产品成长期的旺盛市场需求与高额利润会引来竞争者，这一时期消费者对产品已经熟悉，大量的新消费者开始购买，企业生产规模也逐步扩大，产品成本逐步降低。随着竞争的加剧，新的产品特性开始出现，产品市场开始细分，分销渠道增加。该阶段的企业营销重点是扩大市场占有率、巩固市场地位、建立品牌的忠诚度，以便扩大市场占有率和防止竞争者加入。在成长期，企业为维持市场的继续成长，延长获取最大利润的时间，可采取改善产品品质、寻找新的细分市场、改变广告宣传的重点、适时降价等策略来扩大自己的市场份额，加速销售额的上升。另外，企业还必须注意成长速度的变化，一旦发现成长的速度由递增变为递减时，必须适时调整策略。这一阶段可以适用的具体策略有以下几种：

（1）拓展新分销渠道。巩固原有的销售渠道，增加新的流通渠道，扩大产品的销售面。

（2）寻求新的细分市场。积极开展市场细分，开拓新的市场，开发新的消费者。

（3）改变促销策略。在促销宣传上，应从建立产品知名度转为建立产品形象，提高产品声誉。

（4）使用定价策略。选择合适的降价时机从而激发对价格敏感的潜在消费者的消费欲望和购买动机。

（5）改善产品品质。通过增加产品功能、改变产品款式、开发新的型号、拓展新的用途等手段，提高产品的竞争能力，满足消费者更广泛的需求，从而吸引更多的消费者。

## （三）成熟期的营销策略

成熟期市场需求趋向饱和，潜在的消费者已经很少，销售额增长缓慢直至下降，竞争逐渐加剧，产品定价降低，促销费用增加，企业利润下降，所以企业要系统地考虑市场、产品及营销组合的调整，在维持相对稳定的销量和市场占有率的基础上扩大销售，提高市场占有率。在成熟期，企业选择的营销策略有以下几种：

**1. 市场改良策略**

市场改良策略是指不需要改变产品本身，而是通过发现产品的新用途、改变销售方式和开辟新的市场途径来保持和扩大产品的市场份额。

（1）通过努力寻找市场中未被开发的部分来吸引新消费者。

（2）通过宣传推广，增加消费者使用频率或使用数量，以增加现有消费者的购买量。

（3）通过地理、人口、用途等市场细分，努力进入新的市场。

（4）更多地争取竞争对手的消费者。

**2. 产品改良策略**

产品改良策略是指通过改进产品来满足消费者的不同需求，提高销量。

（1）质量改良，即对产品的功能进行改进，开辟新的用途，如提升产品耐用性、可靠性。

（2）特性改良，即增加产品新的特性，如规格、重量、材料。

（3）式样改良，即改变产品外观等有形部分从而增添产品的美感，如包装、外观颜色。

（4）附加产品改良，即增加附加服务来提升产品的竞争力。

**3. 营销组合调整策略**

营销组合调整策略是指通过调整营销组合中的某一因素或多个因素刺激销售。

（1）通过降低售价来加强竞争力，如特价、购买折扣、运费补贴、分期付款。

（2）改变广告形式以引起消费者的兴趣，如变更广告时间或频率。

（3）进行多样化的营销推广活动，如大型展销、附赠礼品。

（4）扩展销售渠道，如增设销售网点。

对于成熟期的产品，企业宜采取主动出击的策略，例如：发现产品的新用途，寻求新的消费者，改变推销方式，降价，提高促销水平，扩展分销渠道或提高服务质量，使成熟期延长或使产品生命周期出现再循环。

### （四）衰退期的营销策略

进入衰退期时，产品老化、销售额迅速下降，企业需要研究分析继续销售该产品还是退出市场。在衰退期，企业选择的营销策略有以下 3 种：

（1）维持策略。企业继续沿用过去的策略，仍按照原来的细分市场，使用相同的分销渠道、定价及促销方式，直到这种产品完全退出市场为止。

（2）收缩策略。企业将所有的营销力量集中到一个或少数几个细分市场上，以加强这几个细分市场的营销力量。

（3）放弃策略。对于衰退比较迅速的产品，应该当机立断，放弃经营。可以采取完全放弃的策略，例如：把产品完全转移出去或立即停止生产；也可采取逐步放弃的方式，将该产品所占用的资源逐步转向其他的产品。

## 四、跨境电商卖家在产品生命周期各阶段的运营策略分析

### （一）导入期的运营策略

**1. 选品策略**

在导入期，如果企业具有极强的产品开发实力，能准确找到消费者的痛点，则可以开发一款爆款产品，这些产品进入市场后，会享受长时间的成长期红利。例如：Pet Safe（贝适安）独创自洁式猫砂盆（见图 5-7、图 5-8），因其创新模式，所以可以长时间地位列类目排行榜的前几位。

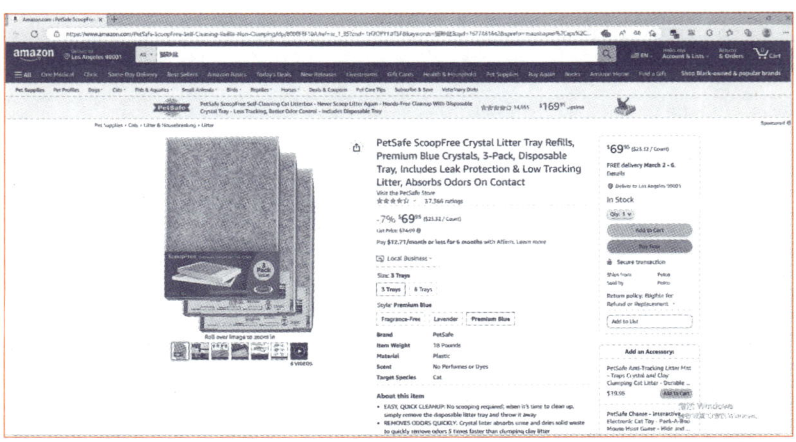


图5-7　自洁式猫砂盆

图5-8　猫砂盆类目排行

如果企业不具备产品开发的实力，则需要耐心寻找已经存在于平台上的产品，分析这些产品的消费者评价、集中度指标、销量、头部卖家实力等要素，大致可以选出中意的产品并进行差异化改造。

在选择产品的过程中要注意产品的侵权问题，例如：红极一时的指尖陀螺（见图5-9）因涉及知识产权问题，在北美、欧洲地区国家跨境电商平台下架。

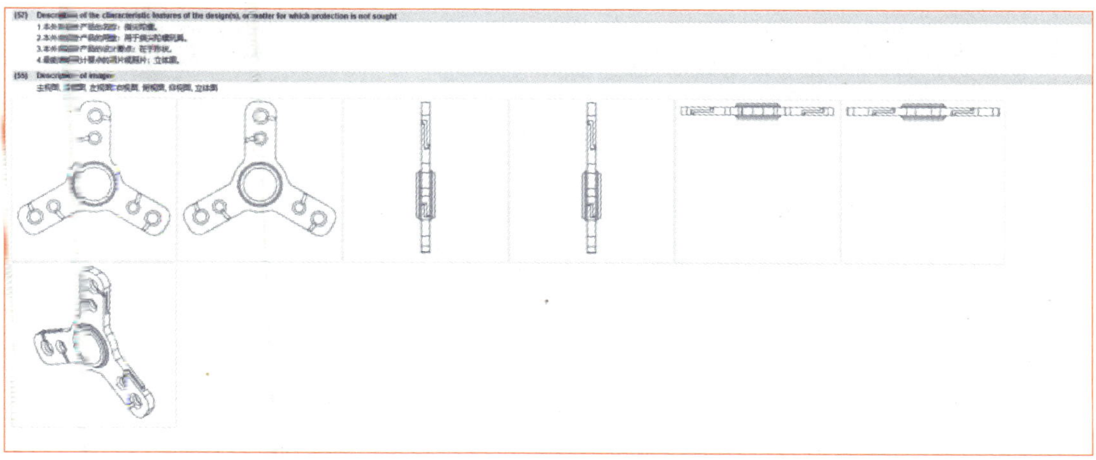

图5-9　指尖陀螺的知识产权注册图

**2. 定价策略**

导入期产品刚上架时，自身优势不明显、产品竞争力较弱、短期内评价数据不够丰富，为了让产品快速进入市场，卖家可将定价设置得低一些（见图5-10）。

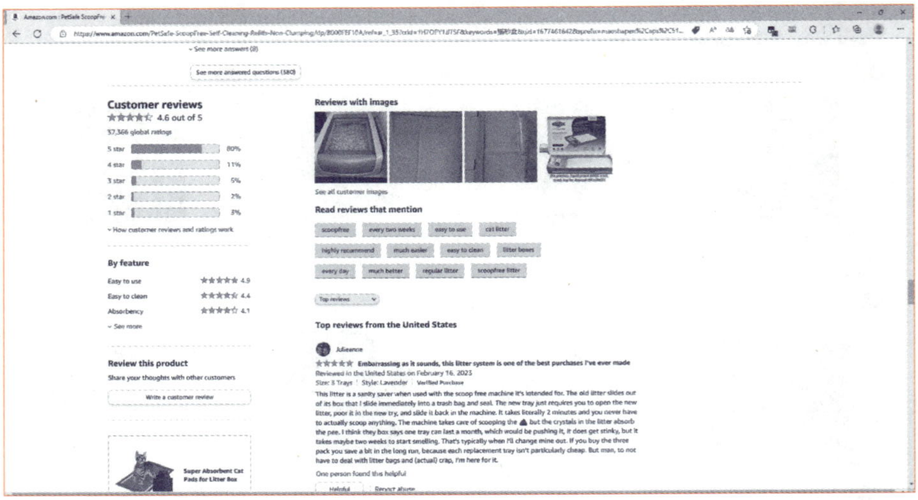


图5-10 产品评价页面明细图

**3. 推广策略**

选好品之后，需要开始 listing 的创建。以亚马逊平台为例，listing 包括标题、图片、五点描述、企业业务能力（EBC）/A+ 页面、关键词、分类节点、评价和星级（见图5-11、图 5-12），上架之前要完善相关信息。跨境电商卖家可通过平台广告投放为产品创造曝光的机会，并且对于广告销售成本比率给予一定的关注，重点查看产品的曝光是否足够，从而发现比较好的流量来源。卖家应维持 listing 的活跃度，让平台能够抓取并判定为有潜力的产品，这样平台会给予更多的流量扶持。

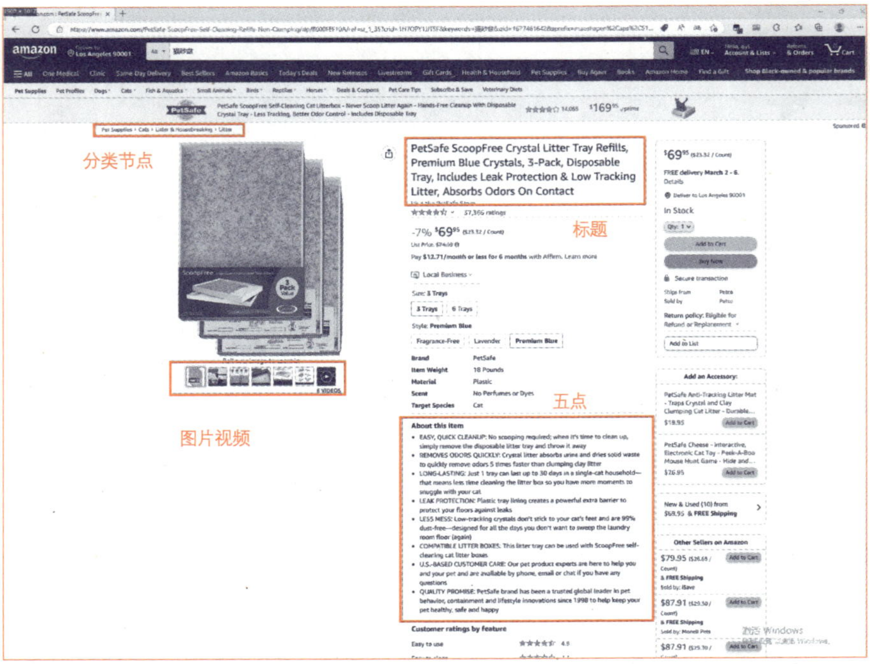


图5-11 listing界面

图5-12　listing中A+页面

**4. 物流策略**

在导入期，消费者对产品还不了解，除了少数追求新奇的消费者外，几乎没有消费者实际购买该产品，产品的边际利润较高、潜在需求不确定性较大，体现出小批量、高频率的购买特点，一旦出现缺货，就有可能丧失营销所取得的成果。因此，想要在市场立足，则要满足随时可以交付货物的条件。在这一阶段，卖家需要选择有高度的产品可得性和灵活性的物流模式，在制定新产品的物流支持计划时，必须考虑企业是否具有迅速而准确地提供产品补给的能力；同时要完善分销渠道，简化“生产商—经销商—零售商”这一传统的渠道模式，中间环节越多，物流成本越大，送货周期越长，并且若分销小批量货物，则很难形成规模效应。

## （二）成长期的运营策略

**1. 定价策略**

在成长期，产品有了一些销量、好评、星级分数的指标数据。见图5-13、图5-14，产品销量呈上升趋势，每月好评新增数呈上升趋势，新增的卖家数量变多，有充足的库存，产品获得消费者的认可，大量的新消费者购买；但是，忠实消费者数量还是比较少的，产品处于成长期时可以将价格控制在比竞争对手的产品稍微低一点的范围内。

**2. 推广策略**

在成长期，想进一步挖掘产品的潜力，需要关注的是产品的转化率和走势。这个阶段要投入各种资源进行站内、站外（包括TikTok、Facebook、Youtube以及各种购物网站）

推广。企业要控制流量推广的转化率，预算也要充足，不然一旦广告中断，之前的权重就会下跌；同时要维护好链接，避免被跟卖或出现差评等情况。

**3. 物流策略**

在成长期，产品取得一定的市场认可度，并且需求预测也较为准确。企业在这一阶段的任务是抢占市场，扩大市场占有率，物流活动的重点已从提供所需服务，变为更趋平衡的服务与成本绩效。企业可以较大批量地采购原材料与发货，建立广泛、密集的分销物流体系。

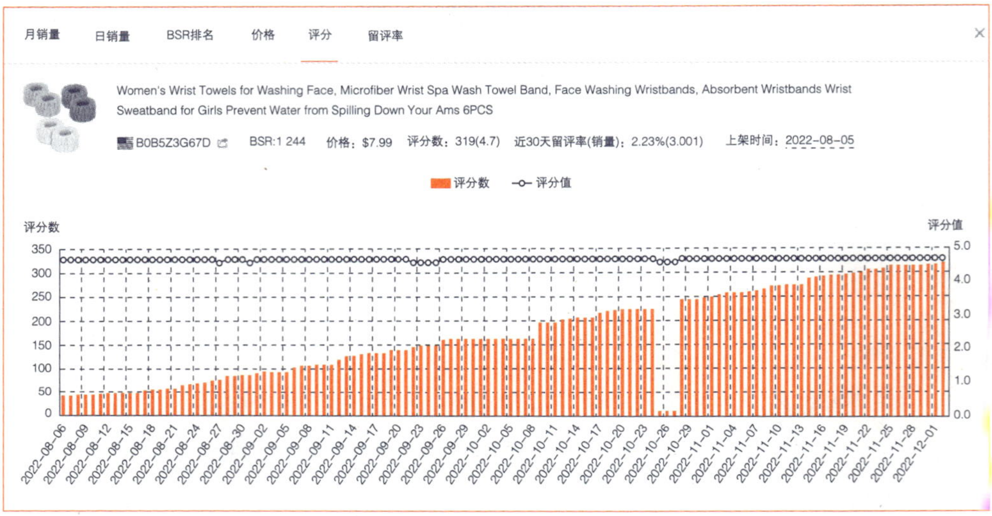


图5-13　产品的评分数和评分值

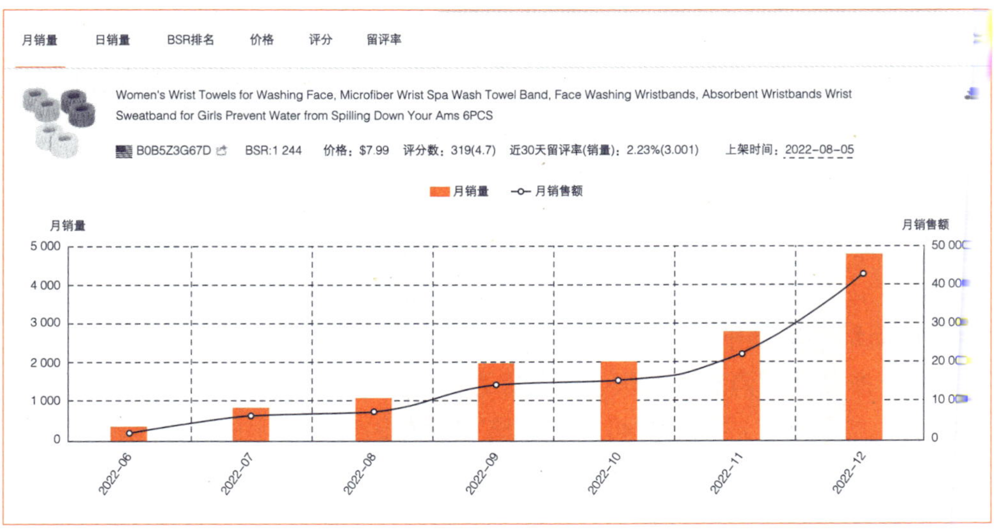


图5-14　产品的销量走势

## （三）成熟期的运营策略

### 1. 定价策略

在成熟期，企业的战略目标是打造品牌，以产品品牌延长产品生命周期。当产品销量已经很稳定，排名、流量、星级评分、销量等各方面的指标都很好，或各方面的数据都显示本产品是一款爆品，这时产品更多的是代表品牌形象与店铺定位，企业要通过控制产品定价、广告成本来保证产品销量、稳定产品排名，并且不断改善和更新产品，从而为后面的衰退期建立退出机制。企业此时可借助成熟期产品来推广新产品，一是可以与成熟期产品绑定分享流量；二是拍摄“开箱视频”上传到成熟期产品的关联视频位置进行引流，尽可能渗透到每个成熟期产品链接的关联位置。例如：宠物用品类目下宠物饮水器，从传统的饮水器升级改良为喷泉式自动饮水机（见图 5-15、图 5-16）。

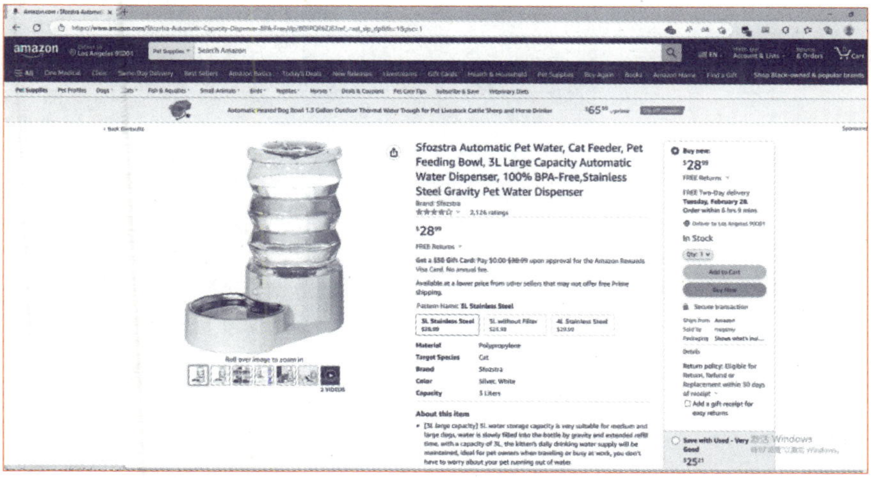


图5-15　跨境电商平台中传统的宠物饮水器

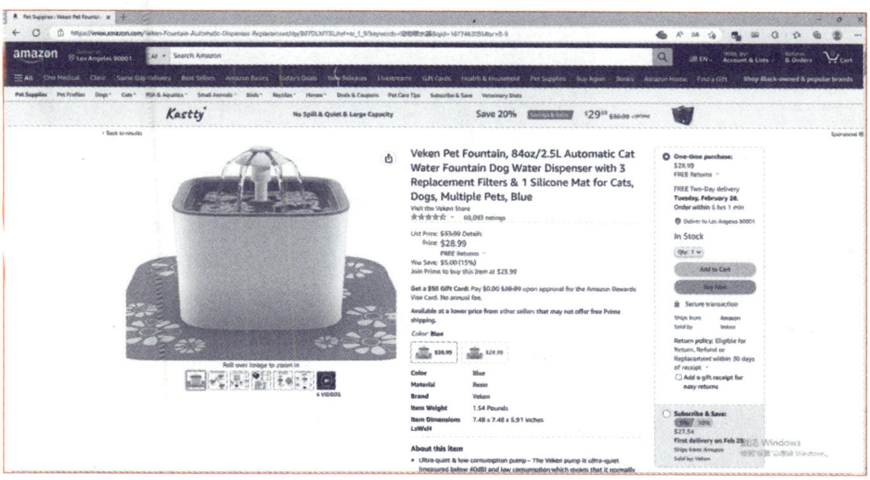


图5-16　跨境电商平台中喷泉式自动饮水机

**2. 推广策略**

在成熟期，企业需要重点关注产品的利润率，在这个阶段，listing 的曝光已经达到顶峰，可以降低广告投入。很多爆款可以靠自然流量和品牌效应将这个阶段的流量和转化率基本维持在稳定状态，因此很难有进一步的增长空间，所以要控好广告预算，精准投放广告，同时也要不断地根据市场的变化调整，利用站内的广告、秒杀活动制造关联流量（见图 5-17）。

**3. 物流策略**

在成熟期，市场需求趋于饱和，产品边际利润降低，潜在需求不确定性变小。由于产品需求稳定，每个销售网点的需求量和配送中心的发货量都是可以控制的。在这一阶段，企业可以成立大型配送中心，覆盖所有的销售网络，完善现代增值物流服务；也可以利用第三方物流企业来降低物流成本，而且还可以选择专门的物流企业提供的专业化服务。

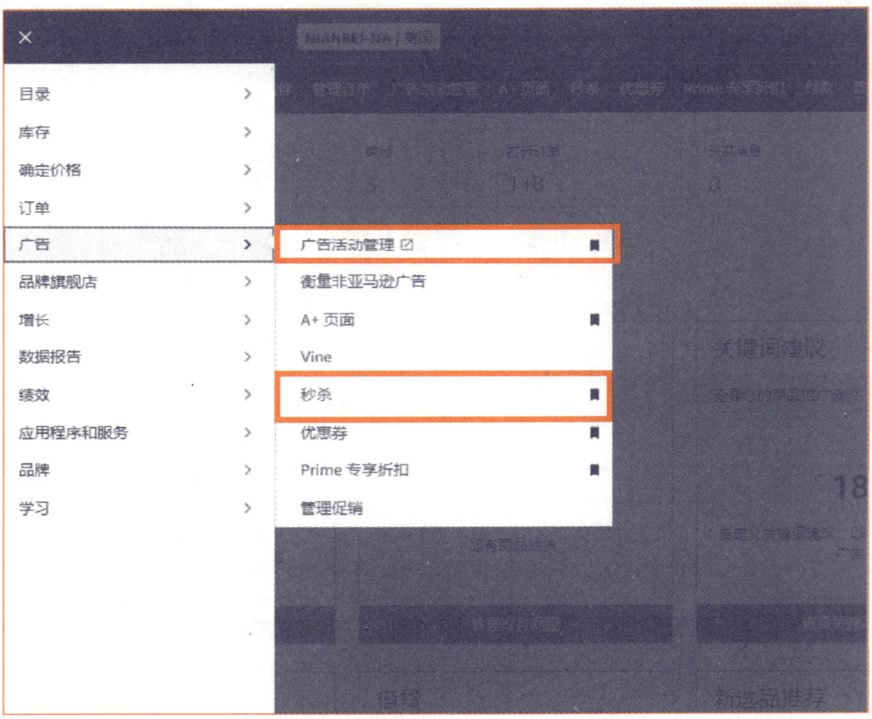


图5-17 设置广告和秒杀活动

## （四）衰退期的运营策略

**1. 定价策略**

在衰退期，市场需求会逐渐减弱，消费者的忠诚度也会下降，所以这一时期除了降价，还可以通过设置折扣等方式快速清仓；在这个阶段，卖家要开始寻找市场上新热卖的产品进行开发，为下一轮的运营做准备。此时没有新的功能可以再被改善或开发出来，产品的销售基本上被头部卖家所垄断，新进入的卖家在产品实力上很难和这些卖家抗衡。例如：如果卖家选择成熟的宠物用品很难实现盈利（见图 5-18）。

**2. 推广策略**

在衰退期，若销量与利润大大下降，则没必要继续强推这个产品；如果还有库存，可以通过满减、打折、包邮、组合等方式销售出去，最大化减少库存。

**3. 物流策略**

在衰退期，为配合整体营销策略，企业应采取物流紧缩策略，维持基本物流服务，减少物流开支。

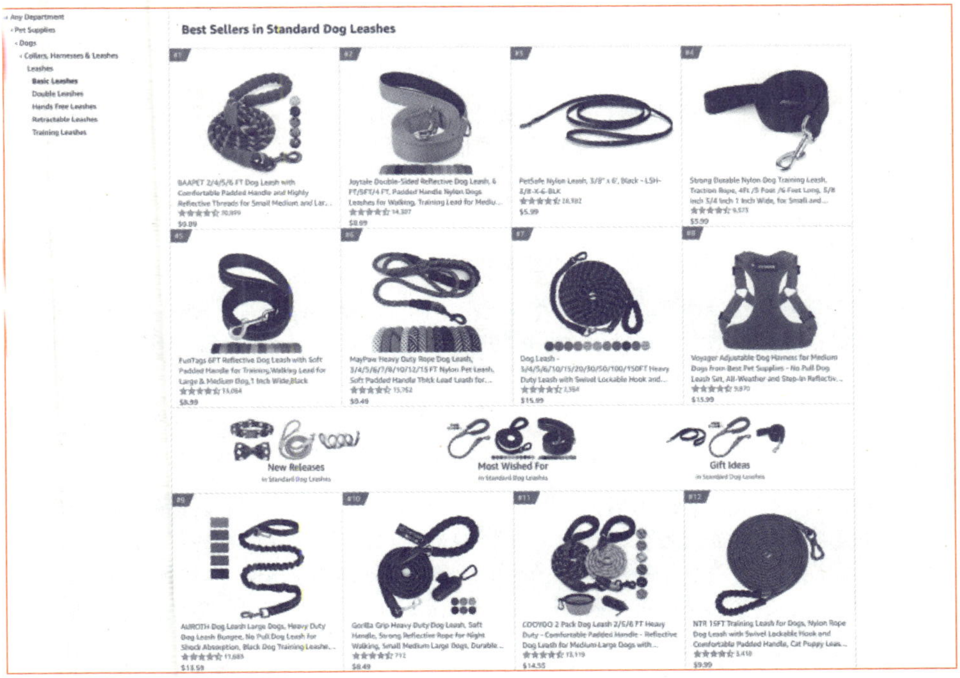


图5-18　跨境电商平台中成熟的宠物用品

**【课堂讨论】**

根据自身经验选择一款准备在跨境电商平台销售的产品，并从平台销售的相关数据和趋势分析判断产品所处的产品生命周期，同时利用产品生命周期不同阶段的营销策略制定该产品的营销方案（见表 5-3）。

**表 5-3　产品的营销方案**

| 策略 | 具体内容 |
| --- | --- |
| 选品策略 | |
| 定价策略 | |
| 推广策略 | |
| 物流策略 | |

# 任务二 制定销售计划

| 项目名称 | 项目五　产品销售周期分析 | 任务名称 | 任务二　制定销售计划 |
|---|---|---|---|
| 学习目标 | 知识目标 | 掌握销售计划制定的原则及步骤；<br>了解跨境电商企业制定销售计划的注意事项。 | |
| | 能力目标 | 能够根据具体产品制定销售计划；<br>能够对销售计划进行评估。 | |
| | 价值目标 | 树立诚信合规的商业道德；<br>塑造精益求精的工匠精神；<br>养成创新突破的创新意识。 | |
| 任务描述 | 销售计划是指导企业在计划期内进行产品销售活动的计划，它规定企业在计划期内销售产品的品种、数量、销售价格、销售对象、销售渠道、销售期限、销售收入、销售费用、销售利润等，它是在进行市场调查和预测的基础上科学制定的。 | | |
| 任务准备 | 根据任务二中最终分析确定的产品，在符合平台规则、法律法规的前提下制定产品销售计划，并在计划实施的过程中不断修正完善，确保计划执行的效果。 | | |
| 实施提醒 | 同学们通过利用数据采集、数据分析、策略选择从而制定企业营销战略，养成精益求精的工匠精神和创新突破的意识，同时也应在符合产品生命周期的客观规律、市场运行的既定规则、相关法律的约束条件下开展相关业务，遵守诚信合规的商业道德。同学们在对产品分析并选择营销方案的过程中可以采用 SWOT 分析法，借助该分析法可以更加全面地对内外部因素进行系统分析。 | | |

## 知识精讲

### 一、销售计划的定义

销售计划是企业战略管理的体现，是实现企业目标的路径，也是企业工作内容的指引；是指导企业在计划期内进行产品销售活动的计划，是在企业内部和外部开展调研，在审视企业的优势和劣势的基础上提出假设、进行预测，根据销售任务、需求预测等资料，规定企业在计划期内产品销售的品种、数量、销售价格、销售对象、销售渠道、销售期限、销售收入、销售费用、销售利润等；是企业制定生产计划和财务计划的重要依据。一个有效、可控的销售计划在整个销售活动中的重要性不言而喻，但是，一般来说，销售计划的跨度不宜过长，企业需要在确定销售目标、制定销售策略、设定推广预算的执行过程中不断修正销售计划。

## 二、销售计划的分类

（1）从时间长短来分，销售计划可以分为周销售计划、月度销售计划、季度销售计划、年度销售计划等。

（2）从范围大小来分，销售计划可以分为企业总体销售计划、分公司（部门）销售计划、个人销售计划等。

（3）从市场区域来分，销售计划可以分为整体销售计划、区域销售计划，区域一般按大区或省区、地市、县市、乡镇等行政区域来划分，也可以根据企业的实际销售范围和统计区域来划分。

（4）从企业的性质来分，销售计划可以分为生产企业销售计划、流通企业销售计划、零售企业销售计划等，各类企业由于经营性质和销售产品的不同，其市场销售计划的制定方法和模式也不完全一样。

## 三、制定销售计划的依据

销售计划的制定，必须有所依据，要有理有据、有的放矢，遵照本企业的实际经营生产情况，结合产品市场需求情况、市场的竞争程度、上一个销售计划的实施完成情况、销售队伍的建设情况、竞争者的销售情况进行制定。

## 四、制定销售计划的步骤

### （一）市场调研

制定销售计划的第一步就是对销售环境做调研。对销售环境的调研既包括内部环境调研又包括外部环境调研。内部环境调研可以重点考察产品的销售数据、采购数据、物流数据、促销数据、售后数据等；外部环境调研的重点是识别和评价超出企业控制能力的外部发展趋势与事件，通过外部环境分析，企业可以很好地明确自身面临的机会与威胁，从而决定企业选择做什么产品。在进行市场调研的过程中，企业可以借助 PEST 分析法进行分析。具体内容包括：

**1. 市场状况**

市场状况主要是指市场规模与增长状况、各细分市场的销售情况、消费者需求和购买行为的变化趋势等。

**2. 分销状况**

分销状况主要是指企业所选择的分销渠道的类型及产品在各种分销渠道上的销量，包括产品在实体商店、网络销售等各种渠道上的分配比例等。

**3. 宏观环境状况**

宏观环境包括人口环境、经济环境、技术环境、政治法律环境、社会文化环境，从环境状况中判断某种产品的发展前景。

### （二）产品分析

首先，需要确定销售目标。销售目标既包括定性目标，如服务质量、品牌形象、市场地位；又包括定量目标，如市场占有率、营业收入额、投资回报率。其次，对于跨境电商企业来说，想要打造好产品，就要准确找出自己的竞争对手，对确定为竞品的 listing 逐个分析，包括图片、标题、关键词、产品描述、价格、评价。在进行产品分析时可以借助 SWOT 分析法进行分析。具体内容包括：

**1. 产品状况**

列出企业产品组合中每一个品种近年来的销售价格、市场占有率、成本、利润率等数据，根据产品的生命周期曲线来计算成本和利润空间。

**2. 竞争状况**

识别企业的主要竞争对手，并列举竞争对手的规模、目标、市场份额、产品质量、价格、营销策略及其他有关内容，以了解竞争对手的意图、行为，判断竞争对手产品的变化趋势。

**3. 市场需求**

查看相关产品的在售数量、listing 的评价数量以及产品关键词的搜索量，从而判断是否有进入该细分市场的必要性。

**4. 供应商服务**

跨境电商供应链是指围绕产品采购、运输、销售、消费等环节提供服务，构成连接上游品牌方、下游消费者并承载“信息流、货物流、资金流”功能的网链服务结构。

### （三）销售计划制定

企业应结合生产情况、市场需求情况、市场竞争情况、历史销售情况、竞争对手情况，通过多维度分析，对潜在的目标市场进行细分、评估和筛选，明确企业该进入哪个或哪些业务领域，同时对各个业务领域或同一领域的不同品类的最佳组合制定明确的计划，并且在制定营销计划之前有一个明确的销售目标，围绕这一目标精确把控从国际市场营销调研信息到各级市场营销计划制定及执行的整个过程，在实施的过程中评判是否达到预期标准，并机动灵活地调整、纠正销售计划的偏差使之符合要求。

一般而言，销售计划包含的因素有：确定销售目标（销售额、市场占有率、分销覆盖面、利润率、投资收益率等）、制定销售策略、评价和选定销售策略、综合制定销售计划、对计划加以具体说明、执行计划、检查成功率、纠错控制等。

## 五、销售计划评估

### （一）目标评估

对销售计划执行过程的综合目标、硬性目标和软性目标的完成程度进行评估，適时掌握计划的实施进度。

### （二）投入产出评估

对执行销售计划的效率进行评估，同时衡量销售计划为企业带来的效益，并对这种效益所反映的价值程度进行判断。

### （三）推广效果评估

衡量实际执行过程中现行推广方式对销售计划所起的作用，并评估推广方式的价值，从而确定是否维持、变更、暂停现行推广方式。

### （四）执行政策评估

对销售人员销售计划的完成程度进行评估，一方面是了解销售人员对销售计划的认同程度，另一方面则是了解销售人员对销售计划的重点有无把握。

### （五）竞争对比评估

将销售计划的各个环节与竞争对手对比，找到存在的差异或差距，进一步提高销售计划的针对性和可行性。

## 六、制定跨境电商企业销售计划的注意事项

### （一）注意目标市场的消费习惯

跨境电商交易主体遍及全球，不同的消费者有不同的消费习惯、文化心理、生活习俗，这要求跨境电商需要对目标市场消费者的消费习惯和风土人情以及国际品牌建设等方面有更深入的了解，从而制定可以满足消费者心理需求的销售计划和促销方案。同时，跨境电商平台对产品的主图以及其他图片的要求是不一样的，其中包括格式、大小、尺寸、像素、颜色等方面的要求，所以也应该根据不同平台的具体要求创建符合平台和目标市场需求的宣传图片。

### （二）注意运输时效

由于跨境电商业务环节复杂，需要经过海关通关、检验检疫、外汇结算、出口退税、进口征税等环节，因此，在货物运输方面，物流成本相对较高，配送周期较长，这些都增加了跨境电商物流的不确定性，无论卖家是使用国际快递还是集中发货或海外仓发货，都需要提前规划产品的物流布局使之与产品的销售相匹配。

### （三）注意符合法律法规

跨境电商涉及不同的商业环境与法律体系，对于知识产权等都会有更严格的要求，因此，要注意避免引起知识产权纠纷。跨境电商企业进口的产品必须属于《跨境电子商务零售进口商品清单》，不得进口涉嫌危害口岸公共卫生安全、生物安全、进口食品和产品安全、侵犯知识产权的产品以及其他禁限产品。跨境电商企业应向海关实时传输真实的交易

电子数据、支付、物流等电子信息，禁止传输虚假电子信息和数据，对数据信息真实性、消费者身份的真实性承担相应责任。跨境电商企业不得利用他人真实身份信息，通过跨境信息交易平台进行“刷单”，应对交易真实性和消费者身份信息的真实性进行审核，发现订购人和支付人不一致的情况，跨境电商企业应协助海关对订购人身份信息进行认证，并向海关提供相关证明。

### （四）注意制定销售计划预案

跨境电商贸易受到海外市场消费需求、科技发展水平、政治体制变动，甚至受到自然、疾病等众多因素的制约，所以在制定销售计划时应有充分的预案。

### 【课堂讨论】

根据任务二最终分析确定的产品，在符合平台规则、法律法规的前提下进行产品销售计划的制定（见表 5-4）。

表 5-4　产品销售计划

| 项目 | 内容 |
| --- | --- |
| 产品计划 | |
| 渠道计划 | |
| 成本计划 | |
| 销售组织计划 | |
| 销售目标计划 | |
| 推广宣传计划 | |
| 促销计划 | |
| 财务计划 | |

# 任务三　技能提升

| 项目名称 | 项目五　产品销售周期分析 | 任务名称 | 任务三　技能提升 |
|---|---|---|---|
| 学习目标 | 知识目标 | 掌握跨境电商平台销售产品的生命周期的分析方法；<br>掌握季节性明显的跨境电商产品的生命周期的分析方法。 | |
| | 能力目标 | 能够根据产品趋势图分析产品所处生命周期的阶段；<br>能够根据产品所处生命周期阶段进行营销策划。 | |
| | 价值目标 | 掌握按照事物发展规律办事的科学方法；<br>能够利用数据资源，理性地分析事物。 | |
| 任务描述 | 跨境电商平台中有很多产品随着季节的变化呈现不同的销售趋势，例如：每年的12月25日是圣诞节，国外的消费者在圣诞节期间会为亲友准备礼物、在各种场合装饰圣诞饰品、举办各种各样的圣诞聚会，因此亚马逊平台的圣诞购物季会从11月初开始，一直持续到12月22日，这一阶段带有明显圣诞节特征的产品的销量会暴涨几十倍甚至上百倍。所以，对于季节性明显的产品进行产品生命周期分析能有效地帮助企业进行产品决策，游刃有余地制定销售计划，提升运营成功率。 | | |
| 任务准备 | 根据跨境电商平台中的产品趋势图进行产品生命周期分析，同时及时跟进产品的销量、流量数据，监测市场上竞争者的销售情况，并定期了解该产品的市场偏好动向，预判此产品目前处在生命周期的哪一阶段，后续是上升、下降还是保持稳定。 | | |
| 实施提醒 | 季节性产品有很多种，包括节日型、文化型、地区型、常规型。季节性产品的选款，可以从固定元素出发，做不同的变体。季节性因素有两个很重要的特点：重复性和预测性。当一个特定消费者群体同时对某个产品都有需求时，代表此季节的开始，产品的销量会上涨，到达峰值；过了这个时期，销量会下降，当消费者群体对这个产品的需求结束了，预示此季节的结束。 | | |

## 知识精讲

跨境电商平台中的一些季节性产品，其生命周期非常明显，企业要准确把控这类产品的上架时间、推广时间、推广力度等，一旦有一个环节发生错误，导致库存太多，产品滞销，很容易造成资金链断裂，因此，企业在没有运营经验时，要谨慎选择。判断产品生命周期的时候，可利用产品的搜索趋势等数据进行综合分析。了解产品的生命周期，不仅对选品有好处，也可以帮助企业在产品上架期间调整运营策略，降低运营成本的同时提高收益。下面针对两款季节性明显的跨境电商产品进行举例分析。

# 一、电热毯生命周期分析

## （一）电热毯导入期

电热毯导入期为每年 6—8 月（见图 5-19、图 5-20）。在准备新品推广时，企业一定要做好市场调研，了解该产品市场容量、同行价格、销量等信息，同时也要充分了解自己产品的卖点，将卖点在 listing 中体现出来。

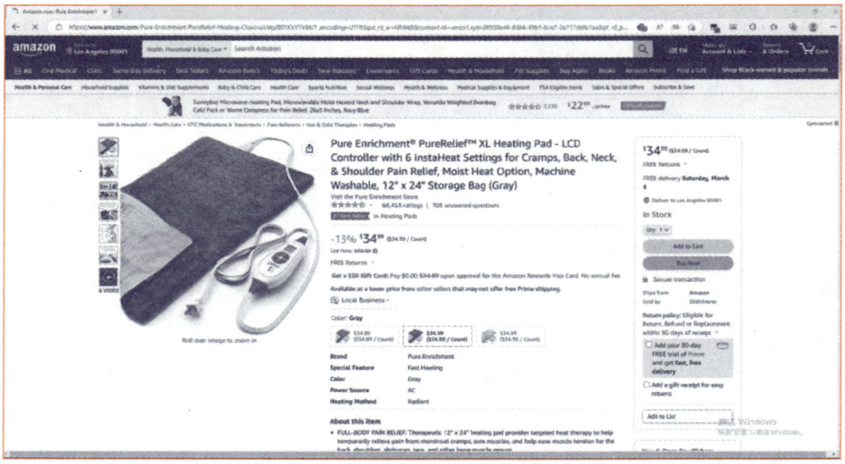


图5-19　跨境平台上的电热毯

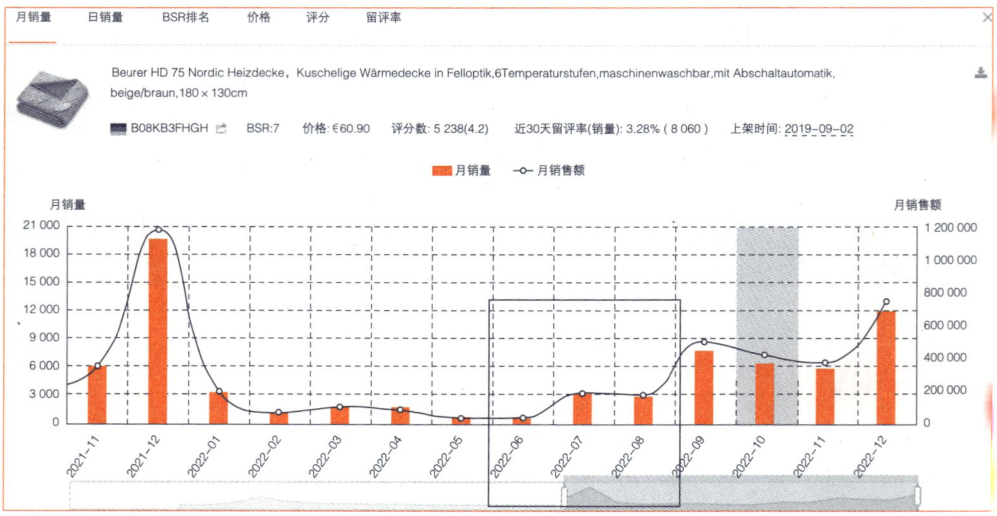


图5-20　电热毯导入期趋势图

## （二）电热毯成长期

电热毯成长期一般为每年 9—11 月（见图 5-21），但是，2022 年受到能源危机影响，该产品提前步入成熟期，因此在考虑产品生命周期的过程中要格外关注世界政治、经济环境，这有助于企业对产品的分析更加精准。

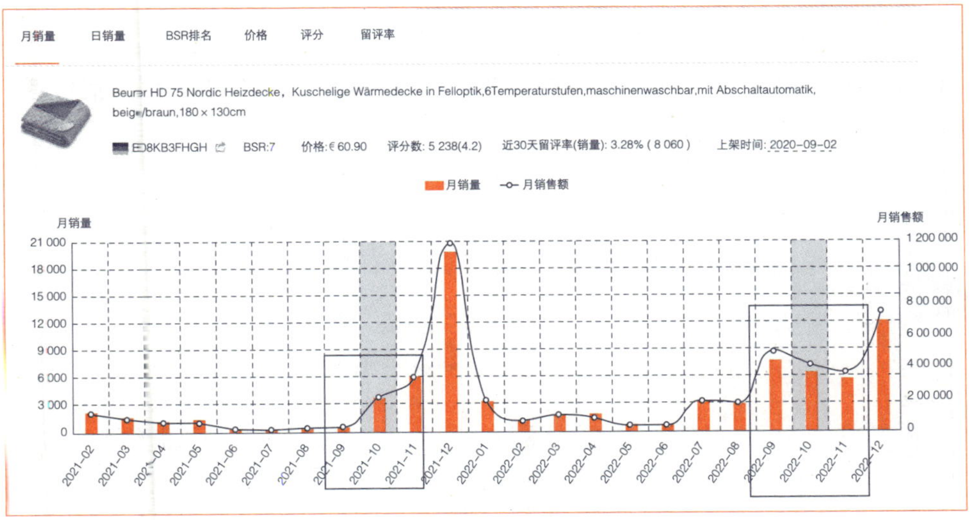


图5-21　电热毯成长期趋势图

## （三）电热毯成熟期

电热毯成熟期一般为每年 12 月（见图 5-22），因为此时欧洲步入寒冷的时节，此阶段需要通过站内广告投放进行宣传和转化。企业开始投放广告时，应通过产品卖点、使用场景、竞品关键词分析、搜索趋势等数据报告，梳理一组投放关键词，尽可能地放大消费者流量池，运行两周左右，再分析广告报表，关闭低转化率的广告内容，加大高转化率广告内容的投放力度。通过广告投放分析，将吸引消费者的产品点，同步更新转化到 listing，提高被搜索率，并渗透消费者的使用场景，优化宣传物料，最终实现高效率的推广转化。

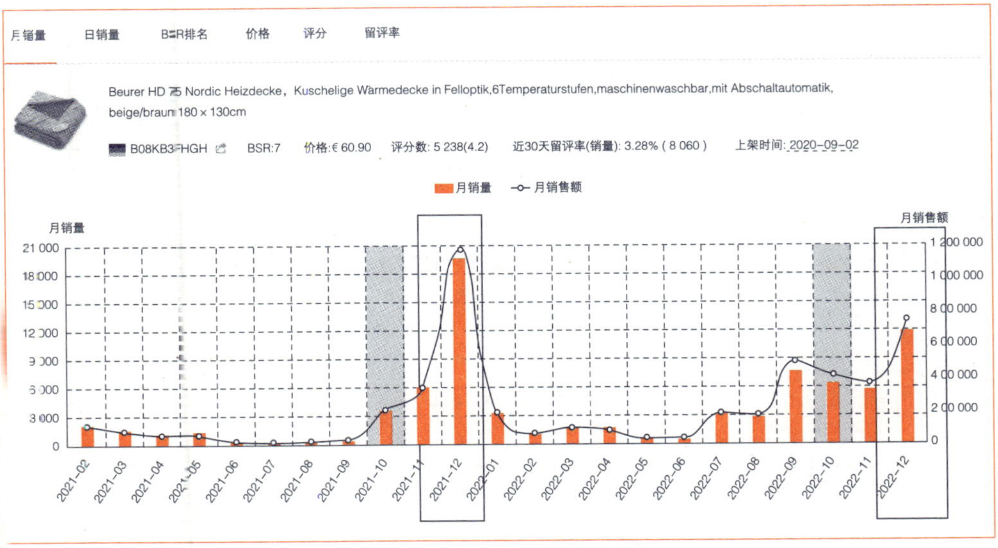


图5-22　电热毯成熟期趋势图

### （四）电热毯衰退期

电热毯衰退期为每年 2—8 月（见图 5-23、图 5-24），此时气温回暖，消费者对该产品的需求数量不大，应该及时下架产品，并进行其他新产品的开发。

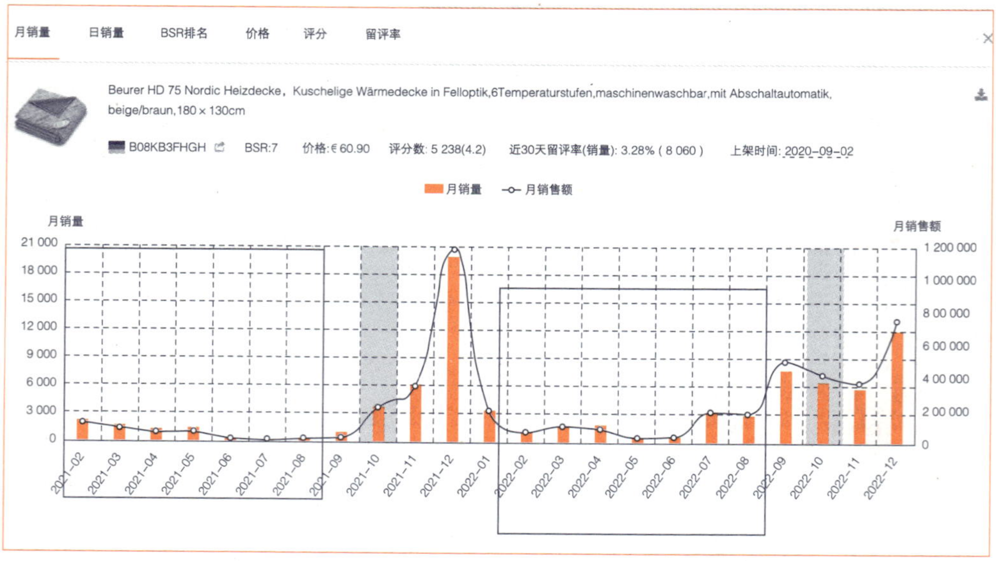


图5-23 电热毯衰退期趋势图

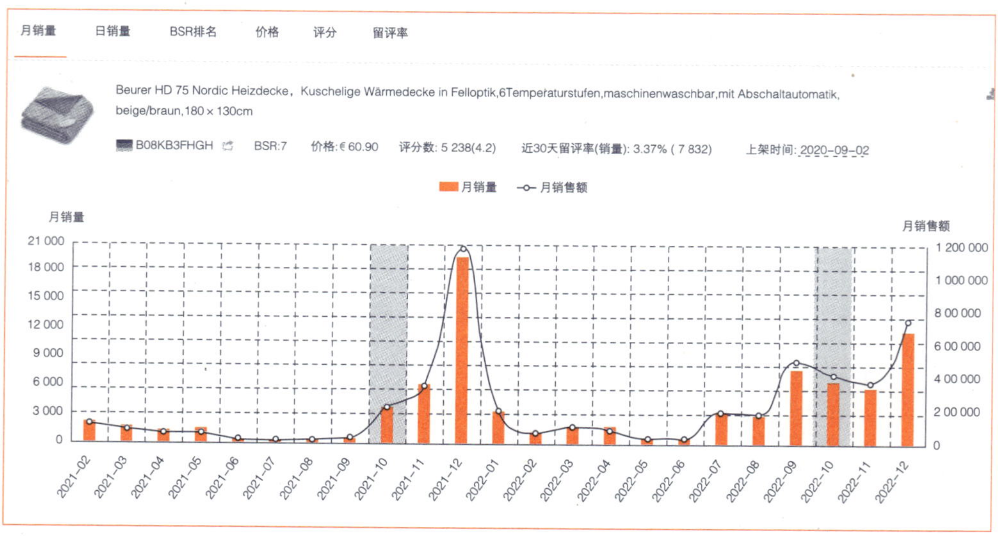


图5-24 电热毯生命周期趋势图

## 二、圣诞节相关产品生命周期分析

### （一）圣诞节相关产品导入期

圣诞节相关产品导入期为每年 6—8 月（见图 5-25、图 5-26）。卖家一般会通过海运或铁路，将产品提前运送到海外仓或 FBA 仓库。企业首批货发送时，一般会选择快船，首批数量一般是准备 40 天左右的库存，对于有把握能爆单的产品会同时发一批慢船过去，一般等首批开售半个月，销量上涨后再补货。该阶段的主要任务是推广新产品，打开市场，使产品有一定的排名和销量。

图5-25 跨境电商平台上与圣诞节相关的产品

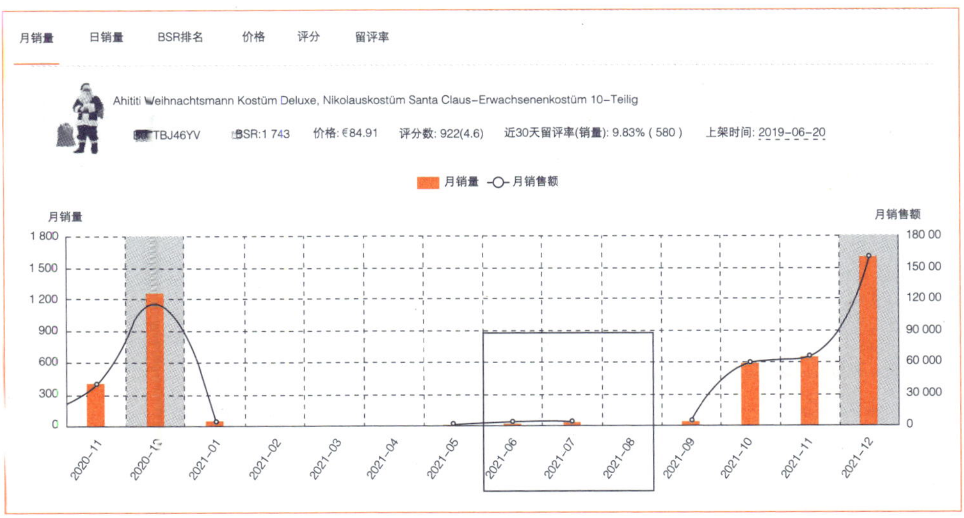


图5-26 圣诞节相关产品的导入期趋势图

## （二）圣诞节相关产品成长期

圣诞节相关产品成长期为每年 9—11 月（见图 5-27）。待产品到达海外仓或FBA 仓库，产品上架后，平台会给予产品一定流量的倾斜，此时维持评价星级 4.5 以上，同时使用秒杀活动等营销手段。产品第一次秒杀活动至关重要，因为如果第一次做得好，那么后期的秒杀活动会越来越好，反之就越来越差。秒杀活动结束后需要稳定排名，整个产品推广期间都需要重点关注 listing 排名和核心关键词自然搜索排名，保证核心关键词自然搜索排名出现在首页。

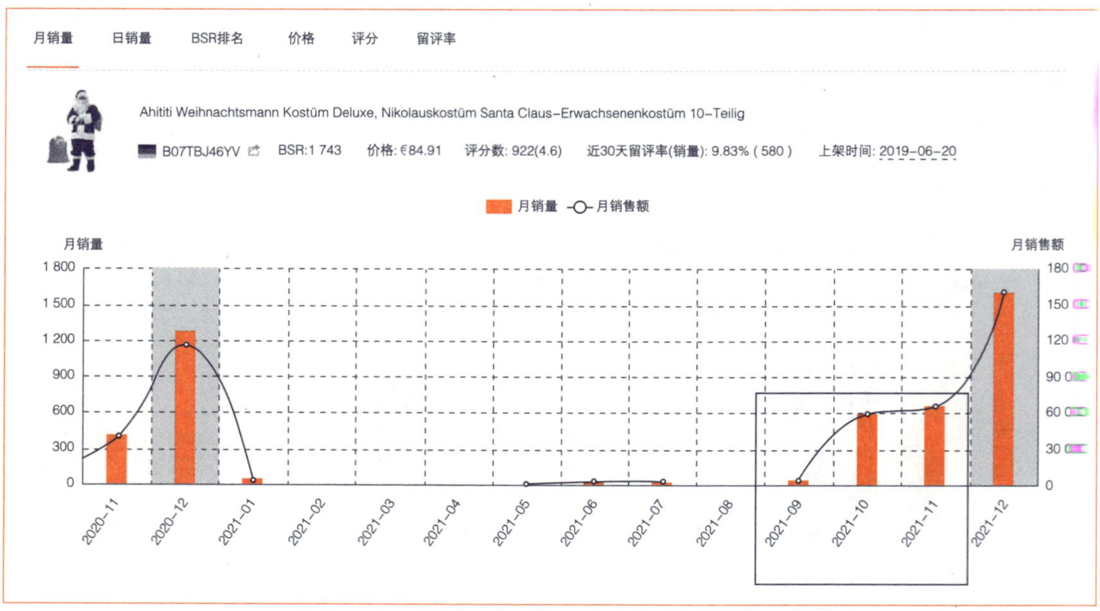


图5-27　圣诞节相关产品的成长期趋势图

## （三）圣诞节相关产品成熟期

圣诞节相关产品成熟期一般为每年 12 月（见图 5-28）。这个阶段是产品的热销时段，先调研一下竞争对手做产品推广的情况，预估流量以及出单数。此时可以在站外推广，保证转化率维稳。

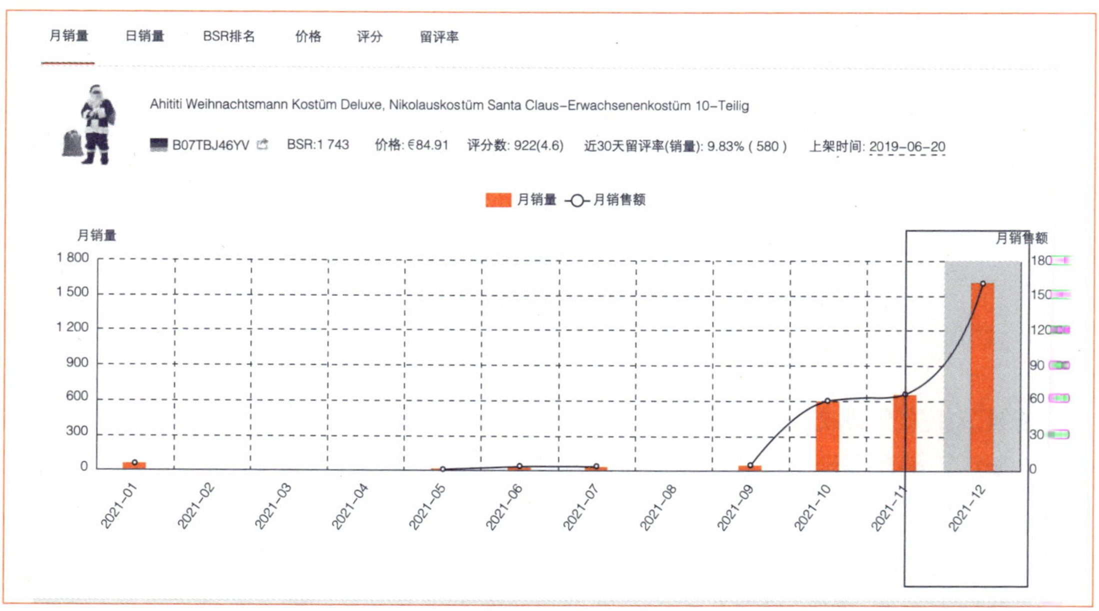


图5-28　圣诞节相关产品成熟期趋势图

## （四）圣诞节相关产品衰退期

圣诞节相关产品衰退期为每年的 1—8 月（见图 5-29 至图 5-31），由于过了圣诞节，节日产品没有太大需求空间，此时应果断放弃相关产品。

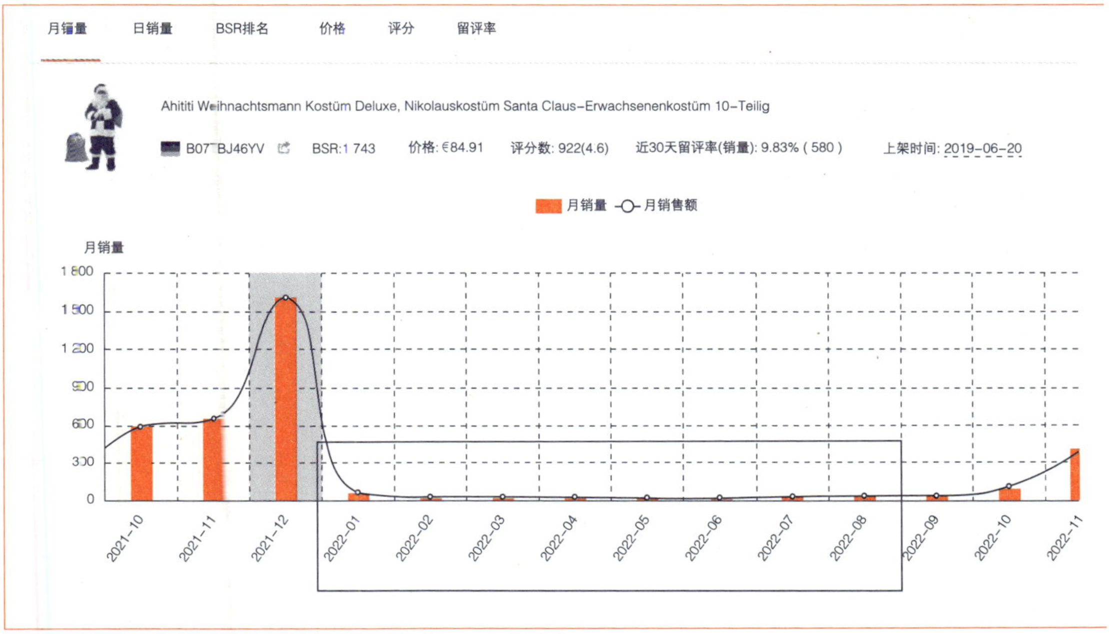


图5-29　圣诞节相关产品衰退期趋势图

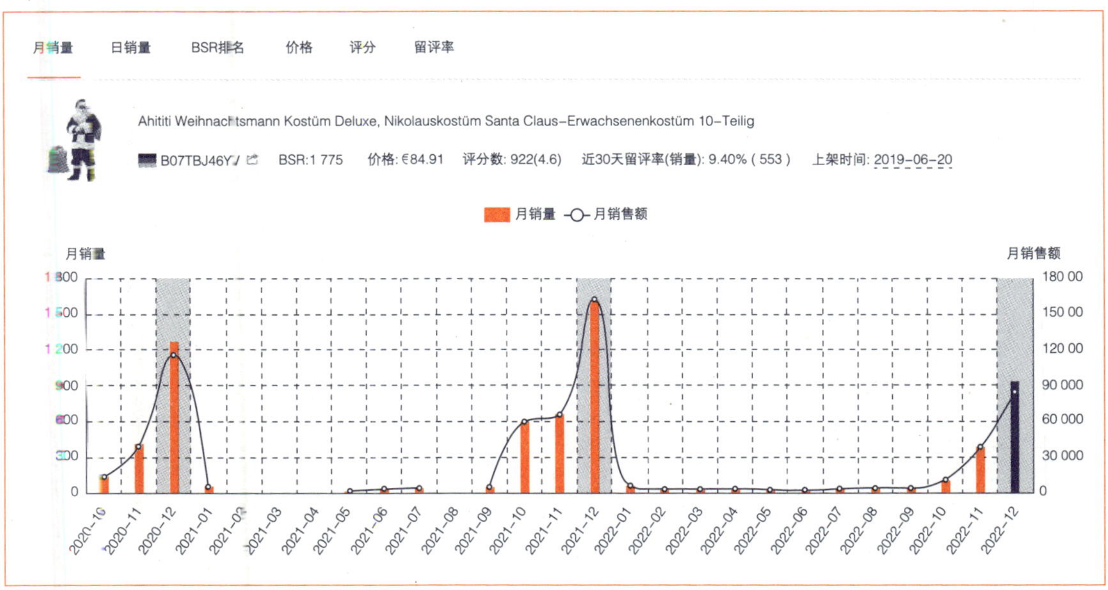


图5-30　圣诞老人的产品生命周期趋势图

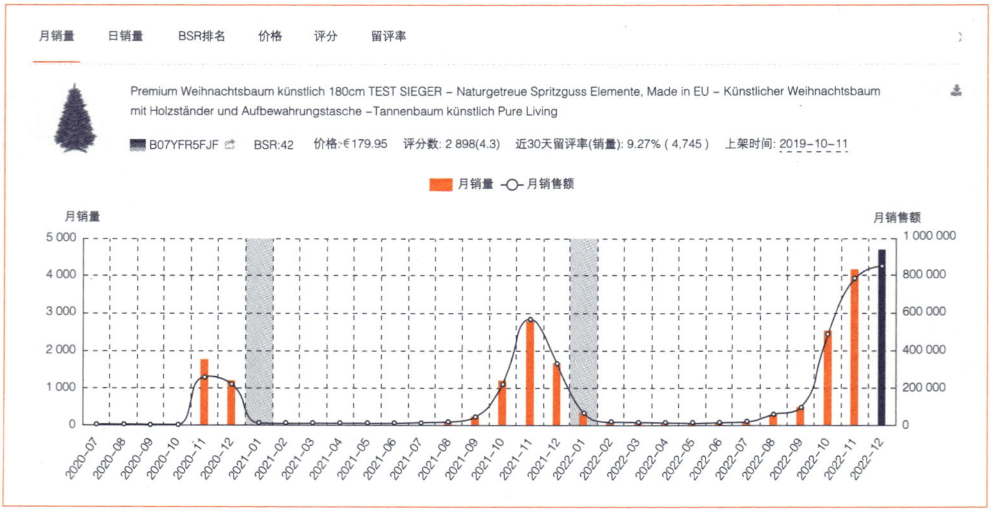


图5-31　圣诞树的产品生命周期趋势图

## 行业观察

### 从产品生命周期看老字号品牌创新

一块老字号招牌就是一段传奇，它记录了社会变迁、市井繁华。但是，时代在变，有的老字号却没有及时跟上变化的步伐。目前商务部认定的 1 128 家中华老字号，有 50% 都处于惨淡经营或持续亏损的境地。一些老字号达到企业生命周期的“极限点”，亟须开拓“第二曲线”，延续企业生命周期，核心便是创新。创新是灵魂，是生存之道，老字号虽然具有深厚的历史文化与品牌底蕴，但是，不能被名声所累，要加大创新力度，焕发新的生机与活力。当然，对拥有数十年乃至上百年历史的老字号而言，要突破传统、寻求创新并不容易。但是，如果一味桎梏于传统理念、传统模式与传统产品，显然已经不能适应快速变化的市场环境和消费者需求。一些老字号营收持续下降甚至面临生存困境，主要原因就是产品老旧、服务落后，已经无法吸引年轻消费者。组织架构陈旧、市场反应滞后、人力资源匮乏、欠缺互联网思维等，成为老字号面临的发展困境。

老字号浸润着深厚的文化底蕴，承载着丰富的历史记忆。一杯一盏、一碟一碗，盛满了中国传统饮食文化的智慧；一屏一扇、一帽一衫，展示的是中国传统手工艺的精妙。历经百年，不惧时间磨砺和品质检验，老字号是中国商业和手工业发展留存下来的精品，也是中华优秀传统文化的载体。保护传承老字号、促进老字号创新发展，既是对传统产业和商业文化的继承，更是涵养文化自信的需要。所以老字号的创新，关键在于平衡好传承与创新的关系，代代传承下来的文化和品质内核绝不能丢，在经营模式和产品业态上完全可以加大创新力度。在消费升级的背景下，市场已经告别“量的满足”，向“质的消费”和“情感消费”转变，以年轻人为主的消费群体更加追求高品质、高颜值的消费体验。近年来，一些老字号带头创新，研新品、上“云端”、扩渠道，既保留了老品牌应有的品质和味道，也焕发出年轻的姿态和潮流形象，在转型发展中越“活”越年轻，为老字号的创新提供成功示范。

老字号是中国企业品牌的代表，面对海外潮流冲击和内部环境变化，老字号不能满足于“吃老本”，故步自封只会不断蚕食老字号的品牌和口碑。党的二十大报告中明确提出：“着力推动高质量发展”“加快建设制造强国、质量强国”。这为老字号发展指明了方向。老字号一定要在守住品牌核心和文化的同时，勇敢拥抱新的市场环境和潮流趋势，善于运用互联网思维，采取跨界、联名等多元化的方式，来拓展品牌的现代表现力和吸引力。老字号之所以能够传承至今，也是通过不断创新来保持自身生命力，时至今日，虽然环境变化非常大，但是，企业发展的规律是共通的，老字号需要激发自我革命的勇气和魄力，加快品牌和产品的升级迭代，不断完善创新链，借力数字化进行转型，为传承发展积蓄充沛动能。2022年商务部等8部门印发《关于促进老字号创新发展的意见》，出台一系列加大老字号保护力度、健全老字号传承体系、激发老字号创新活力、培育老字号发展动能等方面具体措施，明确到2025年，老字号保护传承和创新发展体系基本形成，老字号持续健康发展的政策环境更加完善，创新发展更具活力，产品服务更趋多元，传承载体更加丰富，文化特色更是浓郁，品牌信誉不断提升，市场竞争力明显增强。

创新的前提在于坚守。首先是坚持对品质的至高要求。老字号的价值正是在于秉持匠心、臻于至善，坚持对品质的极致追求，因而具备旺盛的生命力。在现代机械化、规模化制造生产背景下，老字号手工制作、精良打造的传统工艺和工匠精神更显可贵。其次在于对品牌价值的呵护。老字号走过百年而历久弥新，沉淀深厚的品牌价值，是优良品质的象征。在新的市场环境下，老字号有天生的品牌优势，应通过更加多元化的方式传递品牌文化、厚植品牌根基。

创新是传承的最好方式之一。部分老字号遇到发展困境，原因在于产品创新力不足，无法吸引年轻消费者群体。国家统计局数据显示，2021年，全国网上零售额达13.1万亿元，同比增长14.1%，网络零售市场稳步增长。互联网让零售越来越下沉，也让消费者更趋年轻化。面对多层次、年轻化的消费者群体，老字号既要向消费者传递品牌文化内涵，更要抓住年轻消费者追求新鲜的特点，开发更多满足市场需求的产品，拓展新的消费渠道。此外，老字号主要集中在食品加工、餐饮住宿、医药等领域。随着社会生活的不断发展，人们对饮食健康、出行住宿和养生保健等有了更多新的要求。老字号需要在坚持品牌精髓的同时，根据人们生活和饮食习惯的变化做出相应改变，让老品牌焕发新生机。

# 拓展阅读

## PEST分析法和五力分析模型

在运用 SWCT 模型进行分析时，对于企业外部的机会和威胁的分析可以借助 PEST 分析法和五力分析模型。

### 一、PEST 分析法

PEST 分析法（见图 5-32）是宏观环境的分析，是指一切影响行业和企业的宏观因素。对宏观环境因素做分析，不同行业和企业根据自身特点和经营需要，分析的具体内容会有所差异。一般都应对政治、经济、社会和技术这四大类主要影响企业的外部环境因素进行分析。

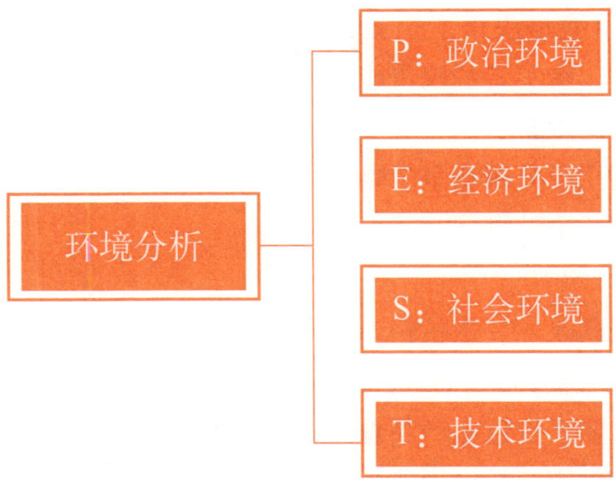


图5-32 PEST分析法

#### （一）政治环境

政治环境包括一个国家或地区的政治制度、体制、方针政策、法律法规等方面的内容。这些因素常常影响企业的经营行为，尤其是对企业长期的投资行为有着较大影响。

#### （二）经济环境

经济环境主要包括宏观和微观两个方面。宏观经济环境主要指一个国家的人口数量及其增长趋势，国民收入、国民生产总值及其变化情况以及通过这些指标能够反映的国民经济发展水平和发展速度。微观经济环境主要指企业所在地区或所服务地区的消费者的收入水平、消费偏好、储蓄情况、就业程度等因素，这些因素直接决定着企业目前及未来的市场大小。

### （三）社会环境

社会环境包括一个国家或地区的居民的受教育程度和文化水平、宗教信仰、风俗习惯、价值观念、审美观点等。文化水平会影响居民的需求层次；宗教信仰和风俗习惯会禁止或抵制某些活动的进行；价值观念会影响居民对组织目标、组织活动以及组织本身的认可程度；审美观点则会影响人们对组织活动内容、活动方式以及活动成果的态度。

### （四）技术环境

技术环境除了要考察与企业所处领域的活动直接相关的技术手段的发展变化外，还应及时了解国家对科技开发的投资和支持重点、某些领域技术发展动态和研究开发费用总额、技术转移和技术商品化速度、专利及其保护情况等。

## 二、五力分析模型

五力分析模型（见图 5-33）是哈佛商学院经济学院迈克尔·波特于 20 世纪 80 年代初提出的，他认为行业中存在决定竞争规模和程度的 5 种力量，这 5 种力量综合起来影响产业的吸引力以及现有企业的竞争战略决策。这五力分别是：供应商的议价能力、购买者的议价能力、新进入者的威胁、替代品的威胁、同业竞争者的竞争程度。波特五力模型用于分析竞争战略，可以有效地分析企业所处的竞争环境。

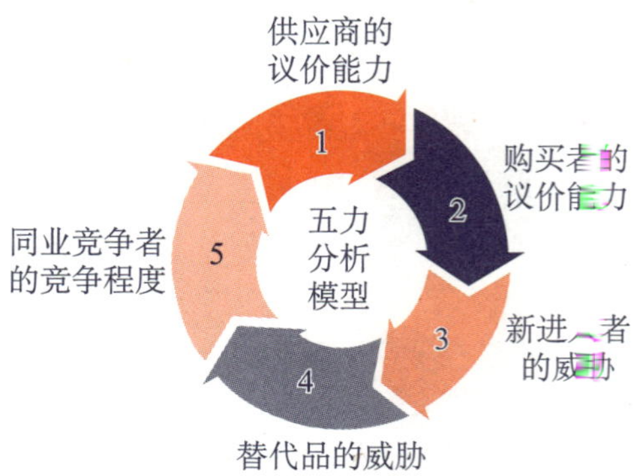

图5-33 五力分析模型

### （一）供应商的议价能力

供应商主要通过提高投入要素价格与降低单位价值质量来影响行业中现有企业的盈利能力与产品竞争力。供应商力量的强弱主要取决于他们所提供给客户的是什么投入要素，当供应商所提供的投入要素价值占产品总成本的较大比例，或对生产产品非常重要，或严重影响产品的质量时，供应商的议价能力大大增强。一般来说，满足如下条件的供应商会具有比较强大的议价能力：供应商为一些具有比较稳固市场地位而不受市场激烈竞争困扰的企业所控制，其产品的消费者很多，以至于每一个客户都不可能成为供应商的重要客户；供应商的产品各具一定特色，以至于客户难以转换或转换成本太高，或很难找到可与供应商产品相竞争的替代品；供应商能够方便地实行前向联合或一体化，而客户难以进行后向联合或一体化。

### （二）购买者的议价能力

购买者主要通过压价与要求提供较高的产品或服务质量来影响行业中现有企业的盈利能力。主要有以下原因导致购买者的议价能力会产生一定影响：购买者的总数较少，而每个购买者的购买量较大，占了卖方销量的很大比例；卖方行业由大量相对来说规模较小的企业组成；购买者所购买的基本上是一种标准化产品，同时向多个供应商购买产品；购买者有能力实现后向一体化，而供应商不能实现前向一体化。

### （三）新进入者的威胁

新进入者在给行业带来新生产能力、新资源的同时，希望能够在被现有企业瓜分的市场中赢得一席之地，这就有可能会与现有企业发生原材料与市场份额的竞争，最终导致行业中现有企业盈利水平降低，严重的话还有可能危及这些企业的生存。新进入者威胁的严重程度取决于两方面的因素：进入新领域的障碍大小，预计现有企业对于新进入者的反应情况。

进入新领域的障碍主要包括规模经济、产品差异、资本需要、转换成本、销售渠道的开拓、政府行为与政策、不受规模支配的成本劣势、自然资源、地理环境等，其中有些障碍是很难依靠复制或仿造的方式来突破。预计现有企业对新进入者的反应情况，主要是预测现有企业采取报复行动的可能性大小，这取决于有关厂商的财力情况、报复记录、固定资产规模、行业增长速度等。总之，新进入者进入一个领域的可能性大小，取决于进入者主观预期进入所能带来的潜在利益、所需花费的代价与所要承担的风险这三者的情况。

### （四）替代品的威胁

两个处于不同行业的企业，可能会由于所生产的产品互为替代品，产生相互竞争行为，这种源自替代品的竞争会以各种形式影响行业中现有企业的竞争战略。

现有企业产品定价以及获利潜力的提高，将由于存在能被客户方便接受的替代品而受到限制；由于替代品生产者的侵入，使得现有企业必须提高产品质量或通过降低成本来降低定价或使其产品更具特色，否则其销量与利润增长的目标就有可能受挫；由于替代品生产者的竞争强度受消费者转换成本高低的影响。

总之，替代品价格越低、质量越好、消费者转换成本越低，其所能产生的竞争压力就强。这种来自替代品生产者的竞争压力的强度，可以通过具体考察替代品销售增长率、替代品厂家生产能力与盈利扩张情况来表示。

### （五）同业竞争者的竞争程度

大部分企业的利益都是紧密联系在一起的，作为企业整体战略一部分的各企业竞争战略，其目标都在于使得自己的企业获得相对于竞争者的优势，所以，在实施战略的过程中就必然会产生冲突与对抗现象，这些冲突与对抗构成现有企业之间的竞争。现有企业之间的竞争常常表现在价格、广告、产品介绍、售后服务等方面，其竞争强度与许多因素有关。

一般来说，出现下述情况将意味着行业中现有企业之间竞争的加剧：行业进入障碍较低，势均力敌的竞争者较多，竞争者范围广泛；市场趋于成熟，产品需求增长缓慢；竞争者企图采用降价等手段促销；竞争者提供几乎相同的产品或服务，客户转换成本很低；一项战略行动如果取得成功，其收入会相当可观；行业外部实力强大的企业在吞并了行业中实力薄弱的企业后，发起进攻性行动，结果使得该企业成为市场的主要竞争者；退出障碍较高，即退出竞争要比继续参与竞争代价更高。在这里，退出障碍主要受经济、战略、情感以及社会政治关系等方面的影响，具体包括：资产的专用性、退出的固定费用、战略上的相互牵制、情绪上难以接受、政府和社会的各种限制等。

# 任务工单

<table>
<tr><td>任务名称</td><td colspan="5">宠物用品周边产品选品及销售计划的制定</td></tr>
<tr><td>任务目的</td><td colspan="5">数据监控发现，跨境电商平台宠物用品类目下的产品销售数据十分亮眼，鉴于此，可以挖掘一下该产品周边产品。</td></tr>
<tr><td>任务内容</td><td colspan="5">对宠物用品周边产品进行分析，选择可以进行销售的产品；<br>通过对月销量、价格分布、行业需求趋势、配送方式、上架日期分布、产品集中度、季节性、产品利润、销售趋势等因素进行分析，掌握产品基本信息；<br>根据产品信息对产品所处生命周期进行判断并进行 SWOT 分析，确定是否选择该产品；<br>根据确定的产品进行销售计划的制定；<br>以上内容以 PPT 演讲形式进行呈现。</td></tr>
<tr><td>任务提示</td><td colspan="5">从产品管理、供应商管理、数字化等多维度进行挖掘与分析。</td></tr>
<tr><td rowspan="2">第（ ）组</td><td>姓名</td><td></td><td></td><td></td><td></td></tr>
<tr><td>学号</td><td></td><td></td><td></td><td></td></tr>
<tr><td rowspan="20">任务</td><td colspan="5">对宠物用品周边产品进行分析，选择可以进行销售的产品</td></tr>
<tr><td>可供选择的周边产品</td><td colspan="4"></td></tr>
<tr><td>拟订的目标产品</td><td colspan="4"></td></tr>
<tr><td>选择该产品的理由</td><td colspan="4"></td></tr>
<tr><td colspan="5">通过对月销量、价格分布、行业需求趋势、配送方式、上架日期分布、产品集中度、季节性、产品利润、销售趋势等因素进行分析，掌握产品基本信息</td></tr>
<tr><td>月销量</td><td colspan="4"></td></tr>
<tr><td>价格分布</td><td colspan="4"></td></tr>
<tr><td>行业需求趋势</td><td colspan="4"></td></tr>
<tr><td>配送方式</td><td colspan="4"></td></tr>
<tr><td>上架日期分布</td><td colspan="4"></td></tr>
<tr><td>产品集中度</td><td colspan="4"></td></tr>
<tr><td>季节性</td><td colspan="4"></td></tr>
<tr><td>产品利润</td><td colspan="4"></td></tr>
<tr><td>销售趋势</td><td colspan="4"></td></tr>
<tr><td colspan="5">根据产品信息对产品所处生命周期进行判断并进行 SWOT 分析，确定是否选择该产品</td></tr>
<tr><td>产品生命周期阶段</td><td colspan="4"></td></tr>
<tr><td>产品的优势</td><td colspan="4"></td></tr>
<tr><td>产品的劣势</td><td colspan="4"></td></tr>
</table>

续前表

<table>
<tr><td rowspan="13">任务</td><td>产品的机会</td><td></td></tr>
<tr><td>产品的威胁</td><td></td></tr>
<tr><td>分析及判断</td><td></td></tr>
<tr><td>选择的理由</td><td></td></tr>
<tr><td colspan="2">根据确定的产品进行销售计划的制定</td></tr>
<tr><td>产品计划</td><td></td></tr>
<tr><td>渠道计划</td><td></td></tr>
<tr><td>成本计划</td><td></td></tr>
<tr><td>销售组织计划</td><td></td></tr>
<tr><td>销售目标计划</td><td></td></tr>
<tr><td>推广宣传计划</td><td></td></tr>
<tr><td>促销计划</td><td></td></tr>
<tr><td>财务计划</td><td></td></tr>
</table>

# 项目考核

## 一、单选题

1. 从产品的导入到成长、成熟再到衰退称为什么？（　　）

A. 产品生命周期　　B. 阶段框架　　C. 产品组合　　D. 过程管理

2. 在产品生命周期的不同阶段，以下关于产品定价的描述哪一个是正确的？（　　）

A. 价格竞争日趋激烈的成熟期，更多生产者进入市场

B. 在产品导入期，为了获得最高利润，定价应该很高

C. 在整个产品生命周期中，定价保持在一个恒定的水平上

D. 在衰退期提价，可以吸引新消费者

3. 产品衰退期，是产品在生命周期的最后阶段，它出现的主要原因是（　　）。

A. 技术进步、消费者偏好的改变、国际竞争、环境变化

B. 产品线缺乏创新

C. 竞争对手众多导致了可怕的价格战

D. 这个阶段是市场领导者为产品生命周期的最后阶段所下的定义

4. 企业需要通过产品差异化或开发新产品特性与竞争者产品区分开，销售重点在于扩大消费者购买产品的机会，这最有可能处于产品生命周期的哪一个阶段？（　　）

A. 导入期　　B. 成长期　　C. 成熟期　　D. 衰退期

5. 产品建立起品牌和标准，企业采用渗透定价法来获取市场份额，这最有可能处于下列哪一个产品生命周期的阶段？（　　）

A. 导入期　　B. 成长期　　C. 成熟期　　D. 衰退期

## 二、多选题

1. 产品的生命周期一般包括（　　）。

A. 导入期　　B. 成长期　　C. 成熟期　　D. 衰退期

2. 下列关于产品生命周期的表述中，正确的有（　　）。

A. 以产业销售额增长率曲线的拐点划分，产业生命周期可以划分为导入期、成长期、熟期和衰退期 4 个阶段

B. 成熟期开始的标志是竞争者之间出现挑衅性的价格竞争

C. 与产品生命周期每一阶段相联系的竞争属性随着产业的不同而不同

D. 一个产业所处的生命周期具体阶段通常比较清晰

3. 关于产品生命周期理论，下列表述正确的是（ ）。

A. 导入期的战略目标是扩大市场份额，争取成为领头羊

B. 产业增长曲线总是呈现 S 形

C. 成熟期市场巨大，生产稳定，局部生产能力过剩

D. 成熟期随着市场扩大，会出现兼并事件，引起市场的动荡

4. 在产品生命周期的导入期可以采取的策略有（ ）。

A. 快速撇脂策略　　B. 放弃产品线策略

C. 快速渗透策略　　D. 缓慢渗透策略

5. 美国经济学家雷蒙德·弗农教授在 1966 年《经济学季刊》上发表的《产品周期中的国际投资和国际贸易》一文中将产品生命周期分为 3 个阶段，即（ ）。

A. 新产品阶段　　B. 产品成熟阶段

C. 产品标准化阶段　　D. 产品成长阶段

## 三、判断题

1. 企业需要通过产品差异化或开发新产品特性与竞争者产品区分开，销售重点在于扩大消费者购买产品的机会，此时产品最有可能处于成长期。（ ）

2. 甲企业聘请咨询公司对企业产业进行研究。咨询公司给出如下结论：产品的销售群已经扩大，消费者对质量的要求不高，各厂家的产品在技术和性能方面有较大差异。此时是改变价格形象和质量形象的好时机。根据以上信息可以判断该企业产业处于生命周期的成长期。（ ）

3. 关于导入期特征的描述是否正确：产品的消费者很少，只有高收入消费者才会尝试新产品；产品质量有待提高，由于产品刚刚出现，前途未卜，产品类型、特点、性能和目标市场尚在不断发展变化中；经营风险最高；只有很少的竞争者，导入期的营销成本最高，由于销量小，产能过剩，生产成本高；企业的规模可能会非常小。（ ）

4. 产品生命周期与产品使用寿命是完全不同的概念。产品生命周期是指产品的市场寿命，是产品在市场上存在的整个过程，产品生命周期受市场因素的影响；而产品使用寿命是指产品从投入使用到报废的整个过程，产品使用寿命受产品质量、使用频率、维修保养等因素的影响。（ ）

5. 并非所有的产品生命周期曲线都是标准的 S 形曲线，还有 4 类特殊的产品生命周期曲线，分别是：风格型、时尚（流行）型、热潮型、扇贝型。（ ）

6. 市场竞争较少，企业通过促销来瞄准更加广泛的消费者群体，这最有可能处于产品生命周期的导入期。（ ）

7. 市场环境瞬息万变，销售计划应该根据变化的市场环境定期进行修改与更新。（ ）

8. 判断跨境电商产品的生命周期时，可以查询产品的搜索趋势和其他数据进行综合分析和比较。了解产品的生命周期不仅有利于产品的选择，而且有助于卖家在产品上架期间调整运营策略，降低运营成本，提高收入。（ ）

9. 跨境电商平台中季节性较为显著的是服装行业，因为春夏秋冬的着装分得比较清晰。但是，如果能从服装的面料、工艺或一些功能点上打破产品的局限性，成为春夏秋冬都能使用、百搭的单品，那么就能延长它的生命周期，增加复购。(　　)

10. 销售计划是企业战略管理的一部分，一般来说，营销计划的跨度不宜过长，销售计划需要在企业内部和外部开展营销调研、审视企业的优势和劣势的基础上提出假设，进行预测，需要确定销售目标，制定销售策略，设定推广预算等，并在执行的过程中不断修正。(　　)

## 四、实训题

1. 利用产品生命周期理论，进行选择产品运营策略的实际应用

在导入期，卖家开设店铺之后，产品刚上架，此时产品没有好评、没有星级评分，也没有忠实的消费者，产品处于无竞争力状态。为了让产品快速切入市场，请运用产品生命周期理论选择该阶段产品运营的策略。

______________________________

______________________________

______________________________

2. 根据产品市场趋势，进行产品生命周期分析

滑雪手套是在欧洲市场很受欢迎的产品（见图 5–34），同时该产品有着典型的季节性。请根据该产品的销售趋势图（见图 5–35），对该产品进行生命周期分析，梳理该产品在生命周期的不同阶段应分别采取何种销售策略，并将不同阶段的销售策略总结到对应的表格中（见表 5–5）。

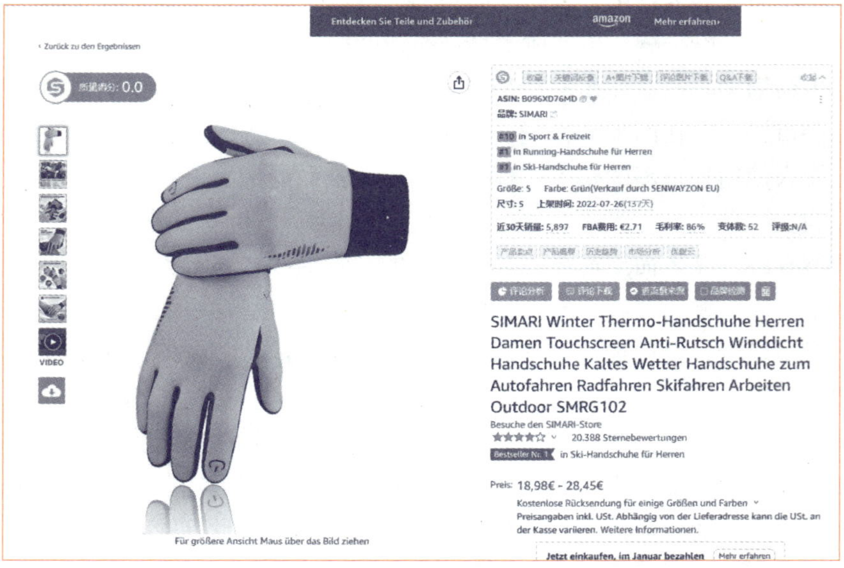


图5–34　跨境电商平台上的滑雪手套产品

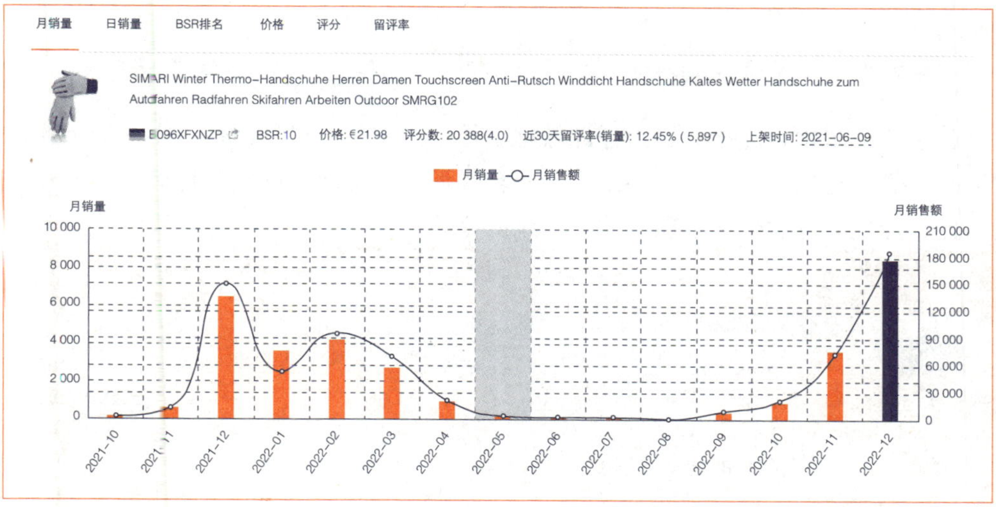


图5-35　滑雪手套的销售趋势图

**表 5-5　滑雪手套的销售策略**

| 产品生命周期阶段 | 销售策略 |
| --- | --- |
| 导入期 | |
| 成长期 | |
| 成熟期 | |
| 衰退期 | |

## 考核评价

评价说明：本项目完成后，由任课教师主导，采用学习过程评价与学习结果评价相结合的方式，综合运用自我评价、小组评价及教师评价，由教师确定 3 种评价方式在总成绩中的占比，加权计算学生在本项目的考核评价分。

| 考核评价表 | | | |
|---|---|---|---|
| 班级 | | 学生姓名 | |
| 评价方式 | 评价内容 | 分值 | 成绩 |
| 自我评价 | 知识和技能的掌握程度 | 20 | |
| | 任务准备完成情况 | 10 | |
| | 资料阅读完成情况 | 10 | |
| | 课堂讨论完成情况 | 20 | |
| | 拓展阅读完成情况 | 20 | |
| | 项目考核完成情况 | 20 | |
| | 合计 | 100 | |
| 小组评价 | 本小组本项目完成质量 | 30 | |
| | 个人本项目完成质量 | 30 | |
| | 个人参与小组活动的态度 | 20 | |
| | 个人的合作精神和沟通能力 | 20 | |
| | 合计 | 100 | |
| 教师评价 | 个人所在小组的项目完成质量 | 30 | |
| | 个人本项目完成质量 | 30 | |
| | 个人在所在小组的参与度 | 20 | |
| | 个人对本项目的贡献度 | 20 | |
| | 合计 | 100 | |
| 总评 = 自我评价 ×（ ）% + 小组评价 ×（ ）% + 教师评价 ×（ ）%＝ | | | |

项目六

# 供应链管理

## 思维导图

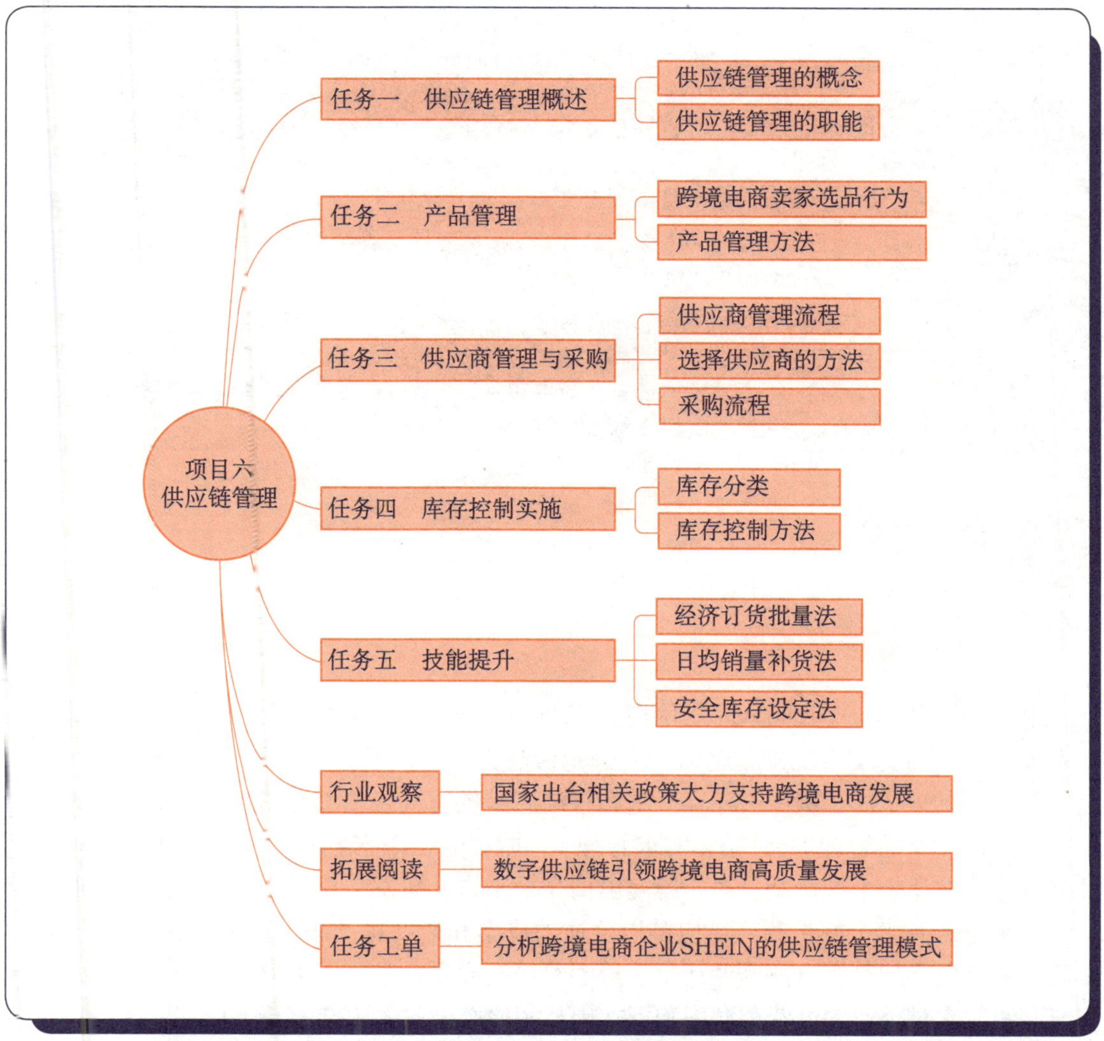

# 任务一 供应链管理概述

<table>
<tr><td>项目名称</td><td>项目六　供应链管理</td><td>任务名称</td><td>任务一　供应链管理概述</td></tr>
<tr><td rowspan="3">学习目标</td><td>知识目标</td><td colspan="2">了解供应链管理的概念及内容；<br>理解计划在供应链管理中的重要地位；<br>了解企业的三大职能。</td></tr>
<tr><td>能力目标</td><td colspan="2">具备正确界定三大职能关系的能力；<br>具备辨别供应链管理与物流管理的能力。</td></tr>
<tr><td>价值目标</td><td colspan="2">从供应链大概念入手，树立全局意识；<br>具备战略思维能力。</td></tr>
<tr><td>任务描述</td><td colspan="3">“21 世纪的竞争已经不再是企业与企业之间的竞争，而是供应链与供应链之间的竞争。”随着我国融入全球化进程的速度加快和信息技术的发展，供应链在我国工业、商贸、流通、金融等许多领域加速创新和应用，重塑、再造企业内部及外部的供应链关系，有力地推动着我国的产业转型升级。到底什么是供应链？供应链在企业中又有哪些职能呢？这些问题就需要我们深入了解供应链，具备供应链素养，以便为我国企业在全球供应链中地位的提升做出贡献。</td></tr>
<tr><td>任务准备</td><td colspan="3">找到一家熟悉的企业或喜欢的品牌，从产品开始，从企业的三大职能入手，收集产品管理、需求管理、供应链管理的相关资料。</td></tr>
<tr><td>实施提醒</td><td colspan="3">供应链是一个庞杂的系统，供应链管理是对整个供应链中各部门之间的产品流、信息流和资金流进行计划、协调和控制，其目的是通过提高相关流程的速度和确定性，最大化净增价值，提高组织的运作效率和效益。供应链管理可以缩短现金周转时间，降低企业面临的风险，实现盈利增长，提供可预测收入。</td></tr>
</table>

## 知识精讲

### 一、供应链管理的概念

很多跨境电商企业正陷入一种困境，在外人看来，企业越做越大，规模成倍增长，是一家大企业，而真实情况却是陷入营业额越做越大、利润反而越来越少的“怪圈”或账面上盈利，只是全都“赚”进库存。这归根结底是供应链管理没有做好。企业有三大支柱职能：研发（产品管理）、营销（需求管理）、供应链（供应链管理）。对于企业来讲，研发就意味着设计一个好产品；对于跨境电商企业来讲，研发是选择一个好的产品，通过跨境营销来把产品卖个好价钱。供应链以合适的成本和速度将产品生产出来，再配送出去。无论是对于生产型跨境电商企业还是流通型跨境电商企业来讲，供应链是企业的三大支柱职能之一，它对企业的经营利润率和资本周转率的影响重大（见图 6-1）。

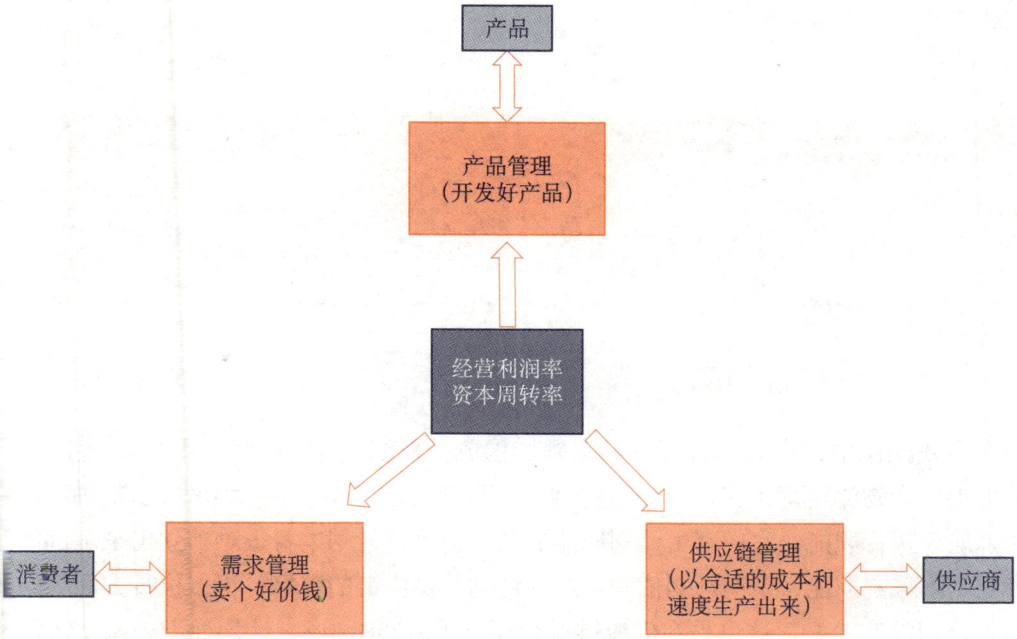


图6-1 企业三大支柱职能

**【资料阅读】** 什么是供应链管理?

很多人会把供应链管理和物流管理混淆。简单来讲，供应链管理就是采购员把东西买进来，生产运营对其加工增值，物流将其配送给消费者，这三者是供应链的执行职能。执行职能在计划职能的指导下运作，即采购员遵从计划的指令：买什么、买多少、什么时候买；生产遵从计划的指令：加工什么、加工多少、什么时候加工；物流遵从计划的指令：配送什么、配送多少、什么时候配送。也就是说，供应链以计划职能为引擎，以采购、生产和物流为执行职能。在主导企业如此，从供应商的供应商到客户的客户也是如此，环环相扣。

供应链贯穿企业增值的整个过程。它有两个主要的内部元素：产品管理（设计）和需求管理（营销）。一方面，供应链支持产品管理，即开发好产品；另一方面，供应链支持需求管理，即卖个好价钱。

供应链是从客户的客户到供应商的供应商，供应链管理是对贯穿其中的产品流、信息流和资金流的集成管理，以最大化消费者价值、最小化供应链成本。

总的来说，供应链管理可以用3句话来概括：供应链管理和研发、营销共同组成企业的三大核心职能；供应链管理包括采购管理、运营管理和物流管理三大领域；供应链管理是对产品流、信息流和资金流3条流的集成管理。

**【课堂讨论】**

任选一家跨境电商假发制品行业中的龙头企业作为调研对象，简短地概括该企业的三大职能现状（见表 6-1）。

**表 6-1　三大职能现状**

| 企业名称 | 职能 | 现状描述 |
| --- | --- | --- |
| | 产品管理 | |
| | 需求管理 | |
| | 供应链管理 | |

## 二、供应链管理的职能

在实践操作中，供应链管理由三大领域构成：采购 / 供应管理（寻源）、生产运营管理（加工）和物流管理（交付），跨越企业管理中的供、产、销三大块（见图 6-2）。这三大块都属于执行职能，它们都由计划职能驱动，但是，计划本身很难独立出来。例如，供应计划依附采购职能，生产计划依附生产。计划是供应链的引擎，很多执行方面的问题都是因为计划没有做好，这也是在供应链运营模型（SCOR）中，计划处于采购、运营和物流之上的原因。

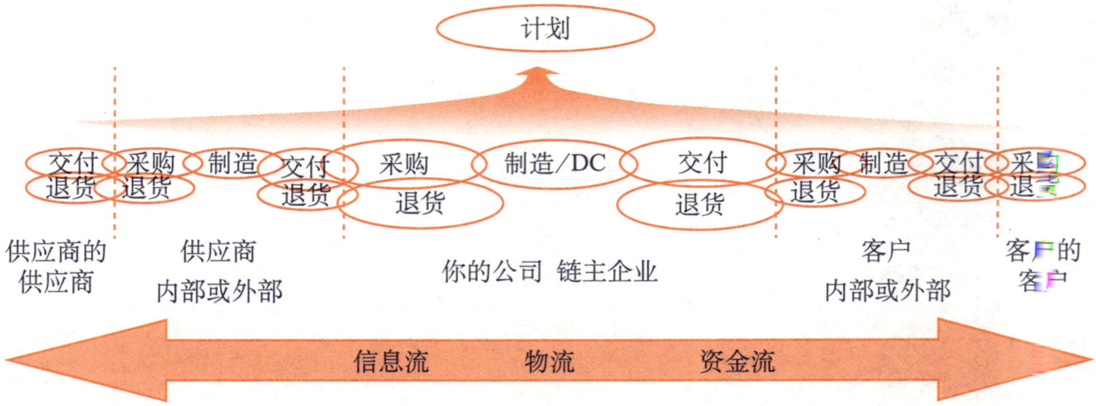


图6-2　供应链管理

从三大职能来讲，采购与供应管理侧重于供应商管理，使供应商成为企业的有机延伸；生产运营管理力求以最有效的方式完成产品、服务的增值过程；而物流管理则力求以最经济、最迅捷的方式把产品从一个地方流动到另一个地方。

从三大流来讲，产品流从供应商向消费者流动，是供应链的实物流；资金流是从消费者流向供应商，是供应链的血液；而信息流则是双向流通，构成供应链的神经系统。

供应链对于企业而言，就像是水下的冰山，涉及企业内部方方面面，只有筑牢水下的冰山，方能支撑起露出水面的部分（即利润率和资本周转率）。

跨境电商行业有别于普通的制造行业。跨境电商供应链管理的内容分为 3 个部分：供应链前端始于选品的智慧（产品管理）、供应链中端在于计划的调控（采购管理）、供应链后端终结于仓储和配送的合作（库存控制和物流管理）。

# 任务二 产品管理

| 项目名称 | 项目六 供应链管理 | 任务名称 | 任务二 产品管理 |
|---|---|---|---|
| 学习目标 | 知识目标 | 了解跨境电商选品的重要性；<br>了解产品复杂度相关的 3 个层次；<br>掌握降低产品复杂度的方法。 | |
| | 能力目标 | 具备辨别铺货型卖家和精品型卖家的能力；<br>能够分析跨境电商企业产品复杂度高的原因；<br>具备降低产品复杂度的能力。 | |
| | 价值目标 | 能够分析归纳客观事物内在本质、问题；<br>提升分析问题、解决问题的能力。 | |
| 任务描述 | 产品管理的核心是选品管理和成本控制，供应链中造成成本过高的一部分原因在于产品复杂度，这个复杂度不仅仅是从产品的维度考虑，还涉及流程复杂度和组织复杂度，单纯地解决其中一个问题只能是“治标不治本”。如何从根本上解决这些问题呢？本次任务中将会一一进行讲解。 | | |
| 任务准备 | 摩托罗拉手机曾经是手机届的“霸主”，摩托罗拉移动于 2014 年被联想集团收购。落败的原因很复杂，产品复杂度高是重要的原因之一，请收集摩托罗拉落败的原因。 | | |
| 实施提醒 | 市场中有句话叫作“客户就是上帝”，但是，不应该过度注重所有消费者的所有需求，否则就会造成产品复杂，从而导致供应链成本居高不下。产品复杂度并不是唯一影响产品管理成本的因素，企业内外各部门的沟通协作、流程资源的整合也会影响供应链的复杂程度。因此，为了更好地对产品进行管理，必须综合考虑产品、流程、组织等多方面的因素。 | | |

## 知识精讲

### 一、跨境电商卖家选品行为

跨境电商的供应链始于最初的选品。选品的类目直接决定整个供应链的运作模式。跨境电商卖家的类型根据选品行为的不同可以分为：铺货型卖家和精品型卖家。

#### （一）铺货型卖家

铺货型卖家的选品倾向于高效采集 + 铺货。哪些产品销量好，可以成为爆款产品，他们就会立马跟进。对于他们而言，选品并不需要花费太多精力，他们靠概率出单取胜。假设他们铺 10 000 个 SKU，有 30 个 SKU 稳定出单，他们就能盈利。对于这样的卖家来讲，供应链的挑战集中在效率，具体体现在卖家能够及时发现并快速跟进热销品、能否快速找到可靠货源、仓储可否快速发货。

### （二）精品型卖家

精品型卖家更注重数据，把数据作为决策的依据。通过计算产品的净利润额、前期投入的成本、产品的生命周期以及是否存在被跟卖的风险等方面来综合考虑。数据显示，亚马逊爆品的生命周期大概在 8 个月左右，产品更新迭代快。也就是说，精品卖家需要不断依据消费者需求来改进产品设计，并且为分担风险拓宽产品线；另一方面，产品设计、生产的标准化是降低成本、提升利润的有效手段。

## 二、产品管理方法

### （一）产品管理概述

精品型卖家往往会有固定合作的生产商，或卖家自己就是生产型卖家。很多卖家为了分散风险，往往会选择上架很多产品，产品复杂度高。但是，无论是铺货型卖家还是精品型卖家，做好产品管理的本意是为了满足市场的同时降低成本，这也意味着要降低产品的复杂程度。

产品复杂度包括 3 个层次：产品线（长）、产品型号（泛滥）和零部件（非标准太多）。企业希望众多产品中有一个产品成为爆款，但是却忽略了产品泛滥带来的危害。批量越大，单位成本越低；品种越多，单位成本越高。造成这个问题的主要原因是产品开发能力不足，产品管理粗放。

复杂度会驱动成本上涨，复杂的产品需要复杂的组织、复杂的流程来支持（见图 6-3）。要降低成本，就得从降低产品、组织和流程的复杂度出发，且三者要一起降才能真正奏效。

产品复杂度

产品品种多，但产量少，不易有效控制成本
产品多样化带来控制成本的难度
产品种类多导致物料种类多

组织复杂度

公司内部关系复杂，效率低下
各个部门之间推诿责任
各部门分工不明确，出现问题谁有需要谁解决
实施研发项目计划过程中人为干预过多
职责不明，推动工作难度大
负责项目多，精力不够，无法做精

流程复杂度

流程不明确，出现问题无章法可依
采购系统流程不明确，缺乏供应链管理系统
采购与销售不能有效对接

图6-3 复杂度

## （二）常用的产品管理方法

（1）精简产品或产品线。精简产品或产品线的本质是精简消费者，小部分消费者的定制化需求引发了独特的设计或者产品模块，从而增加了产品的复杂度，这部分消费者和产品或产品线，需要被"砍掉"。可以通过标准化、通用化、模块化的设计来降低产品复杂度。

（2）精简相关人员和设施。降低产品复杂度还不够，如果相关人员还在，设施还在正常运营的话，成本依然没有改善，所以要通过组织调整、明晰权责、绩效考核和团队协作来精简相关人员和设施。

（3）精简流程。对于生产型卖家来讲，可以导入准时制（JIT），以消费者为导向，降低产品的生产周期；采用延迟策略，缩短产品的提前期。

**【资料阅读】** 小王的醒悟

小王有一个工厂，初入跨境电商平台时他雄心勃勃，还高薪聘请多个设计师，结果发现，设计师设计的服装制作成本高，订单却寥寥无几，反而是大众化服装每天能够保持稳定的单量输出。最后，他干脆把设计师辞退、精简部门，借鉴平台销量好的服装并调整产品设计，一番操作后，整体盈利水平比之前有所提升。每开发一款新产品小王都要亲自把关，毕竟服装是一个比较特殊的行业，服装的生产涉及面料、里料、辅料、缝纫线、纽扣等许多原材料。成品的复杂度无疑会增加整体的加工采购成本，因此他尽量保持原材料的标准化，如多款服饰共用一种纽扣。

通过分析，精简产品和采用标准化设计可以降低组织复杂度和流程复杂度，节约成本，缩短提前期，并且提升了企业的经营利润率和资本周转率。

企业要提升经营利润率和资本周转率，就要降低复杂度，这需要产品、组织和流程"三管齐下"，需要跨职能协作，具体表现在：研发与营销协作，促进产品的标准化；研发与供应链协作，促进产品的设计优化；供应链与营销协作，更准确地评估需求和复杂度带来的成本，促进营销与需求相匹配（见图6-4）。

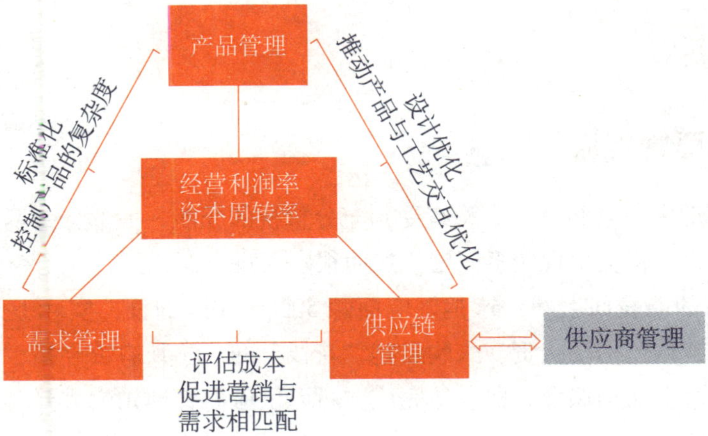


图6-4　跨职能管理

# 任务三 供应商管理与采购

<table>
<tr><td>项目名称</td><td>项目六　供应链管理</td><td>任务名称</td><td>任务三　供应商管理与采购</td></tr>
<tr><td rowspan="3">学习目标</td><td>知识目标</td><td colspan="2">识别供应商的重要性；<br>掌握供应商管理的流程；<br>了解跨境电商精品型卖家和铺货型卖家的采购流程。</td></tr>
<tr><td>能力目标</td><td colspan="2">能够进行供应商选择；<br>具备供应商管理的能力；<br>具备识别精品型卖家和铺货型卖家的能力。</td></tr>
<tr><td>价值目标</td><td colspan="2">在供应商管理的学习中，体会合作，具备团队协作能力；<br>强化责任意识和合作共赢的理念。</td></tr>
<tr><td>任务描述</td><td colspan="3">在制造业中，50%～70% 的产品成本来自供应商。对于零售、国际贸易、跨境电商行业来说，这个比例会更高。表面上看，供应商在赚 50%～70% 的钱；实际上，他们在帮企业做 70% 的工作，他们负责供应链增值活动。因此，供应商管理才显得尤为重要，需要进行更深入的管理。而采购，虽然花企业 50%～70% 的钱，但更重要的是选择和管理供应商，对增值活动负责，是供应链管理的核心。跨境电商供应链因为链条长，所以管理复杂、困难。那么，跨境电商企业应该如何进行供应商的选择和管理才能有效地管理供应商资源呢？</td></tr>
<tr><td>任务准备</td><td colspan="3">ZARA 有 260 多家原材料供应商和 400 多家代工厂，请收集总结 ZARA 供应商管理的策略。</td></tr>
<tr><td>实施提醒</td><td colspan="3">供应商是跨境电商供应链中很重要的一个环节，一个好的供应商不仅可以避免出现缺货、成本过高等问题，还能为跨境电商企业带来更大的优势。但是，供应商不是越多越好，相反要“少而精”。同学们在学习过程中应考虑“一品一点”和“一品多点”的区别，从而选择正确的供应商。</td></tr>
</table>

## 知识精讲

### 一、供应商管理流程

在供应链管理中，采购是一个没有受到充分重视的职能，大部分跨境电商企业重视的往往是运营，因为运营会出现较多问题。然而很多人没有意识到，一个企业 50%～70% 的钱是付给供应商的，表面上看，这是供应商赚 50%～70% 的钱，实际上是供应商对企业一半以上的供应链增值活动负责。采购虽是“花钱”的，实则肩负寻找、管理供应商的重任，确保供应链增值活动保质、保量地完成，所以供应商管理尤为重要。供应商管理包含以下流程（见图 6-5）：

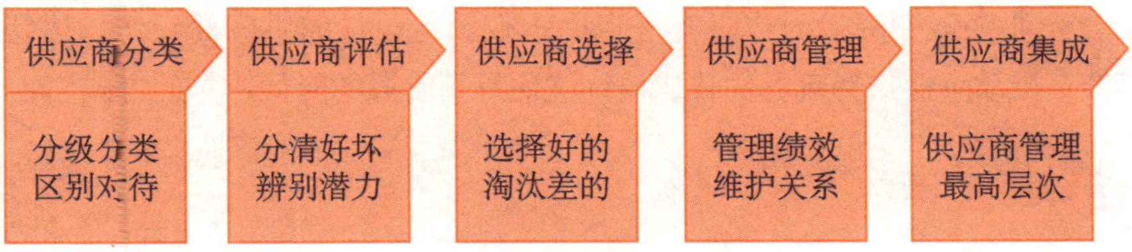


图6-5　供应商管理流程

### （一）供应商分类

针对具体的采购项目，对现有的供应商分门别类，区别对待。首先要“摸家底”，了解供应商是否具备柔性供应的能力，对交货准时率、信用等方面进行考察；将供应商分为战略型伙伴、观察对象和淘汰对象。分类的结果是要么供应商太多，太多了需要整合；要么供应商太少，太少了要开发新的供应商。

### （二）供应商评估

对现有的供应商进行财务分析，判断其是否具有财务能力；进行绩效分析，评估供应商的历史绩效，评估按时完成订单率；对供应商的质量、生产、物料管理体系进行评估，以此来判断供应商的好坏和潜力。

### （三）供应商选择

在评估的基础上，选择合适的供应商。多维度考虑供应商：以达到既能满足今天的需求，又能满足明天的需求，柔性供应；选择长期关系还是短期关系；与关键的供应商要建立长期的、良好的合作关系。

### （四）供应商管理

对供应商绩效的管理，也就是统计、管理供应商是否能够完成 KPI 指标，确保供应商能满足跨境电商企业具体需求。成本、质量、次品率、退货率、供货时效等方面要通过数据来分析。

### （五）供应商集成

针对关键的供应商，与他们的企业系统、流程对接；将优选供应商集成到产品设计研发、生产和日常运营中，以便进一步降低成本，提升速度。在产品设计未开发阶段，让关键供应商参与设计；在量产阶段，双方合作用准时制（JIT）和供应商管理库存（VMI），进一步简化产品流、信息流和资金流。

很多跨境电商卖家追求短期效益，追求热卖单品，而忽略自身品牌建设，导致频繁更换供应商，造成了只有供应商，而没有供应商管理的困境。

供应商管理五步流程的主要目的是降低成本。企业与供应商之间什么都好谈，就是价格不好谈，而供应商管理五步流程其实就是在寻找谈判降价以外的降本方式。例如：在供应商分类、评估和选择方面，选择合适的供应商，确保企业同数量有限的供应商长期合作，在规模效应下，企业在谈判降价时也具有一定话语权。与少量的供应商合作，达到规模效应，达成深度合作，推动企业选择流程优化、设计优化等高阶段的降低成本的方式。

## 二、选择供应商的方法

在跨境电商采购管理中，对供应商的选择重于对供应商的开发。企业一定要以供应商选择为主，从一开始就找到合适的供应商，而不要寄希望于后期供应商开发的产品来提高绩效。只有管理好供应商，才能确保后续绩效。企业选择供应商时，最好采用“一品一点”，也就是一种产品只选择一个优质供应商，建立长期稳定的合作关系，达到规模效应，这样采购成本才会降低。很多跨境电商企业没有能力识别供应商质量的好坏，所以采用“一品多点”的方式，选择备份企业来应对供应风险，但归根结底要提升企业对供应商的管理能力。

## 三、采购流程

跨境电商精品型卖家和铺货型卖家采购流程的采购计划来源于流量端。采购计划一方面来源于线上，跨境电商平台站内以及站外的流量，如平台官方活动、店铺活动、“网红”推广、论坛、Facebook、Twitter、其他社交平台；另一方面来自线下，如海外展会、线下广告投放等诸多渠道。

对于大部分精品卖家而言，实施供应商管理后，采购就简单多了。具体的采购流程是（见图 6-6）：从接到备货指令开始，匹配供货关系进行下单，传达订单信息到供应商，对订单的回货进行持续跟进，确保订单准确、高效地到达仓库，质检后货物入库，订单完结后根据订单进行对账并确保交易完成。至此，采购流程结束。

铺货型卖家最大的特点就是追求无库存铺货，采购流程一般为：根据大数据分析选择热卖单品和流行趋势，上架产品，消费者下单，依据消费者订单信息或历史销售信息决定采购品种及数量，向供货商进货。

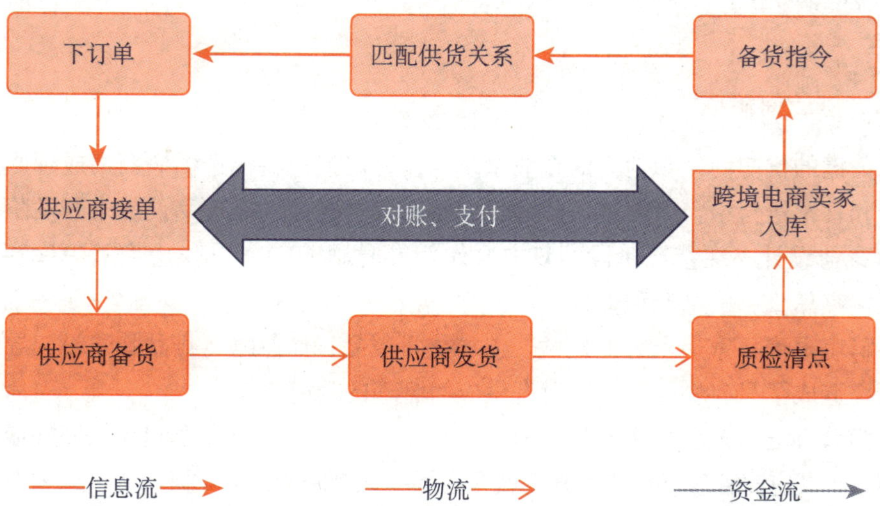


图6-6 采购流程

# 任务四 库存控制实施

<table>
<tr><th>项目名称</th><th colspan="2">项目六　供应链管理</th><th>任务名称</th><th>任务四　库存控制实施</th></tr>
<tr><td rowspan="3">学习目标</td><td>知识目标</td><td colspan="3">掌握供应链的三道防线；<br>掌握库存的三种分类；<br>掌握库存控制的方法。</td></tr>
<tr><td>能力目标</td><td colspan="3">具备应用供应链三道防线应对市场需求的能力；<br>能够分析库存的种类和成因；<br>具备依据库存分类进行库存控制的能力。</td></tr>
<tr><td>价值目标</td><td colspan="3">通过理论学习，思考供给侧结构性改革等国家战略；<br>思考“去产能、去库存、去杠杆、降成本、补短板”等供给侧结构性改革的重要内容；<br>深刻理解库存管理与控制对于国家战略实施的重要性。</td></tr>
<tr><td>任务描述</td><td colspan="4">库存管理也是跨境电商卖家必须做好的一个环节。如果库存管理不好，就会给企业带来很多麻烦。库存过多或不足不利于产品销售。例如：库存过多会导致销售困难、资金流紧张。资金流紧张也会影响企业的经营，这也意味着企业的业绩较差。如果库存太少，很容易缺货，尤其是旺季，将影响订单的销售。跨境电商企业的库存应如何分类布局？如何进行库存管理？</td></tr>
<tr><td>任务准备</td><td colspan="4">4～8人一小组，搜索微信公众号“易木科技”，选择“指尖游戏”—“啤酒游戏”，尝试在不同的参数下玩啤酒游戏，通过项目实操，在生产与配销单一品牌啤酒的产销模拟系统中完成情景游戏。</td></tr>
<tr><td>实施提醒</td><td colspan="4">在啤酒游戏中，无论是下游零售商、中游批发商还是上游制造商，都受到消费者需求变化的不利影响，从初期的严重缺货，到后期的库存积压，其中的原因难道就是消费者需求的大起大落吗？从啤酒游戏中我们可以看到，“亡羊补牢”地增加订货量常常会造成库存过剩，也极易产生“牛鞭效应”。</td></tr>
</table>

## 知识精讲

需求预测、库存计划和供应链执行是供应链的三道防线，这三道防线就相当于三道堤坝。市场上的需求就像洪水，需求预测是第一道堤坝，预计挡住 80% 左右的“洪水”；溢出来的“洪水”就需要第二道堤坝——库存计划来拦截，希望第二道堤坝能够阻拦 10%～20% 的“洪水”；拦不住的“洪水”就会溢出来，进入第三道堤坝——供应链执行，用来对付 5%～10% 的“洪水”。这是良性的三道防线。但是，在实践中，计划不足，加上执行上的拖泥带水，会导致无法筑牢这三道防线，出现结构性问题，给供应链执行带来莫大挑战。三道防线中有任何一点不严谨都会造成库存问题。

对跨境电商而言，库存问题一直都是痛点。积压或是库存不足，时刻阻碍着企业业务的健康发展。对中小型卖家而言压力更大，库存积压会导致资金运转不灵，库存不足又会引起效率低下的问题。

## 一、库存分类

### （一）周转库存

在途库存、在制品库存与在购原料组成了一定补货周期内的货物，是维持正常运转所必需的库存，称为“周转库存”。从供应商到跨境电商企业的销售渠道，都需要一定的库存量，以维持正常运营。例如：产品的生产周期是 4 周，那就意味着生产线上有 4 周的过程库存；运输过程是 2 周，就会有 2 周的在途库存。

周转库存的根源是周转周期，只有缩短周转周期，才能从根本上降低周转库存。产品的标准化设计、产品与工艺设计的交互优化、精益生产等措施都是为了缩短周转周期，从而降低周转库存。

### （二）安全库存

应对不确定因素（需求波动、补货延误、质量问题等）所必需的库存，称为“安全库存”。安全库存是供应链对不确定因素的自然应对，其根源是不确定因素。只有减少不确定因素，才能从根本上降低安全库存。

产品的标准化设计增加了规模利益，降低了需求和供应的不稳定性；提高了供应商的按时交货率，降低了供应端的不确定性；缩短了周转周期，降低了不确定性。这些都在客观上减少了安全库存。

### （三）多余库存

既不支持正常运转，也不应对不确定因素的库存，称为“多余库存”。订单取消、设计变更、预测失败等造成的呆滞库存，批量采购、批量生产、策略采购等造成的库存都属多余库存。

造成多余库存的根源是人的行为，如选品预测失败、设计变更、大批量采购以获取价格优惠。所以，控制多余库存必须从组织行为上着手，促进供应链上的信息共享、推动协同计划、预测和补货、提高决策水平，都是防止多余库存的有效举措。

## 二、库存控制方法

### （一）缩短周转周期，降低周转库存率

跨境电商因为供应链复杂、长期面临提前期长的问题，尤其是跨境电商 B 端的定制需

求，无疑会让提前期变得更长。跨境电商企业在生产时可以采用延迟策略和准时制（JIT），也就是把产品生产过程中消费者需求的相同部分按照计划先生产出来，等消费者下单后，再按照消费者差异化的需求进行组装。通过缩短提前期来降低周转库存。以空气炸锅为例（见图 6-7），虽然产品是同一型号，但是，各国插头不同，因此，卖家可以提前建立产品库存系统，接到订单后根据消费者所在国家配置相应插头的电源线。

图6-7　空气炸锅

图 6-8 中的插头从左到右依次为国标（中国）插头、英标（英国）插头。

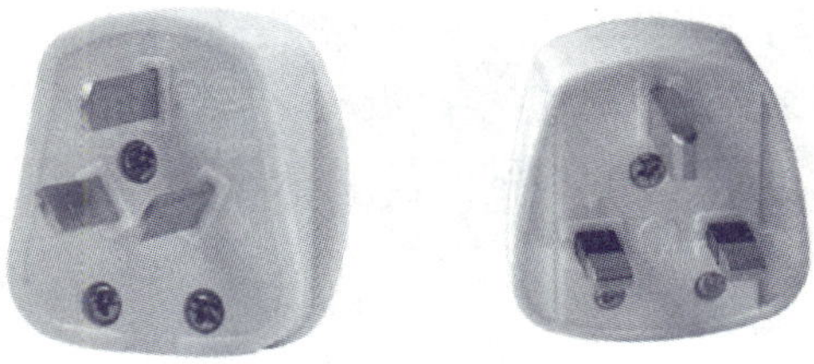

图6-8　各国插头

跨境电商平台中不同电源插头、插座标准见图 6-9：

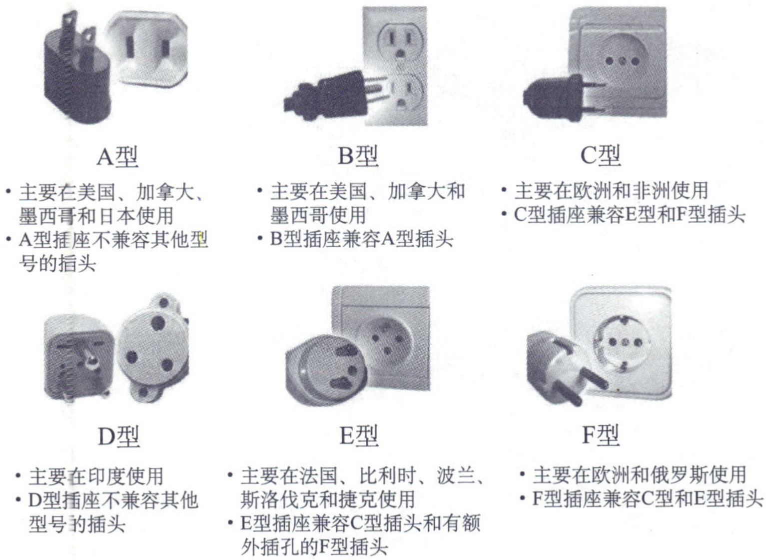


图6-9　跨境电商平台中不同电源插头、插座标准

## （二）控制不确定因素，降低安全库存

安全库存存在的根源是不确定因素。供应链上的不确定因素的来源很多，主要来源于信息不对称和执行不力两个方面。

信息不对称可以通过商务手段、技术手段解决问题。例如：建立信息共享的 IT 信息系统，以合约、绩效考核来约束供应商，寻找更容易、更有效地共享信息的渠道。

执行不力表现在：约定的交货期是2周，但是3周还未发货，这就是供应商执行不力，增加了供应的不确定性。供应链的自然反映就是增加安全库存，降低周转周期，减少不确定性因素，采取能有效缩短周转周期的措施也会减少不确定性因素，进而降低安全库存。

### （三）改善计划，降低多余库存

看起来多余库存是供应链缺乏执行力导致的，实际是计划不到位造成的。供应链计划始于需求计划，尤其对于跨境电商卖家来讲，跨境交易周期长、供应链长，更要做好需求计划。需求计划是建立在数据分析的基础上的，一方面是大数据分析，另一方面是进销存数据分析。企业可借助诸多选品工具（Google Trends、Jungle Scout、鸥鹭大数据），以及卖家的历史销售数据、为消费者建立资料库等方式进行综合分析，以此来提升需求预测的准确度，然后根据库存量来判断生产量、采购量，后者以前者为基础，这样环环相扣构成了供应链的计划体系，驱动了整个供应链的运作。

# 任务五 技能提升

| 项目名称 | 项目六 供应链管理 | 任务名称 | 任务五 技能提升 |
|---|---|---|---|
| 学习目标 | 知识目标 | 掌握经济订货批量法；<br>掌握日均销量补货法；<br>掌握安全库存设定法。 | |
| | 能力目标 | 具备计算最佳经济订货批量及相关概念的计算能力；<br>具备日均销量补货计算能力；<br>具备分析设定安全库存的能力。 | |
| | 价值目标 | 通过计算实操，树立全局观、系统观；<br>善用对立统一等辩证思维方法。 | |
| 任务描述 | 随着疫情常态化以及全球经济一体化进程的加快，跨境电商竞争越来越激烈，跨境电商企业只有做好产品管理，严格控制采购成本才能有效地降低企业的成本，增加企业的利润。因此，采购选品和成本控制都是跨境电商供应链中企业面对的共性问题。但是，一次订货应该定多少成本才合理？一次补货补多少才可以既满足需求又保证库存成本最低？安全库存设置多少才可以达到销售机会和库存积压之间的平衡？ | | |
| 任务准备 | 预习并分析本任务中的两个资料阅读部分。 | | |
| 实施提醒 | 经济订货批量法、日均销量补货法、安全库存设定法并不适合所有的企业、所有的场景，每一种方法都有其局限性和使用背景，必须根据实际需求和实施条件进行综合选择。同学们要提升跨境电商产品管理技能，熟练运用经济订货批量法和日均销量法进行补货，掌握安全库存的计算方法。 | | |

## 知识精讲

很多采取海外仓（FBA仓、自建仓）经营模式的跨境电商卖家往往比国内直发的卖家体会更深切。补货少了易断货，有 listing 降权风险，影响消费者体验；补货多了常滞销，导致仓储成本增加，现金流受限。跨境电商补货的难点在于：它不是单一的业务场景，而是系统的供应链管理。

### 一、经济订货批量法

在跨境电商运营中经常遇到的就是补货问题。有的产品销路很好，需要重新补充库存，订多了库存成本高，有可能滞销，周转时间长；订少了有可能缺货，产生缺货成本。为了提升利润率，必须让订货成本和仓储成本之和最小化。所以，每次订多少货才能够使成本最小化，这个订货批量就叫经济订货批量（Economic Order Quantity，EOQ）。

### （一）采用经济订货批量法需满足以下假设条件

（1）企业能及时补充库存，即需要订货时便可立即获得库存。
（2）集中到货，而不是陆续到货。
（3）不允许缺货，即缺货成本为零。
（4）需求量稳定，并且能预测，货品价格默认不变。
（5）企业现金充足，不会因资金短缺而影响进货，供应商供货充足。

### （二）计算公式

（1）经济订货批量计算公式：

$$Q^*=\sqrt{\frac{2DS}{C}}$$

（2）最佳年订货次数计算公式：

$$N^*=\frac{D}{Q^*}$$

（3）存货总成本计算公式：

$$TC=\sqrt{2DSC}$$

（4）最佳订货周期计算公式：

$$t^*=\frac{1\text{年}}{N^*}=\frac{360\text{天}}{N^*}$$

（5）经济订货量占用资金计算公式：

$$I^*=\frac{Q^*}{2}\times U$$

以上公式中：$Q^*$ 为经济订货批量；
$D$ 为产品年需求量；
$S$ 为每次订货成本；
$C$ 为年保管费用；
$N^*$ 为最佳年订货次数；
$t^*$ 为最佳年订货周期；
$I^*$ 为经济订货量；
$U$ 为产品单价。

因跨境电商运营中的市场需求是多变的，需要注意的是，经济订货批量只作为分析跨境电商采购数据的参考，而不能直接作为采购数量来使用。具体采购量需要结合市场需求变化、采购成本、产品生命周期等因素进行综合考量。

**【资料阅读】经济订货批量法的应用**

小王在亚马逊美国站点售卖3C产品，其中有一款耳机常年销量都特别好。小王依据去年的销售数据，以单价 10 元购入 8 000 件，每次订货费用为 30 元，单位维持库存费按库存货物价值的 12% 计算，若每次订货的提前期为两周，试求经济订货批量、最佳年订货次数、存货总成本最佳订货周期、经济订货量占用资金。

解：已知产品单价 $U$ 为 10 元 / 件，产品年需求量 $D$ 为 8 000 件 / 年，单位订货费即每次订货成本 $S$ 为 30 元 / 次，年保管费用 $C$ 由两部分组成：一是资金利息，二是仓储费用。即 $C = 10\times12\% + 10\times18\% = 10\times30\% = 3$ 元 / ( 件 • 年 )，订货提前期 $LT$ 为 2 周。

那么经济订货批量：

$$Q^*=\sqrt{\frac{2DS}{C}}=\sqrt{\frac{2\times8\ 000\times30}{3}}=(400)\text{ 件}$$

最佳年订货次数：

$$N^*=\frac{D}{Q^*}=\frac{8\ 000}{400}=20\text{（次）}$$

存货总成本：

$$TC(Q)=\sqrt{2DSC}=\sqrt{2\times8\ 000\times30\times3}=1\ 200\text{（元）}$$

最佳订货周期：

$$t^*=\frac{1\text{年}}{N^*}=\frac{350\text{天}}{N^*}=18\text{(天)}$$

经济订货量占月资金：

$$I^*=\frac{Q^*}{2}\times U=\frac{400}{2}\times10=2\ 000\text{(元)}$$

## 二、日均销量补货法

### （一）依据历史销量，推算日均销量

首先至少查询过去一个月的销售数据，分别统计“近 7 天”“近 15 天”“近 1 个月”“近 3 个月”的订单量，加权计算日均销量数据。每家企业基于对所运营的产品类目、销售地区、节日特性的考量不同，通常会按照不同时间跨度内的销量按照权重占比有所侧重地进行计算。

### （二）根据日均销量，计算总需求量

很多跨境卖家常误以为“日均销量”就是“总需求量”。计算总需求量的时候，需要将产品从备货到入库、上架的时间长短、期望产品的销售天数等因素综合考虑在内。

总需求量 =（采购周期 + 仓库周转周期 + 物流周期 + 安全库存天数 + 采购间隔天数）× 日均销量

### （三）掌握实际可用库存

计算清楚产品的总需求量后，下一步就是了解实际可用库存。

总可用库存 = 计划在途 + 采购在途 + 头程待发 + 物流在途 + 库存数量 − 订单未

发量－安全库存量

### （四）建议补货量

建议补货量为总需求量与总可用库存之差。

建议补货量＝总需求量－总可用库存

＝［（采购周期＋仓库周转周期＋物流周期＋安全库存天数＋采购间隔天数）× 日均销量］－（计划在途＋采购在途＋头程待发＋物流在途＋库存数量－订单未发量－安全库存量）

从分析起始日开始，加上采购周期、物流周期和安全库存天数，即可得产品补货的需求日期。

通过上述 4 个步骤可以看出，补货这一业务场景关联跨境出海全链路的管理模型。因此，很多直接通过店铺后台管理库存的新手跨境电商卖家，时常会碰到预估不精准、没能及时收到缺货提醒、补货来不及的情况。这是因为，后台数据恰恰缺失了对许多第三方因素的综合考量。同时，对于跨平台、多账号、多 SKU、多仓库、多物流方式的成熟卖家而言，其数据采集、实时同步、计算预测的难度将呈几何倍数放大和增长。

因此，跨境电商卖家只有选择适合自己的企业资源计划（ERP）软件（见图 6–10），并根据自己的实际需求来设置算法，才能更好地提升补货的及时性和精准度。

| 月份 | 销量 | | 回货批次 | 供应周期(月) |
|---|---|---|---|---|
| 1 | 900 | | 1 | 1.25 |
| 2 | 1000 | | 2 | 1.21 |
| 3 | 800 | | 3 | 1.25 |
| 4 | 1100 | | 4 | 1.31 |
| 5 | 900 | | 5 | 1.08 |
| 6 | 1200 | | 6 | 0.92 |
| 7 | 900 | | 7 | 1.21 |
| 8 | 1100 | | 8 | 1.18 |
| 9 | 1100 | | 9 | 1.18 |
| 10 | 1000 | | 10 | 0.89 |
| 11 | 800 | | SUM | 11.48 |
| 12 | 1200 | | AVERAGE | 1.15 |
| SUM | 12000 | | MAX | 1.31 |
| AVERAGE | 1000 | | STDEV | 0.14 |
| MAX | 1200 | | | |
| STDEV | 141.42 | | | |

图6–10 ERP软件

**➡【资料阅读】** 采购计划的应用

小王店铺中 A 产品 30 天的平均销量是 3 件 / 天，15 天的平均销量是 7 件 / 天，7 天的平均销量是件 5 件 / 天，3 天的平均销量是 10 件 / 天，销售趋势是呈波动型上升，企业对产品销量的参考系数是 30 天平均销量占 10%，15 天平均销量占 20%，7 天平均销量占 30%，3 天平均销量占 10%，用加权平均数算出 A 产品的日均销量＝3×10%＋7×20%＋5×30%＋10×10%＝4.2（件），四舍五入为 4 件。

假设 A 产品生产天数为 2 天，运输天数为 3 天，安全天数为 3 天。A 产品供应链周期 = 2 - 3 + 3 = 8（天），确定产品的日均销量和供应链周期后，采购数量 = 日均销量 × 供应链周期 - 各环节的库存。假设 A 产品库存数为 9，计划库存数为 7，则采购数量 = 4×8-9-7 = 16（件）。

## 三、安全库存设定法

安全库存的设定是为了降低不确定性因素所带来的缺货问题。如果不设置或设置少了安全库存会导致潜在销售机会的丧失，设置多了安全库存又会带来库存的积压和仓储成本的上升，所以安全库存的计算就是为了找到供需关系的最佳平衡点，这样这个问题就成了一个寻求最优解的数学题，其复杂度是受到核心的两个变量的影响：供应和需求的不确定性。

在思考计算公式之前，还要考虑在实际场景中会遇到的以下问题：库存积压、供应商的不可靠性、产品的生产周期、物流问题、销售预测、库存管理等。

首先，跨境电商卖家将准备好的销售数据输入 Excel 表格进行模拟，供应和需求的计量单位以月为标准（也可以是星期或天）。

### （一）方法1：Max-Average公式

SS（Safety Stock）=（Max Sale × Max Lead Time）-（Average Sale × Average Lead Time）

= 1 200 × 1.31 - 1 000 × 1.15 = 1 572 - 1 150 = 422

这个公式比较简单，缺点是如果平均销量和平均供应周期出现毛刺峰值，将会使得安全库存偏差极大，从而带来大量库存积压。解答这个题目要面对的是两个正态分布：一边是供应，一边是需求。安全库存就是在这两个正态分布的上下浮动过程中覆盖一定供应水平的标准差。我们通过正态分布来预测产生一定销售的概率（其实也是满足一定销量不缺货的概率），这个概率我们叫服务率（service rate / service level），它会影响安全因子的计算，安全因子为服务率的标准正态分布的逆（inverse of standard normal distribution），运行 python 的代码可以实现运算（见图 6-11）。

服务率为 90% 的时候，安全因子为 scipy.stats.norm.ppf（0.9）= 1.28。它的含义是当标准正态分布的安全因子取值范围在［-1.28, 1.28］之间的时候，能覆盖 90% 的情况，所以安全因子大于 1.28 倍的标准差时，能提供 90% 的 service level，缺货概率为 10%。安全因子越大，覆盖度越高，而缺货率也越低。（注意安全因子不适用于季节性产品）。

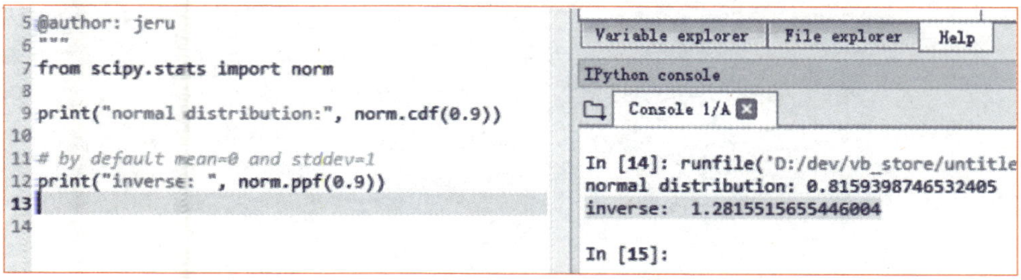


图6-11 运行python的代码实现运算

建模的时候，缩写代表的含义如下：

SS 为 Safety Stock（安全库存）；

Z 为安全因子；

DSD 为 Demand Standard Deviation（需求标准差）；

ALT 为 Average Lead Time（平均供应周期或者平均前置期）；

LTSD 为 Lead Time Standard Deviation（供应周期标准差）；

AS 为 Average Sale（平均销量）。

## （二）方法2：仅需求不确定的正态分布

需求标准差可以用 Excel 公式 STDEV.S 计算为 141.42。

$$\begin{aligned}SS &= Z \times DSD \times \sqrt{ALT} \\ &= 1.28 \times 141.42 \times \sqrt{1.15} \approx 194\end{aligned}$$

## （三）方法3：仅供应不确定的正态分布

$$\begin{aligned}SS &= Z \times AS \times LTSD \\ &= 1.28 \times 1\,000 \times 0.14 \approx 179\end{aligned}$$

## （四）方法4：需求与供应均不确定且相互独立的正态分布

例如：雨伞的供应不会影响其需求，两者相互独立。

$$\begin{aligned}SS &= Z \times \sqrt{ALT \times DSD^2 + (AS \times LTSD)^2} \\ &= 1.28 \times \sqrt{1.15 \times 141.42^2 + (1\,000 \times 0.14)^2} \approx 264\end{aligned}$$

## （五）方法5：需求与供应均不确定且相互依赖的正态分布

这是方法 2 与方法 3 结果之和。

$$\begin{aligned}SS &= Z \times DSD \times \sqrt{ALT} + Z \times AS \times LTSD \\ &= 194 + 179 = 373\end{aligned}$$

如果产品的销量非常低，可以使用 Max-Average 公式；如果销量非常高，可以使用方法 2；如果供应周期不清晰，可以考虑方法 4。

进行采购管理和库存管理的最合适的途径之一就是选择适合的 ERP 软件，并且根据店铺销售的实际情况来制定规则和算法。

## 行业观察

### 国家出台相关政策大力支持跨境电商发展

2020年，庞大的“宅经济”需求让中国跨境电商出口发展迅猛，外贸企业尤其是跨境电商卖家对海外仓的需求暴增，爆仓以及部分国际跨境电商平台变相“阻挠”大件家具进入海外仓等成为年度热门现象。直面海外仓的庞大需求，国家和地方都出台了相关优惠政策。

2020年8月，《国务院办公厅关于进一步做好稳外贸稳外资工作的意见》提到，鼓励进出口银行、中国出口信用保险公司等各类金融机构在风险可控的前提下积极支持海外仓建设。在地方政策层面，山东评出“山东省跨境电商公共海外仓”，山东一些地区还给予建设海外仓的相关企业200万元补贴。

2021年，中国不少企业开始“转战”线上，无论是做国内的淘宝直播、抖音直播，还是做跨境电商出口产品，都是企业的“自救”方式。但是，“转战”道路上总是充满坎坷，不少卖家遇到被集体封号、账号二审、评价难上、滞销库存积压、恶意竞争、新品难推等问题。面对“转战”道路上遇到的问题，深圳作为中国首个国家电子商务示范城市，产业的深度和广度达到全国领先水平。根据深圳市跨境电子商务协会统计数据显示，从5月开始，亚马逊封店导致中国电商行业损失金额预估超过千亿元，多个头部亚马逊卖家均受波及。针对“集体封店”的现象，深圳政府新出台的政策，除了为了帮助企业渡过难关，更多的是为了摆脱亚马逊对中国企业的营收冲击，鼓励跨境电商企业继续开展对外贸易业务。深圳政府针对跨境电商企业出台资助和扶持政策，从扶持办公用房到新技术开发，从扶持新模式应用到贡献奖励，最高可资助2 200万元。

已经在跨境电商赛道中的济南，2021年上半年交易额超过20亿元。这得益于济南市商务局加快推动外贸，从完善跨境电商支持政策、加快海外仓布局、加强市场开拓力度、提高外贸综合服务水平4个方面发力，进行提质扩量。

企业在出口贸易过程中遇到的问题，通过企业和政府的积极沟通，也获得了良好的解决方案。国家愿意发力解决问题，出台相应的扶持政策，促进小微企业“借船出海”，带动国内品牌发展。

# 拓展阅读

## 数字供应链引领跨境电商高质量发展

近年来，随着我国网络数字技术蓬勃发展，产业数字化进程不断加快，新业态、新模式快速成长。“十四五”规划纲要提到，产业链现代化水平明显提高。数字供应链是促进产业链供应链稳定，畅通国民经济循环的重要一环。

数字供应链优化传统货物贸易全链条，畅通信息交换渠道，建立数字化信息生态，推动外贸产业数字化发展，以跨境电商为代表的数字化新外贸快速发展。业内专家人士分析，到 2035 年，中国进出口贸易额的 50% 有望通过跨境电商的方式来完成。

我国 B2B 交易模式突围成功，即将进入放量增长期、国内国际双循环增长的阶段，按照“平台即供应商”的数字供应链模式，在生产物资、非核心技术生产物资两个中国企业的采销领域都出现了同时具备高增速和持续盈利能力的 B2B 产业互联网平台，部分企业交易额中已经包含跨境电商的业绩，B2B 年营收增长 50% 成为许多优秀企业既定的目标共识。

自主的跨境电商独立站和去中心化社交流量成为增长新引擎，与跨境电商大平台形成双动力机制。全球消费者的主动和被动购物需求都在跨境网络零售服务的覆盖范围之内，将在相当长的一段时间内支撑跨境网络零售保持 20% 以上增速。

产业数字化进一步提升了中国供应链优势，产业互联网大幅消除了海外需求和国内供给的不对称性，正在加快仿真设计、智能制版、智能排产及数控生产设备对工厂的普及应用。与几个月一次的按单生产模式相比，企业每日通过数据洞察工具及智能客服获取海外消费者功能、款式、价格等各方面的偏好，对接柔性供应链，将在各大细分市场持续催生新消费品牌。年营收百亿元、千亿元的出海品牌企业有望在多个行业波次出现。

全球跨境电商网状协作结构正在形成，产业链、价值链、交付链都将在多个国家和地区连点成线、结线成网，《区域全面经济伙伴关系协定》（RCEP）、丝路电商及数字丝绸之路等国际合作有望发挥重大作用。

参考我国网络零售额从 2005 年的 193 亿元增长到 2020 年的 11.7 万亿元，15 年的年复合增长率超过 50%。随着营销在线、交易在线、交付在线加速渗透应用于外贸进出口领域，海关总署也调宽了跨境电商统计口径。据海关初步统计，2020 年中国跨境电商进出口 1.69 万亿元，增长 31.1%，按照年复合 20% 的增长率测算，2035 年跨境电商进出口额将超过 26 万亿元。同时，2020 年我国货物贸易进出口总值 32.16 万亿元人民币，比 2019 年增长 1.9%，2019 年比 2018 年增长 3.4%。

接下来的 15 年，数字技术和全球产业变革还将带来许多不可预知的惊喜，2021—2035 年将是跨境电商全方位增长、全球网状协作、数字化融合、宽口径统计的放量发展阶段。

# 任务工单

<table>
<tr><td>任务名称</td><td colspan="5">分析跨境电商企业 SHEIN 的供应链管理模式</td></tr>
<tr><td>任务目的</td><td colspan="5">通过对 SHEIN 供应链管理的分析，进一步了解一个强大的供应链生态是如何征战全球的，以便从多维度优化跨境电商企业供应链。</td></tr>
<tr><td>任务内容</td><td colspan="5">收集柔性供应链管理内涵，结合 SHEIN“小单快返”模式，分析 SHEIN 如何搭建柔性供应链；<br>分析 SHEIN 是如何解决产品种类多、复杂程度高、备货时间长、客户体验差、客户回头率不高的问题；<br>分析 SHEIN 对供应商的管理，结合“小单快返”模式，进一步分析为什么很多中小厂家乐意和 SHEIN 展开合作；<br>分析 SHEIN 供应链模式存在的问题，并给出可行性高的优化方案；<br>以上内容以 PPT 演讲形式呈现。</td></tr>
<tr><td>任务提示</td><td colspan="5">从产品管理、供应商管理、数字化等多维度进行挖掘与分析。</td></tr>
<tr><td rowspan="2">第（ ）组</td><td>姓名</td><td></td><td></td><td></td><td></td></tr>
<tr><td>学号</td><td></td><td></td><td></td><td></td></tr>
<tr><td rowspan="13">任务</td><td colspan="5">收集柔性供应链管理内涵，结合 SHEIN“小单快返”模式，分析 SHEIN 如何搭建柔性供应链</td></tr>
<tr><td>柔性供应链</td><td colspan="4"></td></tr>
<tr><td>搭建方法</td><td colspan="4"></td></tr>
<tr><td colspan="5">分析 SHEIN 如何解决产品种类多、复杂程度高、备货时间长、客户体验差、客户回头率不高的问题</td></tr>
<tr><td>复杂度管理</td><td colspan="4"></td></tr>
<tr><td colspan="5">分析 SHEIN 对供应商的管理，结合“小单快返”模式，进一步分析为什么很多中小厂家乐意和 SHEIN 展开合作</td></tr>
<tr><td>原始设计制造商（ODM）</td><td colspan="4"></td></tr>
<tr><td>原始设备制造商（OEM）</td><td colspan="4"></td></tr>
<tr><td colspan="5">分析 SHEIN 供应链模式存在的问题，并给出可行性高的优化方案</td></tr>
<tr><td>问题</td><td colspan="4"></td></tr>
<tr><td>优化方案</td><td colspan="4"></td></tr>
</table>

# 项目考核

## 一、单选题

1. 很多人会把供应链管理和（　　）管理混淆。

A. 采购　　B. 物流　　C. 仓促　　D. 计划

2. 供应链的引擎是（　　）。

A. 采购　　B. 物流　　C. 仓促　　D. 计划

3. 供应链前端始于（　　）。

A. 选品的智慧　　B. 计划的调控

C. 仓储配送合作　　D. 物流管理

4. 下列说法正确的是（　　）。

A. 采购只是一个花钱的职能

B. 一个产品需要找多个供应商，优先考虑出价低的供应商

C. 采购肩负寻找、管理供应商的重任

D. 对于跨境电商企业来讲，运营才是最重要的

5. 维持正常运转的库存叫作（　　）。

A. 虚拟库存　　B. 安全库存　　C. 周转库存　　D. 在途库存

## 二、多选题

1. 下列属于企业三大职能的是（　　）。

A. 产品管理　　B. 需求管理

C. 供应链管理　　D. 销售管理

2. 供应链的 3 条流是（　　）。

A. 物流　　B. 信息流　　C. 资金流　　D. 价值流

3. 产品复杂度的 3 个层次是（　　）。

A. 产品线（长）　　B. 零部件（非标件太多）

C. 产品型号（泛滥）　　D. 产成品（多）

4. 战略寻源包含以下哪几项内容？（　　）

A. 供应商分类　　B. 供应商评估

C. 供应商集成　　D. 供应商选择

5. 下列哪一项不是从库存的功能和根源上进行分类的？（　　）

A. 周转库存　　B. 安全库存

C. 多余库存　　D. 呆滞库存

## 三、判断题

1. 造成多余库存的根源是人的行为，如选品预测失败，无序导入设计变更，大批量采购以获取价格优惠。（　　）

2. 供应链管理就是开发好产品，卖个好价钱。（　　）

3. 供应链管理最重要的两个内部元素的是产品管理和需求管理。（　　）

4. 要降低成本，就得从降低产品、组织和流程的复杂度出发，其中流程复杂度是最重要的。（　　）

5. 没有供应商就没有供应链，没有供应商管理就没有供应链管理。（　　）

6. 在跨境电商采购管理中，对供应商的开发重于对供应商的选择。（　　）

7. 供应链中有很多不确定因素，如需求波动、补货延误、质量问题，而应对这部分不确定因素的库存就叫作安全库存。（　　）

8. 所有跨境电商卖家都追求无库存营销，最好供应商能够一件代发。（　　）

9. 企业最好拥有适合自己的 ERP 软件，根据自身情况制定计算规则。（　　）

10. 经济订货批量法适用于需求和价格都不稳定时来计算采购数量。（　　）

## 四、实训题

跨境电商平台 Wish 上的一位卖家每年以 30 元的价格采购 6 000 副无线耳机，处理订单和组织送货要 125 元，已知每副耳机的储存成本为 6 元，请问这种产品的最佳订货政策是什么？

## 考核评价

评价说明：本项目完成后，由任课教师主导，采用学习过程评价与学习结果评价相结合的方式，综合运用自我评价、小组评价及教师评价，由教师确定3种评价方式在总成绩中的占比，加权计算学生在本项目的考核评价分。

| 考核评价表 | | | |
|---|---|---|---|
| 班级 | | 学生姓名 | |
| 评价方式 | 评价内容 | 分值 | 成绩 |
| 自我评价 | 知识和技能的掌握程度 | 20 | |
| | 任务准备完成情况 | 10 | |
| | 资料阅读完成情况 | 10 | |
| | 课堂讨论完成情况 | 20 | |
| | 拓展阅读完成情况 | 20 | |
| | 项目考核完成情况 | 20 | |
| | 合计 | 100 | |
| 小组评价 | 本小组本项目完成质量 | 30 | |
| | 个人本项目完成质量 | 30 | |
| | 个人参与小组活动的态度 | 20 | |
| | 个人的合作精神和沟通能力 | 20 | |
| | 合计 | 100 | |
| 教师评价 | 个人所在小组的项目完成质量 | 30 | |
| | 个人本项目完成质量 | 30 | |
| | 个人在所在小组的参与度 | 20 | |
| | 个人对本项目的贡献度 | 20 | |
| | 合计 | 100 | |
| 总评 = 自我评价 ×（　）% + 小组评价 ×（　）% + 教师评价 ×（　）% = | | | |

# 参考文献

## References


### 著作

[1] 杨海愿. 零售供应链数字化时代的实践［M］. 北京：机械工业出版社，2021.

[2] 刘宝红. 采购与供应链管理　一个实践者的角度［M］. 2 版. 北京：机械工业出版社，2015.

[3] 王远炼. 供应商管理精益实战手册（图解版）［M］. 北京：人民邮电出版社，2015.

[4] 宫迅伟. 供应商全生命周期管理［M］. 北京：机械工业出版社，2019.

[5] 马向国，刘同娟，余佳敏. 跨境供应链管理及案例解析［M］. 北京：化学工业出版社，2021.

[6]［美］菲利普・科特勒，加里・阿姆斯特朗. 市场营销：原理与实践［M］.17版.楼尊，译. 北京：中国人民大学出版社，2020.

[7] 徐娟娟，郑苏娟. 跨境网络营销［M］. 北京：电子工业出版社，2019.

[8] 王婧. 跨境电商营销［M］. 北京：中国人民大学出版社，2021.

[9] 阿里巴巴商学院.跨境电商运营实务：跨境营销、物流与多平台实践［M］. 北京：电子工业出版社，2019.

### 论文和期刊

[1] 刘莉. 精益供应下跨境电商M公司的供应商评价研究［D］. 成都：电子科技大学，2021.

[2] 曹晓云. 基于KRALJIC模型下C跨境电商企业供应商分类管理研究［D］. 广州：广东工业大学，2021.

[3] 周文娟. 基于共享经济理论的跨境电商物流海外仓发展问题研究［D］. 开封：河南大学，2017.

[4] 王亭亭. 跨境电子商务的供应链优化研究［D］. 天津：天津大学，2016.

[5] 郑璐. 产品属性分析方法及其应用［D］. 成都：西南交通大学，2005.

[6] 于海云，尹俊祝.跨境多渠道供应链定价与协调策略［J］. 经济研究导刊，2022（21）：139-143.

[7] 张丽丽. 基于翻转课堂理念的《跨境电商理实一体化》课程教学设计——以《速卖通产品定价》授课单元为例［J］. 才智，2020（7）：57.

[8] 徐慧婷. 跨境电商产品定价研究［J］. 物流工程与管理，2019，41（11）：44-45.

[9] 任廷珍，周博然，张书苑，薛星群.基于异质性的跨境电商平台定价模型研究［J］. 现代商业，2018（19）：37-39.

［10］刘跃. 基于互联网应用的农产品跨境销售思考［J］. 经济研究导刊，2020（4）：170-171.

［11］谢荣军. 跨境电商农产品前景及策略分析［J］. 现代商业，2018（4）：49-50.

［12］李朝辉，周声海，万国华. 大型跨境消费电子品供应链的补货管理和库存优化［J］. 系统管理学报，2022，31（6）：1075-1083.

［13］罗炳福. 跨境进口电子商务企业供应链优化策略研究［J］. 企业改革与管理，2020（18）：84-85.

［14］权印. 跨境电商海外共享仓应用的必要性及实践途径［J］. 对外经贸实务，2020（5）：32-35.

［15］庞燕. 跨境电商服务供应链与服务集成商能力的提升［J］. 中国流通经济，2019，33（3）：64-72.

［16］JIANHU CAI，PANDU R TADIKAMALLA，JENNIFER SHANG，GUANGHUI HUANG. Optimal inventory decisions under vendor managed inventory: Substitution effects and replenishment tactics ［J］. Applied Mathematical Modelling，2017.

［17］刘宝红. 公司做大后，如何处理与供应商的关系？［J］.国资报告，2016（9）：44-46.

［18］刘宝红. 集中采购从何做起?［J］. 石油石化物资采购，2015（4）：52-55.

［19］“家居电商”再成关注热点［J］. 中国商界，2015，272（Z1）：20.